校本教研实践与教师专业发展

王艳辉 ◎ 著

吉林人民出版社

图书在版编目(CIP)数据

校本教研实践与教师专业发展 / 王艳辉著 . -- 长春：
吉林人民出版社 , 2020.6
ISBN 978-7-206-17259-5

Ⅰ . ①校… Ⅱ . ①王… Ⅲ . ①中小学 – 教学研究②中
小学 – 师资培养 – 研究 Ⅳ . ① G63

中国版本图书馆 CIP 数据核字 (2020) 第 123835 号

校本教研实践与教师专业发展

XIAOBEN JIAOYAN SHIJIAN YU JIAOSHI ZHUANYE FAZHAN

著　　者：王艳辉
责任编辑：王　丹　　　　　　　封面设计：陈富志
吉林人民出版社出版 发行（长春市人民大街 7548 号）　邮政编码：130022
印　　刷：定州启航印刷有限公司
开　　本：710mm×1000mm　　　　1/16
印　　张：12.5　　　　　　　字　　数：240 千字
标准书号：ISBN 978-7-206-17259-5
版　　次：2020 年 6 月第 1 版　　印　　次：2020 年 6 月第 1 次印刷
定　　价：58.00 元

如发现印装质量问题，影响阅读，请与印刷厂联系调换。

前　言

　　教育的基本场所是学校，以学校为本的教学科研应该成为我们教育科研的一个基本内容，就如校本所包含的三层意思（为了学校、在学校中、基于学校）那样，校本教研要以改进学校的实践、解决学校所面临的问题为目标，要把提高学校的教育品质作为指向。然而，这种理想的状态还只存在于我们的期待中，就目前的教育实践来看，恰恰是最需要教研的学校成为教研空气最稀薄的地方。

　　校本教研在促进学校发展、教师成长等多个方面具有重要的作用，它不能只是一句口号，还要落实到实际行动中。为了扩大其生存空间和生存环境，让更多的人接受这种方式，就需要其为学校和教师带来看得见的效果，让学校和教师对它充满希望。校本教研本身就是一种用来解决中小学教育教学问题的方式，具有理论与实践结合的特点，针对性较强，覆盖面比较广，有利于对学校全体员工进行培训和指导，明确学校和教师努力的方向，还有利于缓解多种矛盾，让学校教师内部形成一种团结向上的力量，让学校形成一种良好的人文环境。校本教研还能有效协调学校资源（包括人力、物力、财力等），让学校的管理、激励等功能发挥到极致。

　　只有教师真正获得了校本教研的能力，校本教研才会发挥它的作用并走上良性发展之路。校本教研还在发展过程中，还会有新的观念和实施策略在实践中产生，这是值得我们期待的。作为前一个阶段校本教研的总结之作，本书有自己的系统性、新颖性和可操作性，必将为校本教研的进一步深化提供一个坚实的基础。

　　本书采用了教师的视角，以教师如何获得校本教研能力为旨归，不空谈理论，也不用没有代表性的案例，而只选用那些能够给教师带来理论和实践震撼的内容。在撰写本书的过程中，笔者参阅了国内外学者的有关著述，对本书引用的材料和观点尽可能地作了注解，但难免有所遗漏，在此向所有材料的原作者表示衷心的感谢。

目　录

第一章 校本教研：教师专业发展的有效途径

第一节 校本教研的内涵与特点

一、校本教研的内涵

什么是校本教研呢？校本教研是一种将教学研究的重心下移到学校，以新课程目标为导向，以促进每个学生的发展为宗旨，以课程实施过程中学校、教师所面对的各种具体问题为研究对象，以教师为研究的主体，通过一定的研究程序得出研究成果，并把研究成果直接应用于解决教学实际问题的研究活动。校本教研的落脚点是帮助其解决教学中遇到的实际问题。校本教研不能大而化之地理解为是一种概念，其在新课程改革背景下被赋予了新的时代内涵：与新课程共生共荣，以新课程改革为发展导向，是随着新课程的发展而发展的一种研究制度，具有鲜明的新课程改革的"影子"。

校本教研是一种研究类型。校本教研的内涵是行动研究，但不同于完全的行动研究，更不同于专业研究者进行的定性或定量的专业研究，有别于一般的科学研究，特别是自然科学研究。校本教研和专业研究的比较如表 1-1 所示。

表 1-1 校本教研和专业研究的比较 [①]

	校本教研	专业研究
研究人员	一线教师为主，学者专家提供支持，注重人员民主参与和合作协商	学者专家为主，其他人员协助
研究者基础	基本程度，经验少或无	一定程度研究水平，经验多

---

① 张行涛，李玉平. 走进校本教研 [M]. 北京：开明出版社，2003：13-14.

1

	校本教研	专业研究
研究目的	提升教学水平,获得教学专业能力,促进学校发展	发展或检验假设,解释或预测产生可推广的结论
研究问题	为改进实践,问题产生于实践需要	验证或发展理论,多来源于文献阅览或学术反思
文献探讨	多阅览可用的二手资料,概括了解	广泛阅览一手资料,全盘了解
选择样本	周围取样,不要求代表性,要求针对性	抽取具有代表性的样本
研究设计	流程自发,有弹性,修改、收集、解释、实施等阶段可循环进行,不太关注控制无关变量和减少误差	严谨设计,控制干扰变量、无关变量,根据计划,按步骤严格实施,重视研究的信度
资料收集	用简易可用技术收集资料	采用具有信度、效度的测量技术,要进行前导性研究或前测
资料分析	简单分析,多呈现原始资料,注重实用性,较多主观看法说明,批评者协助检验结果	分析技术复杂,呈现分析资料,多强调统计显著性、推理一致性或事件深层意义的诠释
结果应用	强调实用性和影响实践的程度,多提出改进教学的可用信息	注重结果的意义、理论的显著性,可重复验证,多提出研究和应用的建议
报告形式	依实际需要而定,无统一格式	强调合乎严谨的学术规范

校本教研可以是教师职业生活的一种方式,现代教师不仅是一个"教书匠",还是课程的建设者和开发者,要坚持"以人为本""以生为本"的理念,将德育放在首位。

校本教研还是提升教师教学能力和专业水平的过程。反思性实践是有效提升教师教学能力的一种方法,使教师在反思中成长,在实践中进步,通过不断地实践来提升自身的教学水平和研究能力,把实践过程看成一种研究的过程。这种反思性实践是校本教研的题中之义,有利于促进教师专业活动的开展以及自身理论的提升和进步。

校本教研的出发点是为学校解决实践活动中遇到的问题,落脚点是为了有效改进学校的教学实践工作。正如行动研究法的创始人勒温所指出的那样:"研究的课题来自实际工作者的需要,研究在实际工作中进行,研究由实际工作者和研究者共同参与，研究成果为实际工作者所理解、掌握和实施，研究以解决实际问题、改善社会行动为目的。"

校本教研旨在促进学校发展，使学校具备研究的能力，形成自我发展、自我提升、自我创新、自我超越的内在机制，成为真正意义上的学习化组织。

二、校本教研的特点

校本教学研究是以理论为指导，以课程为导向的实践研究，将学校在实施课程中面临的具体问题作为研究对象，重点解决教学中遇到的实际问题。内容主要包括总结和概括教学经验，提高教师的理念与实践水平以及探索教学规律。校本教学和研究的主要目的是提高中小学教师的教学质量，为学校服务，为教师服务，并促进每个学生的发展。校本教研不同于专业学者进行的定性或定量专业研究，也不同于完全意义上的行动研究。因此，校本教究具有以下特点。

（一）校本性

校本性意味着校本教学和研究将现实生活中的特定学校视为教学和研究的基础。学校的教学研究应以学校为导向，即从学校教育和教学实践中存在的问题出发，通过全体教师的共同研究，以达到解决问题和提高教育教学质量的目的。首先是针对学校，即解决学校和教师在实施新课程、促进学生发展和教师专业发展等方面面临的问题。新课程改革背景下进行的研究，要求学校和教师以研究者的角度来审视和分析课程改革中的实际问题。其次是在学校中，即在实践中遇到问题时，由学校本身提出，然后分析、讨论并自行解决问题。这样教育和教学过程就成为一种研究过程，一个不断反省的工作过程，从而实现研究与行动的完美结合，使校本教研取得明显成果。最后是基于学校，即从学校和教师自身的现状出发，充分发挥学校教职工的积极性，激活学校的教育资源，邀请外部专家和研究人员参与学校的建设，研究并解决新的实践问题。校本教学和研究是为了使学校、学生和教师和谐统一发展，使每所学校都充满特色，每个学生都充满个性。

（二）教师主体性

教师主体性意味着在校本教学和研究中，不同学科的教师是研究的主体，有教学研究的权利和责任。教学研究是以教学为中心的研究和以教师为中心的研究，教师就是研究者。教师自己必须要对"自己的课"进行研究，形成一种行动研究的意识，并强调研究的日常性、生活性、可持续性和实效性。研究的问题来自学校的教师的教学实践，由教师自己提出，然后进行实践性研究，并将研究的成果应用到实际教学中，解决实际工作中遇到的问题，提高教学质量。 正如劳伦斯·斯腾豪斯所说："正是教师，最后通过理解学校世界而最终改变它。"研究中的教师把教学研究和日常教学实践、培训进行结合，科学实施并将成果进行分享，逐渐成为一种日常的工作方式。在教师进行科学研究的过程中，其他的专家学者和研究者会为教师提供专业的意见和建议，完善教师的研究成果。换句话说，教师是校本教学与研究的主体，而专业研究人员是教研工作中重要而不可缺少的力量。

（三）实用性

实用性表明校本教研是一种基于学校的教研活动，反映了教育和研究的真正价值。中小学教师采用积极的学术态度和研究的视角来审视和分析他们在教学实践中遇到的实际问题。他们使用科学的方法来选择研究主题，确定研究切入点并制订科学研究计划，不断进行创造性研究，学习研究并提高实践技能，改进教育教学工作，提高教学质量和效率。校本研究是一个动态、发展和渐进式加深的过程。

（四）改进性

改进性是指校本教研直接指向中小学教师教学过程中的实际问题，并进行研究和实践，以提高教育教学质量，其研究重点是解决实际问题和改善现实情况。因此，改进性是校本教学与研究的重要特征。校本教学和研究解决了教学过程中的实际问题，并在日常教学实践中不断改进、完善方法，以提高教育和教学质量，促进学生发展。同时，教师对解决问题的教学和研究过程进行反思，可以直接促进教师专业水平的提高，提高学校的办学质量。

（五）开放性

开放性意味着在校本教学和研究中，应注意借助和使用校外的专业研究力量。开放性是校本教研的一个突出特点。校本教研的最重要的支持和支撑网络是专家系统，专家系统是学校发展的一个服务系统。校本教学与研究反对学校自我封闭，强调协作与开放，通过协作与开放解决学校的问题，并形成学校的特色。在基于学校的教学和研究中，主体是中小学教师，而校外的专业学者则是专家顾问或导师，是新课程改革背景下教学研究的重要力量。学校教师应尽一切可能获得校外专业研究人员（包括大学教师、科学研究人员以及教学研究人员）的指导和支持，以提高学校的研究水平和层次。

第二节 校本教研的核心要素

校本教研的核心要素有教师个体、教师集体、专业研究人员，这三个关于人的要素构成了校本教研三位一体的关系。教师个体的自我反思、教师集体的同伴互助、专业研究人员的专业引领是校本教研的三种基本力量，缺一不可。

一、教师个体的自我反思

（一）反思的内涵和意义

"反思"一词源于哲学，本指思维，即反思性思维。威廉·杜拉姆在《思维的革命》一书中指出："假如一个人掌握了思维的力量，那么他就会加速成功的频率。"这句话预示着我们已经进入了一个反思的时代。

自我反思是教师将自己的教学行为作为反思对象的过程。在这个过程中，教师会用批判和审视的眼光来分析他们的教学理念、教学行为、教学过程和教学成果。自我反思是老师的自我对话过程，目的是挑出教学中的"错误"，提高教学水平和教学质量。自我反思不是一般意义上的"反思"，而是学习过程中的反思，用于探索和解决的问题具有一定的研究性质。反思的本质是一种理解与实践之间的对话，是这两者之间互相沟通的桥梁，还是理想自我与现实自我心灵上的沟通。教师的反思实际上就是使教师扮演双重角色：既是引导者又是评论者，既是教育活动的开展者又是接受教育者。反思是独立的，以研究为导向，是校本教研最基本的力量。

教师的自我反思是教学创新的动力，是教师自我发展的重要机制，对于提高教师的专业水平具有非常重要的作用和意义。美国研究员波斯纳曾提出过一个教师成长的简短公式：经验＋反思＝成长。他强调没有反思的经验是一种狭隘的经验，最多只能形成一种肤浅的知识。如果教师只满足于获得经验而对自己的经验没有进行深入思考，那么他的专业发展将受限。教师可以反思自己的教学问题，思考并探索合理的解决方案，对教学理念和实践进行判断和调整，以促进教学观念的转变，提高教学能力。赞可夫曾经说过："没有个人的思考，没有对自己经验的寻根究底精神，提高教学水平是不可思议的。"[①] 可以说，能否自我反思是"教书匠"与"教育家"的根本区

---

① 朱小蔓.教育的问题与挑战——思想的回应[M].南京：南京师范大学出版社，2003：337.

别。自我反思是促进教师专业成长的有效途径。

美国学者泽兹纳（Zeichner）和雷斯顿（Liston）提出了反思型教师的五个特征：观察、提出并试图解决课堂教学中的两难问题；能有意识地将解决问题的方法运用到教学中去，并在教学实践中进行检验；能密切关注制度和文化背景对教学的影响；能积极参与课程建设和促进学校发展；能承担起自己专业发展的责任。

（二）反思的基本类型

美国教育家布鲁巴克（J.W.Brubacher）从时间维度将反思分为三类：实践前反思、实践中反思与实践后反思。他认为反思不仅是对实践的回顾，还是为了指导未来的实践。根据教学的进程，反思可分为三种基本类型。

1.教学实践活动前的反思

在教学实践活动之前进行反思是指教师对教学设计进行的反思，包括对教学目标的描述、教材的处理、教学行为的选择、教学组织的设计以及课程方案的编写的反思。在设计教学时，要求教师首先反思他们过去的教学经验或其他经验，将其作为基础，以便尝试新的教学模式。教师将继续以比较、反思的方式加深对教学内容的理解，形成独特的经验并增强教学设计的针对性。

2.对教学实践活动的反思

对教学实践活动的反思主要是指教师是否能够根据教学情况及时提供反馈，是否能够灵活有效地监督和规范教学活动，以及反思学生的参与、沟通和学习情况。这种反思是具有监督性的，强调解决课堂学习实践中出现的问题，实现高质量和高效率的教学，以及提高教师对教学的调整和适应能力。

反思时，教师应仔细记录自己的反思。反思记录的内容主要包括：总结成功经验；寻找失败的原因；记录学生的情况。

3.教学实践活动后的反思

教学实践活动后的反思主要是指教师对课堂教学行为全过程的思考，包括学生的表现、教师的教学观念与行为，以及对教学中成功与失败的总结，并提出建设性的意见和建议。这种教学实践活动后的反思具有一定的批判性。

（三）教学反思的内容

斯巴克斯－兰格（G.M.Sparks-Langer）提出了反思的三种内容成分：

第一种是认知的成分（the cognitive element），指的是教师在教学中是如何加工信息和作出决策的。

第二种是批判成分（the critical element），指的是教师做出教学决策的基础，包括情感体验、信念、价值观和道德等成分，如教育目标是否合理。它深刻地影响着教师对情境的理解，影响到所关注的问题以及问题的解决方式等。

第三种是教师的陈述（teachers's narratives），指的是教师自己的声音，包括教师所提出的问题，教师在日常工作中的写作、交谈以及他们对课堂教学所作出的解释等，这种对实际情境的解释可以使教师更清醒地看到自己的教学决策过程。

在布鲁克菲尔德（Brookfield）看来，教师的反思主要是对各种假定的反思。[①]

我们认为，教师教学反思应该是多视角、多维度的。教师不只是专家或行政领导所交付任务的完成者，还应该作为一个自觉的反思者。教师应对自己的教学抱开放的态度，时时刻刻在"为什么、是什么、怎么会、何时会、何地会"的自我追问中改善自己的教学取向。

（四）反思的基本过程

杜威提出了"反思性思维"（reflective thinking）的概念，并认为"反思性思维"有五步：①觉察到问题的情境；②界定这一问题；③提出假设；④进行推理；⑤通过行为检验这一假设。

美国著名的反思性实践运动的倡导者肖恩（Schon）认为，反思的过程是沿着"欣赏—行动—再欣赏"来展开的，是一个螺旋式上升的过程。一个实践者对自己的行动进行反思时，总是通过价值、知识、理论、实践等所有恢复经验的技能来解释或构成他们的经验，这些技能叫欣赏系统。

科顿（A.B.Colton）和斯巴克斯－兰格是这样描述反思过程的，即：①教师选择特定的问题，并从可能的领域内（包括课程、学生等方面）广泛地搜集这一方面的资料。②教师开始分析所搜集的资料，形成广泛问题的一般框架，同时在自己已有的知识中搜寻与当前问题有关的信息。如果搜寻不到类似的信息，教师则可请教其他教师或阅读专业书籍来获取这些信息。这一过程有助于教师形成创造性解决问题的办法。③一旦对问题情境形成明确的框架，教师就可以提出各种假设，以解释情境和指导行动，并在内心对行动的短期和长期效果加以考虑。④在深思各种行动的效果后，教师就可以开始实施行动计划。当这种行动被观察和分析时，教师就开始了新一轮的反思循环，从而形成有效的反思环。可见，反思从发现问题到解决问题的过程，既是一个思维的过程，又是一个把思维付诸行动的过程。[②]

[①] 布鲁克菲尔德.批判反思型教师ABC [M].北京：中国轻工业出版社，2002：37-48.

[②] 夏惠贤.论教师的专业发展 [J].外国教育资料，2000（5）：44-48.

一般而言,教师的反思由发现问题、搜集信息与分析、提出假设、验证假设四个环节构成。

1. 发现问题

教师反思的起点是问题。在这个环节中,教师要意识到问题的存在和问题的情境,确定反思的内容。教师可以从自己日常教学中去寻找问题,也可从他人的经验中去寻找问题。例如,在大班额的条件下,如何进行合作学习;在学科教学中,如何进行研究性学习;在学科教学中,如何培养学生的创新能力。

2. 搜集信息与分析

采用各种方式,广泛搜集要反思的问题的信息,尤其是关于自己教学活动的信息。在占有丰富信息的基础上,教师要以批判的眼光审视自己的教学思想和教学行为,深刻分析产生这个问题的根源,汲取他人解决这个问题的经验与教训。

3. 提出假设

寻找新的方法来解决所提出的问题,提出解决问题的假设,制定出实施的方案。

4. 验证假设

将解决问题的假设和方案付诸实践,分析实证结果与假设的合理性,并把在验证过程中生成的新问题作为下一轮反思的内容,循环往复,直至问题解决为止。

(五)反思的基本方法

科学的反思方法是提高教学效率的保证。反思的常用方法有以下几种。

1. 反思总结法

反思总结法是指总结反思自己或他人教学实践活动中的经验与教训的方法。

2. 对话反思法

对话反思法是通过与同伴交流研讨来检讨自己的教学行为,理解隐藏在教学行为背后的教学理念,提高教学监控能力的方法。

囿于个人的经历和经验的教学是狭隘的、封闭的。教师要打破教学上自我封闭的藩篱,与同事进行对话,特别是批判性的对话。对话反思法类似于小型专题研讨会,教师相互观摩围绕着矸讨问题所上的课,并指出所观察到的情境,再与其他教师相互交流。

3. 课堂实录反思法

课堂实录反思法是指通过录像、录音等现代教学手段再现整个教学过程,让教师以旁观者的身份反思自己或他人的教学过程的方法。观看课堂实录时,应注意比较哪些地方按原教学设计进行了,哪些地方进行了调整,哪些地方甚至失控走样,为什么会出现这种情况,在相互借鉴中自我反思。

4. 教后记反思法

教后记反思法是指把教学中感受深刻的细节记录下来，写成教学后记、案例评析的方法。

教后记的内容包括：①对果堂里所发生的事情的个人感想；②对教学中的问题的质疑与观察；③对教学活动有意义的方面所进行的描述；④需要思考的问题和所要采取的措施。

教师通过写教后记，可以跳出教学中的问题，让教学过程中存在的问题充分暴露出来，通过教后记的撰写与分析，检查自己的观点和想法，以达到自我反省的效果。

教后记反思法重在分析总结，不仅要记下教和学的成功与失败，有自己的分析、感想、体会、新的认识和改进意见，使其成为今后教学的有益借鉴。

5. 行动研究法

行动研究是指教师对自己在课堂上遇到的问题进行调查和研究。行动研究是一种螺旋式循环的研究过程，其目的是改善实践，它是一种行动与研究相结合的方法，要求边实践边研究，从实践中提炼观点，然后用这些观点来指导实践。

6. 课后备课法

课后备课法是指教师上完课后，根据教学中所获得的反馈信息进一步修改和完善教案，明确课堂教学改进的方向和措施的方法。

7. 阅读新知法

阅读新知法是教师自我成长的一种重要方法，教师通过各种手段搜集自己需要的信息，然后将获取的信息进一步与自己之前的认知和想法进行结合，产生出新的观点和理念，将这些观点和理念融合进新的教学方案中，进而解决相关的问题。从实际案例来看，教师接触到的新知识与旧有的知识差距越大，越能够开拓教师的思维，启发教师的教学灵感，从而更新教学观念，优化教学过程。事实已经证明，在教学中，理论与实践是不可分割的，如果实践中轻视理论，或者理论研究中不结合实践，就只是浅层次的研究，不能得到有效的结论和方法。

反思中的一个重要手段是阅读新知，通过理论的学习促进反思的过程。阅读新知能够指导教师的教学活动，让教学活动的开展更加顺畅，还能启发教师的思维和智慧，促进教师的研究互动，克服教学中遇到的实际问题，提升自己的教学水平和层次，尽可能地避免教学的盲目性和被动性。这个过程在本质上是一种与专业学者切磋交流的过程。

（六）反思的策略

反思的方式很多，教师应结合自身的特点，选择最佳的反思方式。同时还要经常地、系统化地进行反思。根据自己专业发展的起点，借助多种方式进行反思。

二、教师集体的同伴互助

教师集体的同伴互助指的是在进行自我提高的同时，教师应加强与其他教师的沟通和交流，共同分享教学经验，加强专业的切磋与合作，形成一个"互助合作团体"，在互帮互助中共同成长，共同提高。这个互助团体在遇到教学问题的时候可以共同面对，互相探讨和研究，通过不断地研究和交流，发掘隐藏在问题背后的知识，从而帮助大家共同成长，培养解决问题和思考的能力。同伴互助的实质就是教师之间的互帮互助，合作共赢。乔依斯与许瓦斯通过等组实验发现，教师在课程培训的同时，如果参与校内同事间的互助指导，就有 75% 的人能在课堂上有效应用所学内容，否则只有 15% 的人能有同样的表现。其他的研究也发现同事间互助指导远胜于单元式的工作坊。华东师范大学丁钢教授认为，专业价值观关注的是教师在教育中推动社会发展所扮演的角色和专业素质，认同教师即学习者，教师之间同伴互助、相互依赖和相互欣赏、互相支持和合作，具有团队凝聚力。因此，优秀的教师具有以下品质：承认自己须获取同事的支持；常对深造或参加专业发展的同事给予鼓励；认为教育研究的发现影响自己教学；懂得怎样互相支持；尽力维持教师之间良好的关系；互相进行学习；尊重同事的个人特质；认为同事普遍支持自己的专业决定；接纳同事对自己在教学方面的意见；愿意与人分享经验和教训；能够找到新方法改进自己的教学；认为工作团队的凝聚力影响教师之间的合作。

同伴互助基本的形式有以下几种。

（一）专业对话

专业对话是指教师针对专业领域中遇到的问题与其他教师进行交流和沟通，针对一些专业的问题达成共识。专业对话是更好地利用他人和群体力量的一种形式，教师之间多向互动和智慧共享的"对话"是"互助小组"的有效运作机制。研究表明，教师之间的广泛交流是提高教学能力的最有效方法。对话过程是教师通过多向互动从对知识起源的理解中获得启发的过程。教师通过交流观点，认知结构不断重组和重建，进而创造新知识和新想法。对话过程也是学习的过程，可以学习合作、学习研究、学会教学。在"学习小组"中，对话的双方将彼此视为知识的可能性来源。通过对话和讨论，将公共知识转化为个人知识。"学习小组"通过互动还解决了个人遇到的难题，对于共同的难题可以发挥集体的智慧进行解决，促进了教师的研究能力和创新能力的提高。校本教研是教师的集体研究，只有教师集体参与的研究才能为学校教师创造一种研究氛围，形成研究的文化和解决问题的良好氛围。

教师集体的同伴互助和合作文化，是校本教研的标志和灵魂，学校要培育学术对话和学术批评文化，营造一种教师内部自由争论的气氛。正如"教研沙龙"倡导的那样：①各抒己见，自圆其说。强调教师独立思考，发表自己的见解，不人云亦云，不牵强附会；强调对自己的观点尽可能地进行解释、说明、阐述。②观点交锋，讨论争鸣。强调不同的观点的对撞、交锋、比较、鉴别。③不做结论，各取所需。强调个人的消化吸收在于自己的感受、认识、体验、经验与别人的感受、认识、体验、经验之间进行对接、兼容、批判，保留不同意见，保护不同的见解。巴西著名教育家保罗·佛莱雷曾指出，"没有对话就没有交流，没有交流就没有教育"。[①]

教师心灵的开放是校本教研的有效指标。"专业对话"可分为"直接专业对话"和"间接专业对话"两种。直接专业对话又可分为"校本专业对话"和"校外专业对话"。教师进行最多的是校本专业对话，对话的方式主要有以下几种。

1.信息交换

教师通过信息发布会、读书汇报会等形式，彼此交换信息，扩大信息量，提高认识。

2.专题讨论

组织教师围绕某些问题畅所欲言，提出各自的意见和看法，彼此交流思想，共同提高对问题的认识。例如，学生学习方式的变革专题研讨会。

3.经验共享

先进经验是指成功的、典型的、具有效法意义的教学经验。教师通过互相分享经验，借鉴他人的经验，反思自己的教学。分享经验的主要途径是召开经验交流会。学习外地先进经验的最好方法是上网查询，这种方法既便捷又经济。

4.阅读经典著作，与教育家对话

通过阅读经典著作与过去的教育家对话，是教师成长的基本条件，也是教师教育思想形成与发展的基础。教育智慧的形成，在一定意义上说，就是跨越由这些经典著作构成的桥梁的过程。

① 周耀威.教育行动研究与教师专业发展[J].全球教育展望，2002（4）：53-55，58.

5."沙龙"式研讨

在课改"沙龙"里，没有领导，没有权威，只有观点争辩。教师为某一问题而争得面红耳赤是常事，教师只有在思维的碰撞中，激发灵感，才能有所启迪，有所提高。沙龙的话题广泛，形式宽松，不论哪一种话语，都会引发更多的思考，引出许多问题，撞击出更多的思维火花。

6.网上对话

教师通过因特网与同行、专家交流、讨论，可先收集一些新课程改革中的话题放在网上，使教师对话更具针对性；网上对话可定期开放，甚至每周都有。

7.阅读教育刊物，与同行对话

教育期刊是中小学教师"专业对话"的一个平台。在这个平台上，中小学教师可推广自己的教学经验，提出教学中遇到的各种问题。这种"专业对话"包括学习、领会、吸收、运用、交流、解答、提高等过程。

（二）协助

教师共同承担责任，完成教研课题。同科教师共同备课、听课，课后坐在一起反思原教学设计与实际效果的差距，然后重新设计教学方案，再实践，直到达到满意的效果。

（三）帮助

"三人行必有我师"。教学经验丰富、教学成绩突出或先期进入新课程改革的"优秀教师"要发挥带头、示范、核心作用。可采用以老带新、结队帮扶、跟班听课等形式，让优秀教师指导新任或刚参加新课程改革的教师，发挥传、帮、带的作用。

三、专业研究人员的专业引领

（一）专业研究人员的专业引领的内涵及意义

校本教学研究是基于学校，以学校为单位，围绕学校遇到的问题而开展的研究，但不仅限于"学校"，其研究人员也不完全都是来自本学校的，还有校外的专业研究人员。没有专业研究人员的参与，教师会故步自封，不能得到实质性的研究结果。专业研究人员主要包括各级教研人员、科研人员、大学教师等。

专业指导的实质是理论指导实践、理论与实践之间的对话以及重建理论与实践之间的关系。中小学教师可以从专业研究人员那里获得直接指导，并获得研究方法和技能。

校本教学研究是一种理论指导下的实践研究。没有理论指导的实践是盲目的实践。在理论和实践之间存在一个不容易跨越的"真空区"，专业学者是促使一线教师将教育观念转变为教育实践的领导者，充分尊重教师在校本教研中的主体地位，倾听问题，提供信息，共同发现问题的解决方案。与一线教师相比，专业研究人员具有系统的教育理论与专业的素养，具有广阔的视野，并且熟悉国内外课程发展和教学改革的趋势。专业学者参加本校的教学和研究，可以让校本教研更上一个层次。没有"外部"专业研究人员的参与，基于学校的教学和研究通常会停留在同一水平上，并且很难获得理论上的突破与更新。因此，专业研究人员理论领导和专业引领是校本教学研究得以深入发展的重要支撑和保障。

（二）专业引领的形式

指导中小学教师，只谈理论太抽象，往往指导不到位；只凭经验，手把手地教，容易越位。因此，必须用适当的形式进行专业引领才能有效地达到目的。其主要形式有以下几种。

1. 学术专题报告

在基础教育课程改革中，会不断出现急需解决的专业理论、边沿理论、跨学科整合等问题，可定期邀请知名专家到学校作学术专题报告，用先进的理论来指导课程改革，开阔教师视野，更新教育观念，深化对教学的认识，创造性地实施新课程。

2. 理论学习专题讲座

聘请资深课改专家围绕某一课程理论作专题讲座，提升教师的教育理论水平。

3. 教学疑难问题咨询

专业人员通过网络、电话、座谈等多种形式，解答教师教学中的疑难问题和困惑，提出解决问题的各种方案。教师通过一次次的聆听和对话，在交流中不断构建新的教育理念。

4. 提供信息

专业研究人员针对一线教师的需求，通过网络、信函等形式介绍课程改革的知识，使其了解相关信息，拓宽知识背景，为其提供丰富的信息大餐。

5. 课例指导

课例指导是指专业研究人员针对课堂指导方面的问题，与教师一起讨论和分享教学中遇到的实际问题，通过交流达到解决问题的目的。在行动研究中，教师会提出新的关注点和问题。因为，解决这些困难和问题需要改变教师自身的固有观念，通过专业研究人员的引导可以帮助教师增加改革理念的"冲动"。教师逐渐理解并领会具体教学案例中嵌入的课程开发概念，完善认知结构，更新专业理论知识，然后获得建构理论和专业成长的机会。

一项关于"在课程教学改革的过程中，怎样的专业指导对教师的帮助最大"的调查结果显示：教师需要有课例的专业引领。①

6.教学现场指导

教学现场指导指的是专业人士对一线教师在备课、听课、讲课等方面进行的指导。这是专业研究人员为中小学教师提供的零距离指导。一项针对教师最有用的听力和评估方法的研究表明，教师需要在整个行为过程中进行反思。学校聘请了外国著名教师和外国专家，例如国家特级教师、教学机构和教学研究部门的专业人员，组成了导师小组，可以参加一些实习活动，与教师共同备课（设计）、听课（观察）、评课（总结）等，在教室中提供面对面现场指导，并通过与教师一起反思、体悟、交流，促进教师专业成长。教学现场指导是最直接、最有效、最受教师欢迎的形式。

7.专业研究人员参与中小学教师的课题研究

专业研究人员参与中小学教师的课题研究，和教师共同做课题研究，在做课题研究过程中和教师共同发展。

教师自身的教学反思和教师集体的同伴互助以及校外专业研究人员的专业指导是不可分割的，它们是相辅相成、相互补充、相互渗透的。只有教师自身将自我反思做到位，才能进一步利用集体的力量进行提高。在这个过程中借助校外教师的力量，更进一步促进自身教学水平和能力的提高，注重这三者之间的整合，这样才能更好地促进校本教研工作的开展，也才能更好地引导学生的全面发展。

第三节　校本教研的原则

校本教研要根据学校特点，从实际出发，有所侧重，加强针对性，体现综合性和生成性，团结协作，形成适应新课程的新的学校文化。

一、"行动者即研究者"原则

作为一种研究方法，教学行动研究规定了教学研究主体的双重角色：教学行动者和教学研究者，即教学研究者所研究的对象是在研究者自身的教学实践活动中所产生的教学问题，行动研究的要旨与教师在教学活动中的双重角色是吻合的。这种吻合的

---

① 顾泠沅，王洁.促进教师专业发展的校本教学研修[J].上海教育科研，2004（2）：4-13.

方法论意义是：教学行动研究是校本教研的主要方法。

二、侧重性原则

由于学校教育和教学的内容特别丰富，校本教学和研究的内容非常多，学校无法涵盖所有内容。不需要浪费时间做好全部工作，而是专注于解决新课程中遇到的特定问题。例如，许多学校的公开课、公共课、优质课等教研的基本制度已经得到完善，因此这方面的工作就不需要花大力气进行审查和研究。校本教学和研究的内容应与教学和研究的需求相对应，其内容的数量与需求评估中需要解决的问题的数量直接相关。通常，如果有很多问题，将会有很多的研究内容。如果问题少，那么研究内容就会更少。但是，根据学校和教师的具体情况以及研究和解决问题的能力，可以确定某个时间段内的固定研究内容，这样更有利于塑造本校的教研特色和风格，发现学校研究工作的进步，并形成重点项目。

学校教师在新课程实验中必须密切关注遇到或可能出现的新问题，并引起其他参与者的关注和思考，积极寻找有效的解决方案。在实施新课程时，如何对学生进行有效的评价是一个新课题。许多学校试图创建和使用学生成长记录袋，采取多学科评估的形式，改进考试内容和方法，等。如何做好过程评估、总结评估，做好二者的结合等，都是很好的研究内容。在小学低年级的语文教学中，新教科书为学生提供的图片和歌曲比以前的书要多。如何进行教学设计才能提高课堂教学效率？许多教师做出了有益的努力和有针对性的研究。一方面，已经证明了该教科书的可行性。另一方面，课程的可用资源已得到扩展，并且已设计出各种有效策略来，如在教学中创造情境，探索儿歌教学的新方式。因此，校本教研的内容需要实在且明确的指导方针，需要通过研究有效解决教学中存在的问题。

三、综合性原则

校本教研既要有各科教师共性的问题探讨，又要有对具体的学科实际案例或内容的研究。例如，新课程学生学习方式的变革、新课程教师角色的转变、新课程中发展性评价等问题是每一名教师在新课程中必须思考的问题，不同的学科不同的教师就某一个问题可以从不同的角度去实践、探究，然后综合起来形成研究成果。概念教学、实验教学、阅读教学、写作教学、活动教学等具有明显的学科性质，只能依据其特点在不同的学科领域进行探讨研究。共性的问题必须通过一个又一个具体的案例分析来得出我们的结论，具体的研究也要纳入共性的研究体系之中。

四、生成性原则

基于学校的实际，"问题中的问题"是校本教研的一大特色。许多的教学研究都是一种自我更新，在这一过程中，常常会生成许多新的问题，需要人们去研究、去解决。对于它们的探讨，有助于研究的顺利进行，同时也把教研工作带入一个崭新的境界。同时教研中一个问题的解决、一个经验的获得需要教师在实际教学中创造性地去运用，去尝试，在运用中不断生成、不断创新、不断探究。

五、协作性原则

校本教研强调团队精神和同伴互助，为教师之间进行信息交流、经验分享、专业会谈和专题研究提供了有效平台。校本教研可以打破学科教研界限，让各学科教师组成全校性的"联合舰队"，以问题（或课题）为中心，实现"同伴互助"。校本教研通过加强小范围的校际交流，密切学校与社区、家庭的联系，组成更大范围的"资源库"，从而为学校培育一种学术探讨和学术批评的文化。

第二章　新课程背景下校本教研的现实意义

第一节　搭建研究平台

一、校本教研与传统教研的异同

适应课程改革的需要，实施校本教研，并不是要否定传统教研模式，而是要改革和完善传统教研模式，使学校教研工作更好地服务于教学、服务于课改。为此，我们必须正确认识和处理传统教研和校本教研的关系。

（一）校本教研与传统教研的区别

第一，背景不同。大家都知道，校本教研与传统教研各有其产生的背景，传统教研是在以传统的教育理念为指导，执行教学大纲，实施旧教材，片面追求升学率的环境中而产生的。

而校本教研则是在以新的教育理念为指导，进行基础教育课程改革，执行课程标准，实施新课程，实施素质教育的大变革中产生的。两者产生的大环境完全不同，它们的目的、方式、作用也都存在差异。

第二，动机不同。传统教研主要表现在两方面，一是"上面"，学校按照上级主管部门和教研部门的工作指令来制订教学研究计划，安排教学研究活动，也就是说学校的教研活动服从上级的命令；二是"主观"，学校管理人员凭主观意识来安排学校教研工作，对学校实际情况和教学需要的考虑甚少。

校本教研恰好完全相反，一是"下面"，教研工作的原发点是解决教师自己在实施新课程中所遇到的难题，满足教师自身的需要，改变所处的教学环境，因此教师享有教研工作的自主权和决定权；二是"客观"，由学校根据学校教学实际（需要解决的问题）和教师自身的需要，来确定教研主题、项目及开展活动的方式，完全尊重学校的客观实际，体现以校为本。

第三，主体不同。传统教研的主体力量是学校校长、教务主任、教研组长、骨干教师等，普通教师不仅不是主体力量，甚至还成为教研活动的"局外人"。他们是绝对被动的，把教研任务当作额外负担，毫无主动性可言。

校本教研则以学校教师为研究主体，教研活动具有"全员性"：教师人人策划，个个参与，没有旁观者，更没有局外人。同时，在校本教研中，教师把教研当作自己的"第一需要"，主动地、积极地参与，真正成为教研的主体。

第四，活动方式不同。传统教研活动方式比较单一，主要的形式是听课、评课"两部曲"，其他的教研形式很少。形式简单化、研究浅层化是传统教研的主要特征。

校本教研的活动方式则变得多样化，通常有自我反思、案例分析、同伴互助（互听互评）、专业引领、教育叙事、课题实验等，其过程较之传统教研要复杂得多，有问题的搜集、主题的确立、方式的确定、活动的开展、成果的总结与推广等环节。

第五，目的不同。传统教研的目的比较模糊，研究的指向不清晰，要解决的问题不明确。它对问题的探讨只停留在这一堂课教得怎么样，有哪些优点，有哪些不足，在这一层面上应如何改进。如果说它有目的的话，那仅仅是评一评课教得好坏而已。

而校本教研的目的则十分明确，一是要解决事先确定要解决的问题（即研究对象），形成新的认识、见解（即成果）；二是要将成果转化为"生产力"，将研究出来的新结论反过来用于指导教学，为教学服务（即推广成果）；三是让教师的专业素质在研究活动中得到提升，促进教师专业发展。

（二）校本教研与传统教研的联系

从校本教研与传统教研之间的差异，不难看出两者之间的联系。现阶段随着新课程的实施，我们遇到了许多问题。对于这些问题，传统教学和研究是无能为力的。也就是说，传统的教学和研究解决新形势下出现的新问题是不可能的。可以说，随着新课程改革的逐步推进，传统教学研究已经完成其历史使命，并被校本教研所取代，但这并不是对传统教学研究的完全背叛和抛弃，因为每一个阶段都是对上个阶段的改进和发展。

校本教研与传统教研之间的联系主要体现在以下几个方面。一方面，传统的教研是校本教研的基础。传统教研工作中的许多教研内容和方法都包含校本教学研究的因素。例如，准备集体学习、听取学习评估、教学改革问题研究等。另一方面，校本教研是对传统教研的继承和创新，两者是相辅相成、一脉相承的关系。例如，集体备课。过去是没有跨学科、跨学校准备课程的，每个人准备的课程都仅限自己使用。然而，在校本教研的背景下，学校提倡跨学校的备课，促进了校际交流，并将合作成果共享。此外，在评估课程计划时，尽可能改变过去统一的形式和内容，并调整节数和页数，为教师制订个人课程计划提供发挥和发展空间。

二、校本教研流程的建构

（一）研究方式

教师个人、教师集体、专业研究人员是校本教研的三个核心要素，他们构成了校本教研的三位一体关系。

教师个人的自我反思、教师集体的同伴互助、专业研究人员的专业引领是开展校本教研和促进教师专业化成长的三种基本力量，缺一不可。自我反思、同伴互助、专业引领三者具有相对独立性，同时又是相辅相成、相互补充、相互渗透、相互促进的关系。只有充分发挥自我反思、同伴互助、专业引领的作用并注重相互间的整合，才能有效地促成以校为本的教学研究制度的建设。

（二）教研流程

有关校本教研的具体流程我们不妨总结为以下几种。

流程一：教师在教学中发现问题—教师反思—搜集资料—解决问题—发现新问题—反思。

在这一流程中，首先是教师在具体的教学活动中发现相关问题，这一问题促使教师进行反思。在此基础上，教师个人针对该问题搜集相关资料，通过搜集资料和反思解决原有问题，并在新的教学中发现新的问题，同时引起教师新的反思，如此反复，以至无穷。

流程二：教师在教学中发现问题—教师反思—搜集资料—不能解决—教研共同体研讨—解决问题。

这一流程是在上一流程进行过程中，当教师发现的问题通过自我反思和搜集资料不能解决时，则通过教师共同体共同研讨，以解决问题。然后，教师再在教学实际中发现新的问题，同时引起教师的新的反思，如此反复，以至无穷。如果问题不能得到解决，则进入流程三。

流程三：教师在教学中发现问题—教师反思—搜集材料—不能解决—教研共同体研讨—不能解决—教育专家研究—提出共识性方案—教师实施验证—修订方案—解决问题。

流程三则是在通过流程一、二都不能解决所发现问题时，把所发现的问题转入教育专家研讨这一程序，教育专家通过共同探讨提出共识性的方案，然后把这一方案交给教师实施验证，一直到问题解决。

从以上流程我们不难看出，在校本教研中，只有教师才是校本教研的主体，其他人员只能起辅助作用，是作为课程具体实施者、开发者的教师在具体的教育教学工作中发现了问题，而后引发出了研究课题，进而展开了一系列的研究活动。

三、校本教研有效开展的保障

要使校本教研扎实、有效，服务于教学，服务于课改，适应课程改革的需要，必须做好以下工作。

（一）构建校本教研制度体系

校本教研制度是一种新的教学秩序与制度，对于学校文化的建设和营造平等自由的学术氛围具有重要的现实作用。它所创造的重视研究、平等合作、经验共享的学术氛围，对于教师的专业发展具有重要的作用。然而，学校教师需要对每一种制度的确立进行集体讨论和研究，决定是否将其应用于实践中，并且需要研究如何更好地将其应用到实践中，这是一个逐渐完善和适应的过程。校本教研制度是一个大的体系框架，由多方面的内容集合而成，其中包含了学校组织机构的管理，教师教学研究，学校内部的交流、教研及服务，还有教研的评价与奖惩等方面的内容。这个制度是一个比较科学和完备的制度，其对学校的发展和教师的发展都有着重要的意义和作用。

（二）重构校本教研的工作机制

校本教研工作机制的实施还受到很多方面的制约和限制。首先，就是打破制度对教师的束缚，让教师真正发挥在教育学生、促进教学工作开展等方面的作用。通过激励教师发挥其创造性，可以使教师在工作实践中逐渐形成自己的教学特色，形成一套符合本校教学实际的教学方法，让学生更好地接受知识和教育。其次，教师在校本教研工作机制的推动下，可以自由结成小组，通过完成教学难题的攻关，达到研究的目的，这种互助合作的研究活动更能激发教师研究的积极性。再次，校本教研还倡导团队精神，提倡发挥每个人的作用，将每个教师的能力、特长发挥出来，教师之间共同学习和进步，让每个教师都具有"主人翁"的意识，加强责任感和使命感。在合作中，可以激发教师的思想火花和灵感，发挥自主性。另外，不同学科之间的教师也要多进行交流和合作，这样不仅可以扩展教师的知识领域，还能对教学中遇到的问题进行切磋交流，促进问题的解决。在这个过程中，教师之间可以对备课情况和课堂教学技巧进行分享和交流，以促进教师对自身教学方法进行反思和改进，同时学习别人好的教学经验。最后，教师要严于律己，不断提高自身的教学研究能力，对遇到的问题进行分析和解决，敦促自己不断扩展知识面，完善知识结构，做一个全方位的合格的学者型教师，更好地促进学校、教师、学生的发展与进步。

（三）建立发展性校本教研评价体系

发展性校本教研评价体系是一个注重"以人为本"的评价体系，有利于促进人的健康全面发展，并且对于人格的构建及智慧的生成都起到了重要的作用。

以校为本的评价方式是一种过程性的评价方式，其评价主体多元，评价方式多样，能更好地实现评价结果的客观、公正。此种评价方式还将评价对象进行了细分，注重对评价对象的个性尊重，对其进行过程性的评价与指导。此种校本教研评价制度虽然也受到制度的约束，但更加注重对人的关怀，注重人的情感需求，避免让评价结果成为等级划分的指标。

所以，这种评价更加关注学生的成长和发展，是对过程性评价的最好诠释。在评价中，要重视教师的主体地位，为教师的成长和发展留足空间，推动教师的自我成长和进步。此种评价制度更加注重评价方式的互补，强调多种评价方式相结合。例如，自评、他评、互评等多种方式。这种评价制度更加注重多种方法的结合使用，改变单一和主观的评价方式，让整个评价过程更加的民主、平等、宽松。另外，针对教师的教学评价更是要做到多种评价方式相结合，如自评与他评相结合、校评和家长评相结合、过程性评价与结果性评价相结合。

第二节　共享研究成果

一、提升校本教研的有效策略

（一）激发教师的进取精神

激发教师的进取精神其实是一种对教师心理进行干预的过程。通常是采用外部条件的刺激来激发教师进取的斗志，进而提升效率、改进工作。这种激励效果体现在，教师为了达成目标而保持积极工作的状态、对工作的饱满激情和充沛精力、坚强的意志和克服困难的精神。它能最大限度地激发教师的积极性。

激发教师的积极进取精神，要从两个方面入手。第一，要坚定教师的职业信念，提升价值追求。在促进教师成长和发展的过程中，要强化教师的职业观念，引导教师对自己的职业形成一个正确的认识和评价，促进教师内在积极性的发挥。观念是教师成长的内在动力，能引导着教师向更好的方向发展。另外，还要通过多种途径，促进教师的观念提升，让教师自觉参与教学改革。第二，要注重发挥榜样的示范作用，带动教师参与改革。学校领导作为教师中的表率，自然而然成为教师学习的榜样。因此，学校领导要严于律己，冲在教学改革与实践活动的第一线，用自身的人格魅力感染广大教师，调动教师队伍的工作积极性。

（二）感受成功的喜悦

每个人都有成功的愿望，这与人们追求至善至美的天性是分不开的，很多情况下，正是靠着这种愿望的推动，人们才不断地取得自我发展和自我完善。心理学告诉我们，一个人只要体验一次成功的喜悦，便会激起无休止的追求意念和力量。因此，我们应充分利用教师成功的愿望，在校本教研过程中，让每位教师都能得到成功的体验，实实在在地感受到校本教研给学校带来的变化，给自己带来的工作成效和愉悦，并在不断获得成功的过程中，产生获得更大成功的愿望，在原有基础上得到更加理想的发展。

学校要为教师提供开展教研活动的平台，如开展有主题的教学研究课（包括对外公开课）；举办教学节，让教师展示自己的教育教学能力；定期举行教学研究工作会议和教育科研会议；举办教学基本功比赛；学校定期编辑教科研论文集和教师教育教学案例集；开设教育论坛，等。在学校营造有利于教师进行教育教学研究和教师专业发展的良好氛围。

（三）创设良好环境，形成推动机制

学校管理应以人为本，创造宽松的支持性环境和良好的校园文化氛围，形成推动机制。它可以帮助教师不断发展自我，超越自我，促进学生的发展和学校的发展。

首先，要把学校建设成民主、愉悦的学习型、研究型组织。教师在教育改革和专业成长的过程中，其创造力是在集体中发挥出来的。因此，营造一种民主和谐的集体氛围非常重要。在课程改革实施过程中，教师会碰到很多需要学习和研究的实际问题，应通过思想发动、观念先行、课题带动、学习支撑，在学校中形成融学习、工作、研究于一体的教师职业生活方式。教师间应团结和谐、互相帮助，碰到问题相互探讨、共同解决，取得成果后共同分享、互相学习。同时，倡导教师在实践中学习，不断进行教学反思，努力为教师的成长创造良好的校园环境和自主发展空间。

其次，学校要建立完善推动机制，成立课改领导小组、教育科研领导小组、干训领导小组、新教师培养考核领导小组、教学实践考核领导小组等，制订校本教研规划。在此基础上，制订新教师培养计划、师资队伍建设规划、课题规划，落实课堂教

学常规的实施意见等，并建立各类发展性评价激励制度。这些小组的建立、规划的制订、制度的建设，都将有力地推动学校教育教学改革深入持久地开展，有力地激励教师自主地、自觉地投身到学校的教育教学实践和研究中去，优化自己的职业生活环境。

（四）帮助教师获得成功

在教学改革的过程中，有很多教师很被动，一方面自己很想为教学改革做出一些贡献，而另一方面又受到自己的知识水平和研究能力的制约，这就造成了一种很尴尬的教研局面。因此，当下的教学改革面临着很多的任务，其中非常重要的一个任务就是提高教师的理论水平和研究能力，然后逐渐帮助教师提高自信心，获得工作上的进步与成功。

一方面要重视理论培训，要在推进校本教研的过程中，特别重视教师的理论学习，鼓励教师采取灵活多样的学习方式，包括专家报告会、学术交流会、读书活动会、专题研讨会、新课程论坛等活动，以开阔视野，转变观念，吸收和借鉴他人成功的经验，在正确的理论的指导下进行教育教学研究。另一方面，借助于专家和骨干教师的引领，同伴互助，对教育实践中发生在自己或自己身边的问题进行研究，这样见效相对要快。

二、校本教研的意义与作用

（一）校本教研的现实意义与存在的问题

1. 校本教研的现实意义

在课程改革的进程中，校本教研已越来越受到广大教育工作者（包括一线校长、教师）的关注和重视，它的现实意义体现在以下几个方面。

（1）以校本教研推动素质教育。很长一段时期，我国开展的应试教育，素质教育作为一个新生事物，还处于探索和实验阶段，只有不断地总结经验，才能逐渐加深认识和了解，保障其健康良性的发展。在这个不断研究和推进的过程中，应该重视校本教研制度，发挥其促进和协同作用，帮助学校更快地从应试教育过渡到素质教育。因此，在校本教研活动中，一是要加强素质教育理论的学习；二是要加强素质教育理念的贯彻，以素质教育理论指导教育教学活动和学校管理工作；三是要加强对素质教育的实践探索，进行多项实验，探索素质教育的规律和实施素质教育的有效途径及方法。

（2）以校本教研促进学校管理优化。校本教研管理对于优化和促进学校的管理具有重要的作用和意义。学校管理的目标就是提升学校教育的发展水平，教育水平的提高离不开学校教师的素质的提高。而提升学校教师水平的方法就是开展校本教学与研究活动。因此，校本教研对于学校的发展和教师的发展具有重要的作用，把校本教研管理置于学校管理的重要地位，无论在学校计划管理、制度管理，还是日常管理和考评管理中都显得十分必要和紧迫。

（3）以校本教研推进课程改革。通过校本教研明确课程改革的目标，了解课程改革的内容，促进课程功能、课程结构、课程实施方式、课程评价的改革，以及校本教材的建设。新课改以来，很多学校坚持以校本教研来推进课程改革，在校本教研活动中探讨新课改，在教育教学活动中实施新课改，取得了一些令人注目的课改成果。

（4）以校本教研促进教育质量提升。校本教研的根本目的是提高教育教学质量，同时它也是提高教育教学质量的最有效的途径。通过校本教研可以更新教育观念，改革教学方式和方法，优化教学过程和教学评价体系，最终实现教育教学质量的提升。很多成功的学校靠踏踏实实抓素质教育，扎扎实实抓校本教研，切切实实搞课程改革，促使学生素质全面发展，教育教学质量健康持续提高。

（5）以校本教研促进教师专业发展。校本教研能够培养教师的科研品质、科研意识和科研能力。一个真正意义上的优秀教师是不可能没有科研行为的，因此教师必须要有科研品质、科研意识和基本能力。校本教研活动能提高教师的专业素养和专业技能，甚至还能提升教师的师德修养和人文素养。

2. 校本教研实施中存在的问题

随着新课程改革的实施和不断深入，能够促进教师专业化发展、推进新课程改革的校本教研活动在许多学校初步开展起来了。这确实是件好事，也是新课改应有之义和取得实效之必需。然而，在开展校本教研的过程中，部分学校偏离了校本教研之要义，影响了新课改的实施。

（1）主体偏离。"校本教研"是以学校为本位的教研，是在本校内进行的，是以解决学校自身存在的突出问题为目标的，其研究主体当然是教师。可是在一些中小学校，由于传统教研模式的强大惯性，教师搞教研基本上依赖于上级教研部门的专业研究人员。也就是说，从研究课题的选择到研究计划的制订，从研究活动的开展到课题结题，乃至问题研讨、公开课、示范课等诸多教研形式和教研活动程序安排，都由教研员说了算，教师成了配角或旁观者。一些教师也认为，教研是教研员的事，是个别骨干教师的事，自己不会做也无须做，只要教好课就行了。由于这种认识误区，他们只习惯于模仿他人的教学技巧，只求教研员告诉他们一些教学技巧，偏离了自己在校本教研中的主体地位。

（2）功利化色彩浓厚。校本教学和研究的目的是解决学校和教师面临的突出问题，促进学校发展和教师专业发展。但是今天一些学校实施的所谓"校本教学与研究"已经偏离了这一目标。在校本教学和研究方面，一些学校忙于项目申请和项目创建，并认为主题越大，水平越高，效果越好，没有考虑该主题是否对学校有意义，或者学校是否有能力做好这项任务。一些学校只关注最终结果，认为基于学校的教学和研究就是撰写论文，或者进行科学研究和组织讲座以求论文可以发表，学科可以通过评估，课题可以通过专家的评审。近代著名教育家林砺儒先生说："教育欲试验新法，于事前有必须遵守的条件：首先，于学理上必须有精深的研究、探讨。第二，于实际状况必须考虑周到，务求适宜。第三，必须经过虚心静心的会议协商。第四，应用的工具必须设备充足。第五，试验的动机须纯粹地为儿童求实益，绝不是替学校博虚誉，更不是为教员个人出风头。"由此可见，实用性和实效性是任何教育改革都必须遵循的基本原则。

（3）形式化严重。校本教研本来应当以解决本校教育教学中的实际问题为出发点和归宿，其研究过程应当是稳扎稳打、步步落实的。可在一些所谓的校本教研活动中，却存在着严重的形式主义现象，其主要表现有如下几种。

①热衷于布置任务。在某些地方，在进行基于学校的教研活动时，往往是教研部门将任务分配给学校，学校负责人将教学和研究任务分配给教研小组，教研组的负责人分配给相关的教师。这些任务无非是一个学期中要听的课，写一些好的教案，做一些很棒的课程，写一些教研文章，做一些研究项目，等等。这种依赖于行政指导方针的"校本教学与研究"，是研究三题偏离的主要原因。

②活动越多越好。一些学校领导在"通过活动促进教学研究"的旗帜下，每学期，开展各种大中小规模的活动，如教学竞赛、评价精品课程等，而不管活动是否有效。笔者认为，以学校为基础的教研需要适当地开展活动，但这些活动不能太频繁，更不能流于表面形式。如果开展基于学校的教研，则应明晰学校和教师的当前状况，目标是使教师共享信息并相互学习。

③评价评级过高。某些学校在学期开始时安排了基于学校的教研任务，并且又在学期末进行评估而不会太在意研究过程。为了应付评估和检查，应该在整个学期进行的活动论文、课程、课程计划和课堂笔记，教师却在学期末集中精力，并在短时间内完成。这种检查和评估，除了使一些教师获得有价值的证书，这些证书在评估中暂时发挥作用外，对教研的发展以及教师的专业发展没有任何意义。最终，校本教研流于形式化。

（4）采用传统形式且形式单一。调查发现，有些学校进行的校本教学和研究没有超出传统的理论灌输和课程评估方式。在这种教学和研究模式中，有些领导者是教师学者、学校教学和研究团队的领导者。有些讲师只是记录教学过程的"观众"。评估课程时，听课教师一般会选择沉默或者简单地说两句。

（二）校本教研对教师个体的作用

校本教研作为教师继续教育的主要形式之一，可以有效地促进教师专业化的成长。其对教师个体的作用具体表现在以下几点。

1. 为在职教师提供专业发展的机会

校本教学和研究应注重目标导向的学习，注重教师群体和教师个人的发展。校本教研不仅要满足师范教育和教学的需要，解决教学实践中的实践和专业发展问题，还要满足学校发展的需要，提高团队的整体素质，并制定未来的发展目标。校本教研不仅应解决教学中需要解决的问题，还会为专业教师提供专业发展的机会。

由于基于学校的教学和研究是在师范学校进行的，教师是双重的角色，既是受训者，又是培训者，教师之间容易理解和彼此交流，在特定的教学过程中，少了猜疑和距离，并且受训人员更容易接受培训人员强调的问题。培训人员可以经常向教师提出问题，与教师分享教育研究成果和出色的教学经验，参与解决学校遇到的问题，向学校和老师提出问题，以及评估教育活动的成果，等等。

2. 培养教师的教学科研能力

20 世纪 80 年代以来，"教师成为研究者"已经成为一个新的口号，在欧美教育界广为流传，它作为"教师专业化发展"的同义语，已经成为一个蓬勃发展的研究领域和新的焦点。校本教研与教育教学改革的实践活动密不可分。教育研究是促进和深化教学改革的有效工具，是提高教师素质的根本途径。我们教学和研究的主要内容是解决教育改革活动中学校和教师发展进程中尚未解决的矛盾，探索有价值的问题，并总结经验。因此，当我们将教育教学与校本研究相结合，在教研过程中建立一支扎实、高效的高素质教师团队，以适应学校发展并促进教师专业发展。

3. 培养教师解决实际问题的能力

教育是创造性的工作，而不是简单的重复性机械工作。由于教育的对象千差万别，教育的内容也在不断变化，教师的工作、教育的时机和教育中遇到的矛盾和冲突可能千差万别，这就需要教师做出准确且及时的判断和决策，找到解决这些问题的适当的措施。因此，教师需要在工作中发挥自身的创造力。俄罗斯著名学者季米良捷夫说："教师不是传声筒，把书本的东西由口头传达出来，也不是照相机，把现实复呈出来，而是艺术家、创造者。"在校本教研中，通过运用案例教学、现场诊断、问题研讨、自修—反思等教学模式，可以培养教师解决实际问题的能力，使他们拥有一套特殊的知识技能体系，达到专业化的水平。

（三）校本教研对整体的作用

校本教研是促进学校持续发展、教师专业化发展、学生全面发展的有效途径，是推进新课改向纵深发展的新生长点，是形成学校特色的有效策略。

1．"校本教研"是整合校本活动的纽带

"教学是学校的中心工作"这一教育规律决定了校本教研的地位和作用。对校本颇有研究的华东师范大学郑金洲博士认为，校本主要落实、体现在四个方面：校本研究、校本培训、校本课程和校本管理。按照他的定义，校本研究就是直指学校问题，将学校实践活动与研究活动密切结合在一起，大力倡导学校教师参与研究。对四者的关系，他认为校本研究是起点，校本培训是中介，校本课程开发是落脚点，校本管理则贯穿渗透在它们中间，起着组织、协调的作用。由此可见，基于学校教育教学问题的研究（校本教研）是开展校本活动的起点和基础，是整合校本培训、校本管理和校本课程的中心和纽带。没有校本教研，就谈不上校本培训、校本管理和校本课程。

2．校本教研是重建学校文化的有效手段

学校文化是学校生存和发展的灵魂所在。学校的文化不仅见诸校园环境，还见诸教师的教育行为和职业态度。学校制度本身就是一种学校文化，有什么样的制度，就会有什么样的组织文化，就会产生什么样的管理方式。校本教研旨在形成民主、开放、科学的教研机制，其本身所蕴涵的人本理念，所倡导的平等、合作和尊重，以及"教师即研究者"等理念给予教师自主研究、进修等以制度上的保障，是对传统的学校科研体制的一种改进，有助于建设新时期学校新型的学校文化。

3．校本教研是教师群体成长的摇篮

校本教研是以学校为基础开展的一种教育和研究活动，其目的是通过教师的自我反思、同伴互助和专家的引导来帮助教师实现专业成长与发展。因此，基于学校的教研强调团队合作，不允许某些人置身事外并坐享其成，教师及专业研究员都是学校教研工作的参与者和研究人员。应该说，在校本教研中，水平高低与能力强弱无所谓，关键是要认识统一、步调一致并以积极的态度投身于这项活动中。校本教学与研究的目的是培养教师的专业能力，不仅是为了少数教师的成长，还是为了整个师资队伍的成长。对于一所学校来说，要维持其发展，就不可能只依靠一些主要的教师来支持它，而必须要有一支在不同学科、不同领域和不同水平上有科研能力和影响力的教师队伍。校本教研可以满足这样的要求，学校可以通过持续有效的教研活动来开展研究，从而使一批教师尽快成熟起来。

第三节　打造学校品牌

打造学校品牌，创办学校特色是学校生存与发展的需要，也是时代的呼唤，已成为当代中小学的办学方向与追求。打造学校品牌需要一系列的条件，具备一定的基础。其中，"科研兴校"是一个重要因素。虽然"科研兴校"也为很多学校所倡导和拥护，但如何立足学校实际，创办特色学校却是众多学校至今苦苦探寻的问题。校本教研以校为本，在校外专业研究人员的指导和参与下，立足于学校自身实际，在具体的研究过程中，通过对话、交流，可以逐步确定学校的发展方向，提升学校的办学理念，有助于逐步形成学校的办学特色。

一、问题即课题，培植研究氛围

（一）树立"问题意识"

学校和教师实践中的、具体的、真实的问题是校本教研的出发点。校本教研的过程实质上是教师在实践中发现问题、研究问题、解决问题，从而积累教育智慧、提高教师专业水平的过程。帮助、引导教师树立"问题意识"，就是要帮助他们养成思考和怀疑的习惯。

（1）指导教师有意识地观察和发现教育和教学现象，对这些现象和事实进行分类、比较和归纳，找出异同，并提出真正的问题。

（2）指导教师养成自我反省的习惯。例如，反思事件是什么，原因是什么，结果是什么，利弊是什么，规则和特征是什么，可以进行哪些改进和完善，如何选择最佳方法和途径，以及有什么新发现，等等。

（3）学校应通过制度建设和团队建设，激发教师思想的火花，增强教师的问题意识和创新意识。例如，实施教学问题累积制度，要求教师结合教科书，探索教学方法，进行教学实践，并定期提出具有研究性或混淆性的问题，或提出既有深刻性又有独特性的问题；充分利用教学和研究小组活动，组织老师一起进行讨论和解决。如果存在很多具有混淆性或无法解决的难题，就邀请相关专家到学校，通过作报告、开讲座和对话的形式进行深入研究。

（二）培植研究氛围

为了使教师成为真正的教学及其研究的主人，他们必须承担一定的教研课题，不断研究和更新教师的教学概念和实践，反思教学实践、教学概念、学习行为和教学效果，并逐渐形成对教学现象和问题的独立思考和独特见解。

所谓的研究是一种基于学习、探究、协作和模仿的创造性活动。简而言之，参与研究的人是团队合作关系，逐过现象的收集、归纳、分类、辩证思考，找到客观规律。研究意识是寻求更多理性的意识，即打破砂锅问到底，从事实中探求真相并认识真相的意识。只有教师真正进入研究状态并进行理论学习和实践反思，才能不断提高研究和解决实际教学问题的能力，提高其开发和建设课程的能力，并将日常教学工作与教学研究和教师专业成长相结合，通过研究工作形成一种融学习、工作、研究于一体的教师职业的生活方式。

在培养教师研究意识方面，我们必须加强对教师的教育和培训，使他们深刻理解教学研究的重要性，同时对他们进行有效的培训。教师需要掌握一些教学研究的方式和方法，这些方式和方法易于操作并且能满足其实际需求。在校本教研过程中，教师需要经常问自己：我们正在研究哪些问题，这些问题是真实存在且值得研究的吗？我们使用什么研究方法，这些方法和步骤是科学且适当的吗？研究结果应如何表达和推广，结果是否科学有效？教师应将学习作为一种基于学校教育和教学的实践活动，在教学中进行研究，在研究中生活，将教学、研究与生活融为一体，并有意识地发展和创新，发现并了解教育和教学的内在规律。

二、总结与提炼，凸显办学特色

（一）创新教学工作，创建质量型校园

教学工作是学校的中心工作，教学质量是学校的生命线。突出教学工作的中心地位，全面提高教学质量是学校生存和发展的必然要求。在具体工作中，一是抓好常规管理，严格落实各项教学常规工作，加强对备课、上课、作业布置、学生辅导等常规工作的检查和指导，及时反馈检查结果，督促好对问题的整改。二是严把教学质量关，监控措施落实到位，坚持检查和指导相结合、点与面相结合、定量与定性相结合，深入开展教学研讨活动，重点组织好教师"教学研究课"、教学常规检查、教学质量抽测等活动，找出存在的问题，推广成功的经验，切实做好检查前的指导和检查后的反馈，帮助教师规范教学行为。三是重视教学质量分析，通过组织质量调研、召开质量分析会，集体分析、排查，讨论改进措施，提高课堂教学整体水平。四是深入

开展系列教学教研活动，积极组织教师开展"青年教师汇报课"课堂教学竞赛，积极参与上级组织的优质课竞赛等活动，反思新课程实施中的经验和问题，推进课程改革向纵深发展。

（二）创新教研工作，创建科研型校园

教育研究是教育思想的孵化器，教育行为的火车头，教师专业发展的驱动力和学校可持续发展的活力之源。为此，我们必须注重教育研究，认真走教育研究的道路，努力营造科研氛围，提高全体教师的教学和研究水平，并对其进行指导，引领学校打造特色，塑造品牌。一是完善校本教研体系，加强对校本教研的规划、管理和指导，逐步完善学校、院系和个人的教研网络，形成多方向发展、多层次的教研结构，使每个人都可以参与，使教学和科研更好地结合起来。二是积极开展校本培训，使校本培训与教师专业发展相结合，使校本培训与教学研究相结合，使校本培训与学校特色相结合。实施新课程的培训，积极组织教师参加"校本教研月"活动，开展教育理论研究、基础教育课程改革理论、教育科学研究等工作，并注重课程改革，以便教师可以在实践中学习、反思和研究；建立骨干小组，并组建领导小组，从而逐步形成合理的教学团队结构。第三是加强课题研究，培养研究型教师。教学部门要加强对学科研究的管理，用"课题"带动"课改"，努力提高教育教学质量。

（三）强化内部管理，创建效能型校园

一所学校质量的高低取决于学校各个要素能否有机地、和谐地统一起来，保持最佳状态的运转。为此，我们要深入开展效能建设活动。

一是加强规范教育和制度建设，完善各项规章制度，使其在今后的工作中有章可循；健全学校工作目标管理体系，加大考核奖惩力度，并与绩效挂钩，充分调动教职工的工作积极性，保障学校各项工作高效有序地开展。二是加强各处室和年级组、教研组的规范管理，建立有效的管理机制，建设一支勤政廉洁、合作协调、务实高效的行政工作队伍，充分发挥中层干部在学校管理中的作用，使之为教育教学工作服务。三是学校党组织切实加强对工会组织的领导，充分发挥工会组织的职能作用，进一步建立健全民主管理、民主监督机制，进一步规范和完善学校教职工代表大会制度，提高教代会工作质量，推进校务公开及民主评议学校领导工作，保障广大教职工参与学校民主管理和民主监督的权利，及时处理群众反映强烈的热点问题，维护学校形象。

三、包装与打造，形成学校品牌

随着时代的变迁，中国进入了"品牌时代"。如今，这种"品牌"意识已经逐渐

渗透到教育领域。未雨绸缪，一所学校要想不断发展，做强做大，为学校精心设计一条适合自身发展的"品牌路线"是必不可少的。打造学校品牌会把学校带入良性发展轨道，同时也会在新一轮的教育改革中为学校赢得一席之地。

（一）立足校本建设，打造精品教师

没有球星的球队，一定成不了名球队；一个学校没有出类拔萃的教研教师，也一定难有较大的教研成果。学校应当善于发现苗子，多给他们搭建学习、锻炼和展示的平台，让这些"苗子"能较快地成长为"大树"。校长要舍得付出财力，让他们"走出去"开阔眼界，舍得付出精力，同他们一起"促膝谈心"，放宽心胸让他们"驰骋教场"，让他们带动整个学校的发展。

努力打造以优秀教师为核心的高素质教师队伍，精心构建校本教研、校本培训、校本课程一体化模式，实施教学质量全程监控测评，促进教师专业化成长，以名教师的知名度和影响力丰富精品教育品牌的内涵。

（二）实施素质教育，培养精品学生

作为素质教育，它应具有以下内涵：一是以人为本，我们必须重视每个学生；二是关怀生命，我们要从生命的高度来关注每一个学生；三是陶冶情操，积极情绪的培养和意志的提升应该高于知识的传授；四是开启智慧，我们的学习活动应定位在学生智慧的开启上；五是个性发展，个性发展是建立在尊重和充分发掘每个学生的潜力的基础上的。

素质教育不仅着眼于所有学生整体素质的全面和可持续发展上，而且应该着重于每个学生的个性化的成长。学校应该致力于培养有志向，人格健全，身体强壮，具有人文精神，并且能适应社会变革和可持续发展的社会精英。

（三）注重和谐发展，建设优质校园

学校应努力关注、关心和尊重每位教师的工作、生活和发展，为每位教师的发展创造空间，为才能的发挥创造舞台，并且充分相信每一位教师的潜力，激发教师的工作热情。在学校管理中，坚持在政治上领导人们，在思想上教育人们，并在生活中照顾人们，将教师发展与学生发展和学校发展紧密联系在一起。

加强校园文化建设，营造浓厚的教学科研氛围，如创建校本教学科研专栏，运行校本教学科研网络，建立教学科研室，等。以学校为基地，举办教学和研究成果展览，分享学习心得和个人感想，并请领导专家亲临一线，面诊课堂，并作专题讲座。请国家级或省市级优秀教师来学校讲课，营造一种学术氛围，使教师对校本教研工作充满热情，并获得一定的收获。

第三章　校本教研的基本模式

第一节　专题研讨式教研

一、专题的类型与来源

专题研讨式教研活动是指在备课、上课、课后反思等教学以及科研课题各环节中，教研组长引导教师发现问题、提出问题，通过教研组集体探索实践和专题研讨，经过组内教师集体的思维碰撞后，提炼出解决问题的有效策略，使教研活动"专题化"。专题研讨式教研活动唤醒了教师的教研主体意识，促使教师在教研组内形成"发现问题—提出问题—探究问题"的良好教研氛围。

专题研讨式教研活动的核心思想体现为三个"主"，即课题是主线，课堂是主阵地，教师是主体。

（1）课题是主线。专题研讨式教研必须有自己的教学研究课题，其课题必须切实解决教师教学中迫切需要解决的问题。教师在校本教研活动的上课、说课、评课活动中，围绕着课题"上"一节与课题有关联的课堂教学探究课，"说"与课题关联的课堂教学设计思路和策略，"评"与课题的达成度相关的课堂教学及其教学反思。"课题"是专题研讨式教研活动永恒的主线。

（2）课堂是主阵地。专题研讨式教研的着眼点必须聚焦课堂教学。从三维教学目标的制定到教学策略实施，从教与学多元素整合到课堂教学多元评价，诸多问题都围绕着提高课堂教学质量展开。无论是对新课程、新理念的领悟，还是形成教师个人教学风格和特色，都需要把课堂教学作为研究的试金石和实验阵地。无论是课题的萌生到确立，还是课题的探索到评价，课堂教学永远是开展专题研讨式教研的主阵地。

（3）教师是主体。专题研讨式教研活动的主体是教师。教师不仅是个体，而且是群体。一个教师的专业成长离不开自身的刻苦追求，也离不开团队的辛勤培育。

个体实践、伙伴合作、专业引领都需要弘扬团队精神。教师的主体作用表现在：主动寻求提高教学质量的突破点、刃入口，主动获取当今现代教育教学理论；在个体实践、伙伴合作、专业引领的基础上，营造教学研究的团队精神，共同探索、共同发展。

（一）专题的类型

专题研讨式教研活动的专题来源于教师日常教学实践中的问题和困惑，所以教研组长要选择有价值的、有普遍性的问题引导组内教师思考和研究，最终形成教研活动的专题。从专题的形成过程来看，大致有以下两种类型。

1. 预设型专题研讨式教研活动

预设型专题研讨式教研活动是指教研组长根据组内教师在课堂教学各个环节或课题研究等教学理论和实践中存在的有典型意义的问题，而预先设计的专题研讨式教研活动。

2. 生成型专题研讨式教研活动

生成型专题研讨式教研活动是指教研组长在教研活动过程中从某个问题入手组织教师思考和研究，在教师思维火花的碰撞过程中引发新的问题而形成的专题研讨式教研活动。

针对教学实践中生成型问题开展的生成型教研活动，是教师智慧碰撞的结果，是教师自我研修过程中主动性的体现。由于问题来源于教师的日常教学实践，这就为下一次的教研活动确定了主题，这样的教研活动所研讨的主题使教师更容易产生兴趣，更能激发教师主动研究的积极性。

（二）专题的来源

专题研讨式教研活动的专题，来源于教师的课堂教学实践，是教师在教学活动中具有普遍性的问题。所以，教研组长能找出一个符合教师实际发展需要的、教育教学中普遍存在的问题，是保证校本研修能让教师主动参与的前提。

1. 从教学现象中感知问题，形成教研活动的专题

在教研小组活动中，教师为主体，课堂教学中出现的问题是教研活动的研究课题。它是实现课堂教学重点的重要工具，也是提高教学质量、促进教师专业发展的重要措施。在实践中，我们发现在"校本专题培训活动"中以课堂教学为研究对象，更有利于教师的实际反思，实现教学科研小组的作用。通过课堂教学的研究，教师具有教学者与研究者的双重身份。

教研活动的重点有助于缩小误程发展概念与教师教学实践之间的差距。教师通过

听课和评课促进教学研究，基于课程的新标准概念充分表达他们的意见，可以充分调动教师的积极性，达到同伴互助的效果。

2. 从课题的研究中发现教研活动的专题

在专题研讨式教研活动中开展课题研究，是将构建教师新课程理念落实到教师教育教学实践的桥梁。在教研组开展课题研究的过程中，能否发挥教师集体的智慧，能否形成研究的合力，关键是课题本身能否引起教师的共同关注，是否为迫切需要解决的课堂教学问题。为了营造"实践反思、伙伴合作、专业引领"的校本教研氛围，教研组必须选择和自己的教学有密切联系的研究课题。依托课题研究的平台，校内一些人数较少的学科教师，如音、体、美等学科教师可以在课题的引领下开展跨学科的教研活动，这样既避免因学科教师人数少而使"学科孤立"，难以组织正常的教研活动，又可以通过同伴互助，使来自不同学科的教师以一个共同的主题进行教研活动，达到合作共享的目的。

通过课题的指导，不同学科的教师可以澄清困惑中的问题，在协作中阐明思想，以便教师可以在未来的课堂中继续关注他们现有的问题，并对问题进行反思，养成在课后进行课堂教学行为反思的习惯，使教师的课堂教学得到可持续发展。座谈会式的教学与研究活动可以有效地促进校本教学与研究的发展，避免了在教学中走弯路，提高了教学经验。

二、专题研讨式教研的实施

（一）运行结构

专题研讨式教研是从教学中筛选出教师最关心和困惑的教学问题，并组织教师进行专题研讨，从而达到破解教学疑难问题和促进教师专业能力提升的目的。该模式的运行结构为：

1. 问题复习

在学校统一组织下，对学校教育教学中存在的问题进行调查和分析，分类和解决各种问题，以对它们进行全面总结，并创建一个"问题库"，再从众多的问题中筛选出一两个最重要的问题，形成研究思路和架构。

2. 理论讨论

教师从教育理论中选择最合适的内容，提供理论指导和操作规范以解决所研究的问题并确保讨论的准确性。教学与研究团队的负责人或骨干教师可以根据收集的重要信息准备演讲，并就该主题进行会议讨论。教师还可以根据教学和研究主题进行与教学实践有关的讨论和经验交流。

3. 实践验证

经过理论研究和专题讨论后，教师致力于特定的教学实践，主要有以下过程：根据教学和研究主题设计课程计划；分析课程计划，进行交谈和沟通，并提出优点和缺点；复习教学大纲，将其打印后分发给所有教师；举办一次教学研讨会，要求所有教师对本主题的课程进行讨论和研究。

4. 品位提升

教师在应用的基础上运用理论进行总结，以提高自身的教学和研究能力。教师要在教学实践中将获得的经验做相应的笔录，并写出真实的感受和想法，而不是寻求全面和完整的理论；在此基础上，教师根据教学和研究的主题以及他们的个人经验编写教学论文。

（二）实施程序

专题研讨式教研一般的程序如下。

1. 问题的征集

这项教研活动能否搞好，首先取决于问题的征集和筛选。通常问题的征集应是教师最关注和困惑的教学中的重点、难点、热点问题。当然，这些问题应该有典型性和代表性，如"怎样看待课改后考试评价问题""课堂上怎样对待放与收""怎样创造性地使用新教材""实施新课程会不会加剧学生的两极分化""怎样看待教案编写的详与略"等。

问题的征集应是多渠道和多方式的。比如，学校领导通过深入教师和学生当中座谈调查，教师和领导通过在深入教学一线参加听课、评课等教研活动时留心观察等。

问题征集上来后，学校应建立一个"问题库"，即用一个专用本把搜集上来的各种问题分类整理、综合归纳并做记载。

2. 问题的筛选

通常从教师中征集上来的问题，不管大与小，因为来自一线，都会有一定的研究探讨的价值。但问题的处理并不一定都要通过研讨的方式。有的可以把征集来的问题通过梳理以后反馈给教师，私下去思考和随意讨论；有的可以通过上研讨课解决；有的可以通过案例分析解决；有的可以采取专题辩论的方式解决。而那些有普遍性，需集体攻关、重点突破的问题，就可以从中选出来组织专题研讨会。

研讨主题可以由领导和教学研究人员集体来定，也可以通过征求教师的意见确定，还可以通过投票选举的方式确定。

3.环节研讨人员的准备

（1）研讨人员的确定。谁参与研讨，人选可以是不固定的，主要看研讨的范围、话题内容和学校的具体情况。如果是比较大的学校，研讨的人员可以是一个学科教研组的成员或一个年级组的成员；如果小一点的学校可以是全体成员都参与。而对于一些相对难一点的话题可以从一所学校中挑选骨干参加；带有学科或学段特有性质的话题，只能是学科教研组或年级组教师了。

学校在确定研讨人员时应适当考虑人员的构成，如一般性教师、骨干教师、年级组长、学校领导或教学专业研究人员等。

（2）研讨人员话题的准备。研讨人员确定下来以后，研讨组织人员应将研讨话题及时通知研讨人员，并让他们围绕研讨话题去学习理论、查阅资料，必要时也可以写一个发言提纲。根据具体情况，研讨的话题也可适当分工，以便有所侧重。

（3）主持人的准备。研讨会开的效果如何，主持人十分重要。主持人应有这样几方面的素质和能力：一是居高临下地驾驭讨论话题的能力。既能把话题引出、展开，还能把话题收拢归纳；既能把浅显的话题引向深入，也能把深奥的话题引向通俗，做到收放自如。二是综合能力和组织能力。谈话应在轻松、宽松、和谐的气氛中进行，这就在于主持人能否营造氛围，创造条件，激发研讨欲望。主持人应有幽默感和概括能力。

4.实施研讨

通常研讨最容易出现的问题是：

（1）主题不突出，话题散乱。缺乏问题中心，讨论不着边际，话题东拉西扯，消磨时间，研讨活动做样子，走过场，毫无收获。

（2）空对空谈理论，不解决实际问题。虽然有问题，但是不能针对问题找原因，进行一些高深莫测的理论探讨，场面看似热烈，效果并不好。

（3）就事论事，认识肤浅。有明确的问题研究，然而缺乏必要的理论准备，就事论事，见子打子，不能进行深层次思考和研究，停留在表面现象上。这样的研讨不会对教师有多大的帮助。

（4）方法单一，形式单调，气氛沉闷。学校教研活动往往局限于听课、评课，教师主动参与度不高，经常是一个人说，其余的人当看客，不动脑，不动口，不动手，置身事外，似乎与自己无关，活动一完什么都完，无任何意义。

那么，怎样避免上述问题呢，除了研讨人员要做好准备外，主持人可以给研讨确定一个提纲，提纲力求做到主题明确，主线清晰，带动相关话题，引向教学实际。

5.研讨后总结交流

研讨后如不及时总结，就会"风过地皮干"；不及时交流，只能是"点"上受益。所以研讨会之后，一定要进行归纳提炼，形成精练的文字材料，分发给全校教师，实现点上研讨、面上受益、成果共享的效果。

第二节　学术沙龙式教研

学术沙龙式教研是学校根据教师的兴趣、爱好和学习需要，定期不定期组织的读书报告会、教学经验交流会、教育教学研讨会等。目的在于给教师创造互动交流的机会。这种教研不强求统一的结论，旨在开阔思路，引导思考，加深教师对某一问题的认识，寻求更多的教学策略，探索课程改革中的新方法、新模式。该模式的运行结构为以下几点。

（1）确立主题。把教师在教学中最关注和困惑的重点、难点、疑点、热点问题，通过问卷、座谈等方式搜集起来，大家集思广益提出需要解决的问题，形成可深入研究的重点问题，确定主题活动内容。

（2）群体破解。围绕一个中心议题，以教研组（或学科组）组织开展专题研究性学习活动。大家可以自由发言，也可安排中心发言人，人人以开放的心态，主动提供相关的教育教学案例、论文、课题报告等，分析挖掘其中有实践智慧的经验和新的生长点。大家要从多角度对所揭示的问题、提供的经验进行深入思考与探索，在交流合作中形成新的经验。

（3）开放对话。教研沙龙要营造出宽松自由的学术研究氛围，在每次活动中安排讨论时间，让大家在"品一品，尝一尝，聊一聊"中探讨课改中的"疑点""难点""热点""焦点"，围绕这些"热点"话题与中心发言，畅谈思想、思路、方法和体会，通过交流、对话引发思考，提升认识。

（4）多元分享。将发言的主要观点进行集中发布，对议题的内涵和外延予以补充和延伸，对教学思想和策略予以内化和升华，必要时学校应把这些经验材料整理或汇编成经验材料集，在教师中传阅，或推荐给上级教研、科研、学术团体，使其在更大的范围得以宣传和交流，同时可将有分歧的问题和大家感兴趣的问题带到下一次学习研讨之中。

一、基本要求

（一）选准话题

一个好的沙龙就如同一个燃料充盈的大火炬，而一个好的话题则是一根神奇快速的导火索。在沙龙中，首先要选准话题。话题要有鲜明的导向作用。教师沙龙是带着问题探讨，领受理念求索的。因而，沙龙的话题既要前瞻，又要务实；既要有对教育现状的反思，又要有对理想教育的预构。

前瞻的话题能启迪思维，激发理想，把人带向辽阔高远的新境界；务实的话题能促人反思，直面现状，使人感受研究的必要性，感受研究与实践的"亲密接触"与"水乳交融"。

（二）体现层次

沙龙除了有鲜明的导向性，还要体现层次。沙龙应针对不同的对象，确立不同的主题。对有相当科研素养的教师可以组织比较宏观和前沿的教师沙龙，如"走进校本教研""学生差异之我见"，着眼于理论探索与理念确立。对有一定教学经验和研究基础的教师则可以组织比较宏观和实际的教师沙龙，如"好课的标准谈"，着重于观念更新与艺术探讨。对上岗不久、教科研才起步的青年教师则可以组织较为微观和敏感的教师沙龙，如"青年教师成长阶梯""课堂教学中的应变机制"，着力于教学实践中问题的解决。

（三）充分互动

教师沙龙应该是互动的、开放的，应慷慨而公正地给每一位参与者以话语权。平等与独立、开放与互动，使沙龙成为思想激荡的大磁场。与大师对话，偕同行切磋。教师沙龙在"走出去，请进来"的过程中，一方面可以使教师迅速地接受新信息、新理念，另一方面可以直接地把困惑与探索的问题摆到桌面上。

（四）成果激励

教学的艺术不仅仅在于传授本领，更在于激励、唤醒、鼓舞。对于教师沙龙，除了唤醒、鼓舞一线教师的教科研意识和教科研热情外，很重要的一点则在于激励：激励探索，激励争鸣，激励建言。深化与物化是沙龙的后续，也是沙龙富有不竭内驱力、持久吸引力的保障。及时地整理，积极地发表，对于沙龙的"做大、做强、做优"至关重要。

二、沙龙的不同范式

（一）青年教师沙龙

青年教师是教育改革和发展的生力军。当今时代，信息交流日益广泛，知识更新大大加快，青年教育工作者应比任何时候更加重视和抓紧学习。为树立先进的学习理念，创造浓厚的学习氛围，建立更加科学的学习机制，促进青年教师更快、更好地成长，配合教育发展形势，学校可以组织"青年教师沙龙"。青年教师沙龙的活动目标是：

（1）为青年教师在师德、学术及学校管理等方面进行互相交流与学习建构新的平台；

（2）为青年教师与教育权威人士的沟通架设桥梁；

（3）通过围绕教育发展形势和教育工作需要，确定谈话主题、交流思想，激励和促进青年教师不断进取，提高综合素质；

（4）为教育发展建言献策。

（二）全方位的教师沙龙

随着新课程改革的逐步深入，教师沙龙活动变得更加完整和充满活力，并成为大多数教师愿意接受的一种学习形式。它不仅仅是一种形式和一种内容，而且渗透到日常教学研究和每一次交流讨论中。它可以是大型团体沙龙或团体活动沙龙；它可以是主题沙龙或非主题沙龙；它可以是面对面的沙龙或网络沙龙；它可以是学校的沙龙，也可以是校外同伴之间的沙龙；它可以是教师之间的沙龙，也可以是教师和父母之间的沙龙。

（三）课改沙龙研讨培训

在聘请专家进行授课时，学校可以充分利用学校的教师资源，并开展各种效具明显的教师沙龙活动，可以采用互动式和参与式培训，组织教师就关键、热点和困难问题，如"如何教授新课程"和"如何转换角色"等，进行平等、真诚的对话和思想交流。教师们借助这种沙龙式的培训方法，并利用小组反思可以解决教学过程中遇到的许多实际问题。

三、实施策略

（一）一般程序

学术沙龙式校本教研的一般程序是：确定主题活动内容——活动准备（发言人、主持人、时间、日程、场所、形式等安排）——组织活动——活动后的总结和延伸。为了提高学术沙龙式教研的实效性，组织者要做好以下工作。

1. 做好计划，明确每次活动重点

学术沙龙式教研应有计划、有目的地进行。学期初应有学校或教研组、年级组的总体安排，计划搞几次活动，每次活动重点是什么。是介绍钻研、处理教材的经验，还是介绍创造性使用教材的经验；是介绍开发课程资源的经验，还是介绍转变学习方式的经验等。每一次活动应该突出一个主题。

2. 活动前要做好准备工作

准备工作包括：

（1）个人经验材料准备。这是基础。如果个人的经验材料准备不好，会议质量就不可能高。为了把个人材料写好，学校领导或教研组给发言人开个会，提出有关要求，而当材料初稿出来以后，负责人应首先看一看，并给予必要的指导，设法让发言人把材料修改好。另外，为了保证会议短时高效，每次发言人不宜过多。

（2）会议日程的准备。为了使交流会开得既庄重又生动活泼，主持人对发言的顺序及方法要周密安排。通常开头和结尾发言的材料应更好一些。另外，为使经验交流会生动活泼，发言人不应局限于文稿的讲读，而应伴有课件、作品展示，乃至适当安排与在场的其他老师的互动交流等。

（3）会场的准备。为了渲染气氛，经验交流会应适当布置一些会标及引人注目的会议口号，摆放盆花及花篮等。

3. 会议组织力求严谨

一个会议开得好，主持人十分重要。一是主持人要把握调控会场气氛乃至进度。开头的导语既要点明主题，又要引人入胜，而且对参加会议的人应有所要求。二是主持人对发言者的发言做简短的评价，对经验进行提炼概括。三是会议结束时，主持人要做总结，保证交流会开得庄重、生动、活泼。

4. 会后做好经验交流会的反思与拓展

虽然经验交流会开完了，但经验的学习借鉴不能就此结束，必要时学校应把这些经验材料进行整理反思或汇编成经验材料集，在教师中传阅，或推荐给上级教研、科研、学术团体，使其在更大的范围得以宣传和交流。

（二）教学经验的提炼

学校在组织学术沙龙教研活动时，应该特别重视对教师总结教学经验方面的指导，只有教师的教学经验上层次，从庞杂的教学经验中提炼出有价值的东西，学术沙龙的教师互助活动才能上水平。

1.让教师养成搜集资料积累经验的习惯

总结是对过去工作的回顾和反思，因此总结的前提是要有前一段实践工作经验的积累。可以说没有积累，就没有总结，积累越多越有助于总结，经验的价值也越大。

那么积累从哪里来呢？途径是多样的，主要有两个方面：一方面教师要勇于在教育教学中进行实践和探索，并且细心观察、用心思考，善于在人们司空见惯的教育教学活动中捕捉有价值的东西。另一方面要勤于动笔，留心把实践中那些有价值的零思碎想记录下来。当我们做一件工作获得成功的时候；讲一个概念、做一个练习引起学生积极反响的时候；教育一个学生达到转变的时候；甚至说一句话、做一个动作打动了学生的心的时候，应及时将其记录下来。记录的时候要全面、详细，要将事情的缘由、经过及其结果都实录下来，甚至一些对话和表情都涓滴不漏。教师除应写教学方案外，还应写教师笔记、教师日记，把对学生的观察、对学生的教育过程，包括成功的经验、失败的教训等都记录下来，待日后进行分析研究。在教学方面写"教学后记"是一些教师常用的方法。一节课结束，教师及时分析、总结一下教学情况，找出成功的地方和应吸取的教训。这种笔记可以是一事一议，分析一种现象，解决一个问题，也可就某几个问题粗列提纲。

2.指导教师归纳总结，提炼教学经验

我们知道，经验虽然包含着许多教育规律，但还不是或者说不等于规律。因为这些经验很可能是局部的、零碎的、偶然的、孤立的。这些感性认识用来指导一时一事、一人一校的工作可能是恰当有效的，但不一定有普遍的指导意义。达尔文说："科学就是整理事实，从中发现规律，做出结论。"只有通过提炼，即借助教育理论对那些感性材料进行反复的分析，才能进行"去粗取精，去伪存真，由此及彼，由表及里"的改造制作。透过现象抓住本质，透过局部看到整体，从偶然的背后发现必然，从中找到规律性的东西，得出有普遍指导意义的结论，这才具有了科学价值。

教师要总结教学经验，认识教学规律，学会反思，只有不断地反思，"反求诸己"，才可能对教育现象由感性认识达到理性认识。

3.教师提炼教学经验的几种方法

（1）归纳性总结法。这是一种比较常用的总结教学经验的方法。这种做法是教师在总结教学经验时，通过概括归纳抓住事物的某些特点，认识其规律。

运用这种方法应注意这样几个问题。一是要能把反映经验本质规律的特点找到、抓住，并做必要的分析和说明；二是在总结特点时要侧重介绍自己的做法，即把方法中的独到之处和特点反映出来，以便别人认识和理解。

（2）警示性总结法。这是研究者根据自身工作的失败教训，或者从同行的工作失误所吸取的教训中总结出来的具有规律性的东西。这种经验通常以失败教训为主，它可以为自己或他人起到警示作用。在这种教训警示下，教师可减少工作失误，提高工作效率。

（3）模式性总结法。这是教师对自己的教学经验做出模式性的总结。所谓模式就是在一定教学理论指导下，以简化形式表示的关于教学活动的基本程序和框架。教学要有模式，但不能模式化。作为一种模式，它既有理论根据，又有操作程序。

（4）案例性总结法。案例性总结法是把自己教育教学经验中的典型事例叙述出来，然后对案例做概括性的分析，得出规律性的结论。

第三节　自修反思式教研

自修反思式教研是一种主要以自修和经常反思为主的学习方式，是教师对已经发生的教学行为和教学活动的再认识、再建构。这种教研从实质上看是教师的一种内化行为，所以学校要引导教师认识、发现自己，从而在专业发展上通过自修反思，在自己身上找到自己，让教师对自身的专业水平进行全面的反思和恰如其分的评估。

自修反思式教研应包括以下几个层面的内容：

（1）教师要有主动的学习意识和精神。

（2）在学习内容上，除完成学校规定的学习任务外，教师要根据自身的情况和需要自加学习任务，即"重点餐＋自助餐"。

（3）以校为本的学习。离开了学校，也就离开了实践，离开了"家"，也就不会有教师的自主发展。

（4）学习的个性化。由于是自修，那么教师在学习时间、地点、内容和方式方法上，不受统一限制，而是要灵活机动地处理。

（5）边学习、边实践、边总结、边反思，不断修正自己的教学行为。即这种学习往往依靠教师个人的动力、兴趣、计划，进行"自在""自省""自悟"。

当然，我们提倡教师的自修反思式教研，并不是排斥学校其他的教研模式对教师的影响，我们提倡自修反思式教研与其他教研形式有机结合。但值得注意的是，在开展各种教研活动中，我们十分重视外在因素对教师培训的影响，而忽略对教师自身潜能的开发。学校在开展各种教研活动中，首先应该考虑如何引导教师去认识、发现自己，从而在专业发展上通过自修反思，在自己身上找到自己。

一、自修反思式教研的内容

自修反思式教研的内容包括读书、教学后记、教学反思等几个方面。

（一）读书

如果说有一种最方便、最快捷、最省时、最有效的教师专业能力的学习手段，那就是读书学习和工作实践。而近年来这种最基本、最常规、最经常的教师培训提高的方法途径被轻视了，被忽略了。

书籍是知识、技术、情感、理论等的载体，也是人类进步的阶梯，读书是和有经验、有思想、有智慧的人的沟通和对话。读书能使人丰富、厚重，所谓学高为师就是这个道理。读书能医愚，使人聪明。有所作为的人，书读得都比较多。读书对教师来说更有特殊的意义，书籍是学校中的学校，读书能让教师超凡脱俗。可以说，读书能把教师差距拉大，读书是"经师"和"人师"，是"庸师"和"高师"之间的一级阶梯，不读书的教师往往总是简单的劳动者。

读书少是造成教师专业成长不快的一个重要原因，有的教师手中除了一本教材、一本参考书外，什么都没有。在一些学校绝大多数学生和教师整日被"正统"的作业、教科书或工作压力所包围，他们很少去看课外书。甚至现在一些教师培训注重的也是听报告或讨论，忽视教师个人读书，那么这种文化现象势必造成教师专业化的"贫血"，而一旦搞研究课，教师就感到"黔驴技穷"。另外，读书对教师陶冶情操、提高生活品位也是十分重要的。

（二）教学后记

所谓教学后记是指教师上完一节课，及时把成功的经验、失败的教训、教学顿悟、教学中的精彩瞬间等写成书面材料，作为日后教学的参考，从而促进自己教学能力的逐步提高。教学后记又称"课后小结""教学笔记""课后备课"等。

从"实践—认识—再实践—再认识"循环往复以至无穷这个认识规律来看，教学后记在教学实践的过程中所起的正是一种承前启后、不断深化认识的作用。

（三）教学反思

对于教师教学经验积累来说，最重要的有两条：一是对外学习吸纳；二是对内总结反思。因为一个教师仅仅满足于获得经验而不对经验进行深度思考，那么即使有20年的教学经验，也只是一年工作的20次重复而已。

否定自己是痛苦的，但是有时只有敢于否定自己才可能超越自己，创造一个崭新的自己。

美国心理学家波斯纳曾提出，教师成长公式为"经验＋反思＝成长"；我国心理学家林崇德也曾提出："优秀教师＝教学过程＋反思"。教与学之所以能"相长"，贵在教学后能及时反思，吃一堑长一智，教学反思是一种聪明之举。正是沿着这条看似平常但又不平常的路，走出了一个个出类拔萃、教绩显赫的优秀教师、特级教师、教育专家。

教学反思是指教师从事教学实践后，回过头来思索自己过去做过或经历过的教学活动，从中总结经验教训，指导今后的工作。

教学反思是一个从感性认识上升到理性认识的过程，而反思者可能要伴随着一系列的回忆、分析、比较、判断等思考活动。教学反思的过程实际上是教师把自己作为研究的对象，研究自己的教学观念和实践，反思自己的教学行为、教学观念以及教学效果。通过反思、研究，教师可以不断更新教学观念，改善教学行为，提升教学水平，提高教学质量。

二、实施策略

（一）读书的策略

1. 选择读书内容

学海浩瀚，书山茫茫，人生有限。读书学习、积累资料不能四面出击，应该根据自己的专业特点、学习优势、兴趣爱好，有选择地读，有选择地积累，必要时还要围绕个人研究课题，去专门读书，搜集材料。

教师该读哪些书呢？除了读好专业的书外，以下读书建议仅供参考。

（1）读教育报刊——了解同行在思考什么。教育期刊是定期出版的刊物，如周刊、月刊、季刊等，由于期刊出版周期短、内容新颖、论述深入、发行量大、影响面广，反映了学术界当前最新研究成果和学术动态，能及时迅捷地给我们提供最前沿的信息，所以它是科学研究的主要参考资料。

（2）读教育经典——感悟教育。古今中外不乏教育名家，经典论著汗牛充栋。孔子、陶行知、苏霍姆林斯基、杜威、布鲁姆、巴班斯基等，他们的真知灼见永远不过时，还是那样永恒而平易近人，对于在教海中迷茫挣扎的教师们无疑是一座座明亮的灯塔，引导我们一步一步走向真理的彼岸。

（3）读人文书籍——开阔视野。读古、近、现代史和马克思主义哲学，阅读文学名著、名人传记，常看些小说、散文，鉴赏品评并抄录诗、词、曲、联精品和格言警句，经常翻阅并熟记常用成语典故等。这样会不断扩大、丰富自己的知识领域，提高自己的文采。

（4）读中小学生的"书"——走进学生心灵。学生的作文、日记、文艺作品、作业，无论是发表的还是没发表的都要认真读，细心品味就能很好地了解学生的世界。只有真正了解了学生所思、所想、所愿，才会产生适应学生发展的教学方法。

（5）读"无字"书——采撷课程资源。生活是一本"百科全书"，它不仅是知识的宝库，还是思维的宝库。教师从身边的日常生活体验中选择事例充实课堂教学，无论是举例说明问题，还是剖析概念原理，都比较贴近学生生活实际，学生感到熟悉、亲切、可信。这样能激活单调死板的教学内容，以便于学生感知、理解和记忆。

2. 讲究读书方法

读书学习要取得良好的学习效益，不仅要选好内容，更应有一个好的方法。根据一些老师的体会，在读书上应注意三个结合。

（1）从实际工作中学习。想做什么、想学习什么应该是一条重要的学习方法和策略。我们应鼓励教师在工作中学习并从事研究工作。它指导每个人根据教育和教学中的实际问题提供有效的学习，形成良好的学习和工作周期，并有效地促进每个教师的发展。学习要实现"五个坚持"，即：坚持结合改革过程学习；坚持结合热门话题学习；坚持同事之间的互相交流学习；坚持结合教育案例和教学实践学习；坚持结合出现的问题学习。这五个坚持在很大程度上鼓励教师根据当前的工作需要进行有针对性的思考，并提高解决问题的能力和基本的教师素质。

（2）结合问题学习。书籍的阅读不求一本一本系统地去读。例如，有些经典名著并不是要求每一个教师都读过，因为有些教育理论的书籍是非常抽象和枯燥的，并且在没有注解的情况下是很难真正理解的。况且，有时书的内容与工作的实际内容有所偏离，很容易导致学习疲劳。如果将现有的问题（即要解决的问题）与学习目标相结合，则会事半功倍，效果良好。

（3）根据实际撰写论文。阅读、思考、写作、实践，这是学习的四个步骤。阅读是积累，思考是过程，写作是提升，实践是应用。阅读与思考、阅读与实践以及阅读与写作的结合是相辅相成的。由于是带着问题去学习，搞清一个问题，就解决了一个难题，也就开辟了一个新领域，创造出新成果。写文章既是研究成果的积累和展开，又是学习和运用教育理论的最好方法。

（二）教学后记的策略

教学后记包括教和学两个方面。首先是要记"教"，即记录教师对教材的理解和处理以及教师教学方法的选择和应用。其次是要记"学"，即记录教学过程中的困难，记录学生思想的火花，记录课堂上的事件及其处理方法等。教和学这两个方面不能分开。

（1）记教学成功之处。教学既然能成功就有它成功的道理，可能是因为它正确运用了某种方法或贯彻了某种教学原则。如果把这感受最深的一点记载下来，对加深理解认识和指导今后的教学大有裨益。

（2）记教学失误之处。教师不是圣人，教学不能保证不出一点失误。记教学失误之处，目的在于引以为戒。记教学失误可以记大的问题，也可以记小的问题，如一个字的读音、写法等。

（3）记教学实录。课堂上有些精彩的"镜头"，如教师灵光的闪现、学生智慧的火花、师生对答、生生辩论、评议探究等令人回味的场景，选择教例的片断及时记下来，为研究问题、总结经验教训提供具体的素材。

（4）记教材教法处理。教师一节课下来应反省检查一下。新授课要查"有无突破一点，效果如何"；练习课就查"学生是否具有将知识熟练、灵活地转化为技能的能力"；复习课就查"是否厘清知识系统，是否根据学生实际突出复习重点，是否在复习课中注意发展学生能力"等。

（5）记新的收获。教师在教学中常常会对某个教学环节的处理或某种教学手段的运用有新的收获和体会，如能及时记下来也是很有意义的。

（6）记学生的建议。为了充分发挥学生的学习主体作用和发扬教学民主，教师对于学生的教学建议可做必要的记载。

（7）记学生学习中带普遍性的问题。教学中会经常出现学生普遍存在的问题，教师对这些问题课后加以记载，有利于日后抓住共性问题对症下药。

教学后记不限于上面这些内容和形式，教师可根据自己的经验和写作习惯灵活运用。

关于教学后记记在何处，也是灵活的，可以记在书的空白处，记在日记本上，有的可以整理在卡片上……如果能在每一节课或每一课的课前教学笔记（教案本）的后面留一席之地，以供记课后教学笔记之需，就最为合适了。

（三）教学反思的策略

1.教学反思的内容

比较有效的教学反思通常应该包括四个层面的内容。

（1）对经历的教学工作成绩、成功、优点等做出肯定性的判断，即感悟到教学的哪些做法是正确的、有效的，应该坚持。

（2）对经历的教学工作问题、失误、困难等做出查找，并分析产生的原因，即弄清哪些做法是不适当、低效甚至是无效的，为什么会是这样。

（3）发现新问题，即通过教学反思发现过去未曾注意到的问题或教学中更深层次的问题。

（4）在总结经验教训的基础上构想下一步工作，知道发扬什么、纠正什么、改进什么、加强什么，即设想出新一轮教学工作的思路。

2.教学反思的种类和方法

教学反思的种类和方法是多样的，如从时间看有课前反思、课中反思、课后反思；从反思内容看，可以对备课反思，可以对教学方法反思，也可以对教学评价反思等；在反思策略上，既可以对整体内容反思，又可以对重点内容反思；在反思的方式方法上，既可进行自我反思，也可请教同行或专业人员帮助反思；而在操作上，既可口头反思，也可进行书面反思。

通常，教师常见的教学反思，有这样几种方法。

（1）教学回顾，填写教学随笔卡（针对当前的教学反思）。

（2）反思记录（周反思、月反思、阶段反思）。

（3）撰写教学案例、教学自传等。

（4）问卷调查：哪节课上得最令你满意，好在哪里。哪节课上得不理想，原因何在，需要怎样改进。

第四节　案例透析式教研

一、案例与案例透析式教研

校本教研中的案例，是指围绕教育教学实践中已经解决或有待解决的各和实际问题而进行的完整、真实和具体的情景描述。它是以故事的形式叙述教育教学事件发生、发展的过程，是对教育教学现象的动态把握和理性反思。

案例透析式教研是学校在一定的研究目的和教学理念指导下，组织教师通过对有针对性的典型教学案例的剖析和研究，从而让教师从中学习、体验、反思和感悟，最终达到认识教学规律、提升专业能力的目的。

在对教师的校本培训中，案例教研是非常重要的培训载体。通过案例教研这一载体进行的校本培训，能有效地将教育教学科学理论与教师实践结合起来，促使教师深化对教育教学问题的认识，找到恰当的解决问题的措施与方法，有利于教师看清自己或他人的长处与不足，总结成功的经验与失败的教训，培养教师在教育科学理论指导下学会全面认识和分析教育教学现象，增强解决教育教学实际问题的能力，从而获得更快、更好地成长或专业发展。在教师校本培训中，案例教研是从具体特殊到一般概括的培训形式，这种形式针对性强、收效显著，能充分激发教师的学习兴趣和思维积极性。

（一）运行结构

（1）案例选择。教学案例是承接理论实践的"载体"，有助于找到理论与实践的结合点。学校在选择案例时要选择主题明显的案例，或是以课例出现的案例，或是以研究专题出现的案例，或是以教师成长经历出现的案例。

（2）整理加工。要让案例发挥应有的作用，无论是用课堂展示的案例，还是用文字描述、讨论、交流的案例，都需要做好整理加工工作，使案例的实质操作过程能够具体形象地展示出来，让它有典型性和代表性。

（3）展示评析。根据案例的不同特点，学校应采用各种方式把案例展示出来，让教师观摩、聆听。在此基础上，教师要对案例的指导思想、事件过程和结果、对自身和学生的利弊得失等方面作客观的评析，提出个人的看法，揭示事件的意义和价值，以引起其他教师的共鸣，给人以启发。

（4）专业引领。每一位参与教研的老师应对教学案例做到消化吸收，哪些是可取的，哪些是不可取的，该学习什么，该改进什么。在案例教研中，学校要有效地组织、正确地引导教师讨论和研究教育教学案例，让教师在讨论和研究案例的互动交往过程中，交流信息，启迪思维；同时，学校还要充分发挥教师在教研过程中的主观能动性和积极性，依靠教师个人的智慧和经验，让教师学会独立阅读、评析，使教师在案例教研过程中，把理论与实践有机地结合起来，从而提高教师教育科学理论水平，增强教育教学实践能力。

（二）案例透析式教研活动的特点

1.共同参与，提升能力

案例分析的主体是全体教师（或相关年级、相关学科教师），要求教师在案例所描述的特定环境中共同参与，主动学习，积极思维，对提出的案例问题进行讨论、争辩或协商，促使他们对教学疑难问题刨根问底地寻求最佳解决方案，并在讨论中逐步形成共识，共同制定解决问题或改进教学的行动计划。

由于案例为大家提供了同样的情景和信息，从同一起点出发，人们会提出不同的见解，它不存在什么标准答案。为了解决问题，有时会有多种解决的方案，有时也可以从多种方案的比较鉴别中寻找出最为合适的答案（即最佳化），这必将有效地提升教师的教学水平。

2. 案例分析，持续跟进

案例分析的过程，既是共同寻找问题答案的过程，更是思想持续改进的过程。要按照"行为改进"的思路组织学习，即不强调提出问题后直接借助各种资料找到正确答案，而是强调在提出问题后让教师提出自己的猜测性想法，然后再通过学习和引领，不断改进想法，以便引发一个持续的改进过程。问题的解决往往不是一次性完成的，不是得到一个答案后就告终的。这种随着理解的深化而不断发现和解决更深层问题的过程被称为"跟进性解决问题"。

3. 同伴互助，合作学习

美国学者鲁宾斯（Robbins）把"同伴互助"界定为："一种互信互助的历程，通过此种历程，两个或两个以上的教师同事一起检查、反思教学情况，扩展改进新的教学技巧，分享教学理念与想法，互相教导，共同研究，或在现场解决遇到的困难问题。"乔依斯（Joyce）与许瓦斯（Showers）的研究发现，教师在课程培训的同时，如参与校内同事间的互助指导，可有 75% 的人能在课堂上有效应用所学的内容；否则只有 15% 能有同样的表现。

在案例分析教研活动中，教师之间通过交谈、协作、帮助、相互指导、共同学习等方式实现同伴互助，特别鼓励教师集体内部的专业争论，各抒己见、观点交锋、讨论争鸣，以及对不同意见的宽容和保留。针对自己熟悉领域的教学案例进行研讨，教师之间的同伴互助将会发生更显著的作用。教师不仅能从互助和讨论中获得知识、经验和思维方式上的益处，而且能从互助讨论中学会与人沟通的能力。

4. 专业引领，培养专家

学校在组织"案例分析"教研活动时，可聘请有关专家，更可行的是组织本校优秀骨干教师等高层次人员进行"专业引领"。这种"引领"将表现在选择组织好案例，组织和指导好课堂讨论，组织教师就如何解决案例问题学习相关教育教学理论和新课程的理念。当案例问题较为复杂，很难找到解决问题的方法时，高层人员还必须引导大家一步步思考、探索和学习，直到发现可行的解决办法，或引发一个持续的改进过程。

专业引领在中国现实条件下更可能是本校专家型教师以及教师的专业理论学习。学习的关键在于真正能够"以问题为中心"进行，从而引起教师的"心智模式"的改变。

二、实施策略

（一）基本方法

1.提供案例，指导阅读分析

对于刚刚走上教育工作岗位的新教师，校本培训要为新教师提供大量的、典型的教育教学案例，并引导新教师阅读和理解这些案例，使新教师从这些案例中了解、认识各种教育教学现象，初步理解解决这些教育教学问题的方法。

对已有一定教育教学经历的教师，学校或教研组织者可以采用寻找案例启发、分析讨论的方法。培训中采用类似于教育叙事研究的方法，先要求教师结合自身的工作经历，提出一些具体的教育教学案例，然后再组织同类教师对这些案例进行分析、评判，提出改进意见。

2.具体介绍，明确案例包含的内容

一般地说，一个完整的教育教学案例应包括以下方面的内容。

（1）背景介绍。案例背景是指案例中事件发生的时间、地点、人物、事情的起因等，如记述一个有关教学的事件，其事件背景就应包括：是发生在普通学校还是重点学校，是一般班级还是重点班级，是后进学生还是优等学生，是在有经验的优秀教师的课堂上还是缺乏经验的新手教师的课堂上，是教师事先有可能预见到的还是纯属偶发情况，等等。介绍这些背景不一定面面俱到，但一定要说明对该事件发生有特别影响作用的原因或条件，因为这些背景往往与发生的事件有直接的关系，所以在案例中必须给予清楚的介绍。

（2）主旨交代。案例要有一个明确的主旨，这个主旨是指教师写作该案例想要反映的主导思想或主要问题。比如，反映做学生的教育工作，使学生思想转化；反映某种有效的课堂学习方法，使课堂教学收到优良的效果；反映有效地启发和培养学生思维，使学生获得智力发展，等等，这些都可以成为案例的主旨。教师在动笔写案例之前，必须选择并确立明确的写作主旨，要从最有收获、最有启发的角度切入，有一个比较明确的思想。

（3）主要情节。撰写案例并不是有见必写、有闻必录，而是要围绕写作主旨对教育教学活动的原始事件进行筛选过滤，有针对性地叙写有关事件的主要情节。比如，介绍教师如何转化后进学生，应把学生从"后进"到不再"后进"，甚至成为"先进"的转变过程写清楚，包括学生处于"后进"阶段的表现特征，在转化过程中教师运用了哪些方法、使用了怎样的语言、通过什么事实或活动，学生在逐步转化的过程中出现了什么样的行为等，尤其是其中的关键性细节更要十分明确地叙写清楚。再如，叙写教师指导学生掌握和运用某种好的学习方法进行学习，就要写清楚学生对这种学习方法从不能理解、掌握，到逐步学会运用以至能够运用自如的过程，要写清楚教师是如何使学生理解、接受和掌握这种学习方法的，这种学习方法的具体过程和方式怎样，学生在运用这种方法运行学习的过程中心理和行为反应情况如何等，都要明确地给以交代，而不能仅仅将这种学习方法作一简单介绍，对学生学习运用方法的关键性过程和细节却一带而过。

（4）事件结果。案例在写清楚教育教学思路，描述教育教学事件过程的基础上，还要对教育教学的结果作明确的交代。这种结果既包括教师的教育教学感受，也包括学生中出现的相应的行为反应。比如，前面所述的"后进生"转化成了"先进生"，要把在学生从"后进"变成"先进"的过程中教师所做工作、所用方法、有何深刻体会等写进案例；在教师尝试运用的多种转化方法中，主要是哪些方法对学生产生了根本性的影响作用；学生对教师所做的转化工作做出了怎样的反应；学生由"后进"变成了"先进"的最终结果表现是什么，与"后进"时形成了怎样的心理和行为反差，等等，这些都是案例写作的内容。

（5）案例评析。在围绕主旨完整地记叙了教育教学事件的基础上，教师还要对案例撰写的指导思想、事件过程和结果、对教师和学生的利弊得失等方面作客观的评析，提出个人的看法，揭示事件的意义和价值。比如，运用某种教学方法取得优良教学效果的案例，教师可以从教学科学理论的角度，揭示教学成功的原因或规律，分析这种方法的科学性、先进性和可行性，对学生的学习活动的有效性，对学生思维活动的影响作用等，以引起其他教师的共鸣，给人以启发。

3.有效指导，掌握案例撰写的方法

让教师学会撰写教育教学案例，是案例透析式教研的重要方面。在指导教师撰写案例的过程中，要突出掌握以下基本方法。

（1）选择有积极意义的事件。教育教学事件很多，选择事件写成案例的基本原则是事件要有积极的意义，即所选事件对教师或对学生要有较明显的心理或行为影响。例如，事件呈现的是教师不能确定怎样解决的问题，或者是解决了他人解决不了的问题，或者是让教师觉得必须以一种新的方式才能解决的问题，或者事件与教育教学的某种思想、观点、方法有一定的相关性等，也就是说，要选择能够引起教师或学生的心理或行为冲突的事件，这种事件要对教师或学生有一定的影响作用和积极意义，是具有教育教学探讨价值的。

（2）明确事件中的人物及其关系。明确案例所叙述的事件中人物及其关系，是案例写作中十分重要的方面，具体是指：事件中有哪些人物，各个人物在事件中分别扮演了什么角色，谁起了主要作用，谁处于次要地位，这些人物之间的关系如何，每个人是出于什么样的个人情感、动机、目的参与该事件的，各个人物的行为对整个事件发生、发展的作用是什么，对教师的影响怎样，对学生的作用如何，等等。这些事件中的人物及其关系在案例写作中是必须予以考虑并作明确交代的。

（3）检查教师自己的行为影响。在教育教学工作过程中，教师的一切行为都会引起学生相应的心理或行为反应。案例撰写要关注教师的行为给学生的影响是什么，在教师的行为面前学生出现了怎样的反应，教师的哪些行为使学生产生了哪些反应，这些反应是心理的还是行为的，是积极的反应还是消极的反应，引起反应的对象范围是全体的、部分的还是个别的，反应的强度是强烈的、一般的还是微弱的，等等。这些都是在撰写案例时要给以注意的。

（4）设想重遇事件的处置办法。案例撰写不仅要写清楚在既往这一事件情景中教师的行为表现及其影响，还要以不同的观点看待这一事件以及自己在这一事件中的行为；设想如果这一事件再次发生，自己将会有怎样的行为表现，是与既往作出相同的反应，还是在某些问题的看待和处理上有新的思考，或出现新的行为处置办法。这也是案例写作时必须予以考虑并写进案例内容的。

（5）具有独特的个人思考。所有的教师在工作过程中都会遇到一些事件，能否将这些事件经过选择、提炼写成相应的有一定价值或意义的案例，则取决于教师的理论水平和思考能力。从一定意义上可以说，教育教学案例的质量就取决于撰写者的教育理论水平的高低和对教育教学实践思考能力的强弱。因此，教师在撰写教育教学案例时，要选准切入角度，要在一定的教育教学思想观点的引导下，善于通过自己积极、独到的思考，从教育教学现象中发现问题、提出问题和解决问题，要见人所未见，言人所未言。

4.引导总结，在案例教研中获得提高

促使受训教师获得提高和发展是校本培训的最终目的。在案例透析式教研中，教研组织者一方面要向受训教师提供大量的、具有典型意义的教育教学案例，让教师在广泛阅读、深入分析的基础上了解其他教师在工作中做了些什么，面临着什么问题，是怎么想的，采取了什么样的相应对策等，使自己获得一定的对教育教学现象的感性认识和经验；另一方面还要指导教师学会反思自己的教育教学行为，撰写自己亲身经历的教育教学案例，并让教师在撰写教育教学案例的过程中，重新认识、整理自己的教育教学实践和思维的过程。受训教师无论是对他人提供的教育教学案例进行阅读、分析，还是自己撰写教育教学案例，在这一过程中都会对有关教育教学事件进行有效的梳理、总结。在梳理、总结中，受训教师就会很自然地对教育教学现象和行为进行"是什么""为什么""如何做"等问题的探讨，并强化对自己教育教学行为和能力的认识，把注意力集中在一些教育教学根本性问题上，逐渐发现自身工作中的难点到底在哪里，从而明确以后努力的方向。

（二）注意要点

在对教师的校本培训中，案例教研是以培养教师发现问题、分析问题和解决问题的实际能力为主要出发点和归宿的。通过案例教研这一载体对教师进行培训，必须注意达到以下要求。

1. 案例要占中心地位

案例教研是以案例为前提条件的一种特定形式和方法的教研。在案例教研中，案例是教研活动的内容载体。也就是说案例要在教研中占中心地位，要成为教师自我学习、自觉锻炼和提高能力的主要内容和手段。在校本案例教研中，根据教研的目的和要求，教研组织者要引导教师对各类教育教学案例进行阅读、讨论和研究，使教师在接触大量的教育教学案例中形成相应的认识，掌握相应的知识经验，并学会分析和解决教育教学实际问题，提高相应的能力。

2. 案例选择要适宜

要保证校本案例教研的效果，教研组织者或教师本人必须根据教研目的选择和运用适宜的案例。这些案例要适合教师校本教研的要求，符合学校情况，切合教师实际。案例既要真实，又要具有一定的启发性。案例要来源于当前学校教育教学实践，反映的是教育教学活动过程中真实发生的事件，是教育教学事件的真实再现，是对有关教育教学实践中真实发生的情景的描述。事件的内容要完整，情节要具体，具有一定的代表性和典型意义。每一案例都能对教师有所启发，都能引起教师的思考，有助于教师对教育教学现象的全面认识和深刻理解。

3. 要引导教师学会阅读分析和撰写案例

在校本案例教研中，教研组织者要根据教师的实际情况和教研的目的要求，向教师提供并引导教师阅读和理解各类教育教学案例，使教师从这些案例中了解、认识各种教育教学现象，理解解决这些教育教学问题的方法。在阅读案例的基础上，教研组织者还要要求教师结合自身的工作经历，对具体的教育教学案例进行分析和讨论，寻找和领悟案例中所体现的教育教学原则和规律，对案例作出评判，肯定优点或长处，指出问题或不足，提出自己在遇到该案例事件时恰当的行为反应和良好的处置方法。与此同时，学校或教研组织者还要指导受训教师善于反思总结自己的教育教学实践行为，学会撰写教育教学案例，让教师在撰写案例的过程中不断获得专业上的成长与发展。

4.要充分发挥教研组织者和教师的双边作用

在校本案例教研中，教研组织者一方面要发挥自身在教研过程中的指导或引导作用，要有效地组织、正确地引导教师讨论和研究教育教学案例，让教师在讨论和研究案例的互动交往过程中交流信息，启迪思维；另一方面还要充分发挥教师在教研过程中的主观能动性和积极性，要依靠教师个人的智慧和经验，让教师学会独立阅读、评析和撰写案例，使教师在校本案例教研过程中把理论与实践有机地结合起来，从而使受训教师能在阅读案例、分析案例和撰写案例的过程中提高教育科学理论水平，增强教育教学实践能力。

第五节　名师引领式教研

何谓"名师"？顾名思义就是出名的教师。名是指有名气、知名，被众人所了解、知道和认可；师自然是指从事教书育人工作的教师。而这里指的名师一定是师德高尚，业务精良，教学成绩显著，并被众人所知道、了解和崇敬的老师，即在社会上有一定知名度的得到同行广泛认可的教师，也可以说名师就是"学生最喜爱、家长最放心、同行最佩服、社会最敬重"的老师。名师也因为业绩水平和知名度不同，层次也不同，有校级名师、县区级名师、市级名师，乃至省和国家级名师。

名师可以通过选拔培养来促进其尽快成长，但真正的名师，都是靠自己通过多年教育教学实践打拼出来的。所以，名师的成长应该将组织上的培养和教师的自主发展很好地结合起来。

一、名师教学个性的风格类型

所谓教学个性是指在达到相同教学目的的前提下，教师根据自身的教学思想、知识经验、特长和思维方式，在一个时期里形成的相对稳定的教学方式和教学特点。

有教学个性的老师往往有独特的教育思想，对教学有一贯的追求，有自己的感悟和理解。对待教材，他们决不会像留声机那样照搬照抄教参，而是有独立、创造性处理教材的方法和能力。他们的教学过程不但是传授知识的过程，也是师生情感交流的过程。他们总是尊重学生，善于恰当地和学生沟通，总是能营造宽松、民主、和谐的课堂气氛。教学个性达到高级水平就形成了教学风格，教学风格是教学艺术的体现。而教学艺术是教师的个性特点，每个教师由于师承教养、知识经验、性格情趣、审美观点的不同就会形成不同类型的教学风格。下面介绍几种常见教学风格的类型。

（一）启发诱导型

这种风格的教学思路和方法体现出的是引导、点拨、鼓励和启发。因而启发型教学风格能创设师生和谐融洽的课堂气氛，学生学习变得轻松愉快，便于敞开思想，积极思维，达到"引而不发，跃如也"的教学效果。这种风格教学实现了由"讲学"到"导学"的转变，教师由善"教"者转变为善"导"者。

苏霍姆林斯基说过："学生来到学校里，不仅仅是为了取得一份知识的行囊，更主要的是为了变得更聪明。"在教学过程中，教师应充分挖掘教材的智力因素，通过多层次的设问引导，启发学生积极思维、主动探究。这样既能有效地巩固和深化新知识，又拓展了学生的思维空间，培养了学生独立探究的能力，提高了思维水平。

（二）民主型

尊重、信任学生，在教学中经常与学生研究教学的内容和方法，这是民主型的教学风格，如魏书生老师民主型的教学风格特点就很突出。"学生学习积极性这么高，您是用什么办法调动的？"在每次公开课后，面对众多同行的询问，魏书生总是这样回答："我仔细想来，根本的办法其实只有两个字'民主'，教师树立了教学民主的思想，教学中多和学生商量，学生学习的积极性就容易高涨起来。我不会教书，是学生教会我教书；我不会改变后进生，是后进学生帮我教会了怎样教后进学生。我总是与学生商量着怎么学、怎么教。"

（三）训练型

这种类型的风格是教师善于运用"练"。课堂上练习当头，精心设计练习，巧妙地以练带讲、以练促读。训练型的风格不是搞无效的重复性训练，也不是信手拈来盲目训练，而是开展有目的、有计划、有顺序、多层次、有坡度的训练。这种风格总是实实在在、稳扎稳打地进行，因此其教学总是有实效的。在教学实践中，教师可以充分发挥练习题的功效，在巩固基础知识的同时，做到练中求"活"，引起学生的积极思维和创造，给学生"跳一跳摘果子"的机会。

比较成熟的名师都是有各自教学风格和模式的，如洋思中学的"先学后教，当堂训练"、邱学华的"尝试教学法"、包全杰的"小学作文循序教学法"等。我们要发挥名师引领作用，因为对许多老师来讲，教学有法不是一蹴而就的，是先得"一法"后兼及"他法"，先学"一家"后师法"百家"，然后融众家之长形成自己的风格，就像练书法一样先"入格"后"出格"。它需不断发展，不断完善。所以学习者不可僵死地、教条地学习，应结合本人、本校实际借鉴、移植、嫁接、吸纳。

二、名师引领式教研

（一）名师教研资源的开发

也许有人会说，我们学校没有这样的名师，应该向谁学习呢？其实我们没有省级名师，但还有市、县级名师，至少我们还有校级名师。如果我们用欣赏的眼光看待周围的同事，就会惊喜地发现名师就在我们身边。身边的名师可能不是"高、大、全"，可能没有那么高的知名度，但每一个名师的身上都有湮没在繁忙的工作之中而没有被人发现的闪光点。有的善于辅导，转变后进生方法独到；有的善于创设情境，激发学生学习兴趣，课堂生动活泼，情趣盎然；有的善于设疑导学，优化教学设计，教学方法独具特点；有的课堂虽"貌不惊人"，但学生能力非同小可。

（二）名师教研资源的利用

名师的教研资源被开发出来以后，无论是名师个人专业成长经历的经验，还是教学特色、科研成果经验，都是一笔宝贵的财富，这是学校中潜在的"生产力"。学校领导应设法把这些潜在的"生产力"通过推广应用转化为现实的"生产力"，这就是名师教研资源利用的过程。

（三）构建教研组名师文化的实施策略

1.正确定位名师发展阶段和方向

学校应正确定位，通过教研组名师文化建设加快学校名师成长。根据实际需要，学校要着力培养教研组内、校内的名师，以引领教研组其他教师同时向更高的层次推进。

教师要做好自身定位，制定近期和中远期的发展规划。新分配的教师要站稳讲台，争取一两年满师；已满师的教师力争成为教学骨干、学校的学科带头人和名师；学校的学科带头人和名师要立志成为县及县以上的学科带头人和名师。

2.努力创造名师文化形成的环境

（1）建立民主、自由的校园文化。学校通过创造民主、自由的校园文化，让教师充分享有教学和管理的权利，并能够自觉自愿地进行教学创新，使教师的教育智慧得以真正释放，感受到事业的成就感。

（2）学校配合建立评比机制。各教研组在活动中要完善各种激励机制，通过公正评价满足教师的自尊、自重的心理，达到激发教师工作动机的目的，从而使教师产生表现自我、完善自我、超越自我的积极向上的动力。

（3）教研组长营造名师文化的态度。教研组应大力宣传"态度决定一切"，鼓励大胆创新、敢干成名的思想，通过组长积极带头，并以组长自己勤勉进取的学习、工作精神感染每一个组员，从而构建积极的教研组文化和名师文化。

（4）内化教师成长的名师心理。教师作为个体的精神劳动者，更需要多元的精神碰撞与交流。教师应通过与同伴、专家的对话交流，进一步丰富教学反思的内涵，扩大教学反思的效果，修正教学反思的偏差，提高教学反思的品质，激发自己成为名师的内在动力。

3.实施名师文化建设的四个阶段

（1）寻找名师。我们教研组文化创建的第一步是寻找名师，模仿对于青年教师来说应该是最切合实际的，学校近来分配的新教师多，教师的教学经历少，教学痕迹浅，教学方向感缺乏。学校在开学之初就宣传发动教师根据自身教学特点寻找适合自己的名师进行学习。高段语文有教师以诗意语文教学的王崧舟为师；低段语文有教师以情景教学的李吉林为师；数学教研组找到了以钱金铎、刘永宽、朱乐平等特级老师为代表的名师对象。

（2）学习名师。这一阶段以内化的文化意识为基础，所谓"内化的文化意识"是指教研组成员广泛搜集该名师的教学案例、教学实录、教学论著，进行研读学习，把名师的形刻记下来，把名师的神提炼出来，用名师的教学思想、教学方法指导和评价自己的教学活动，时时处处以名师文化的眼光对待教学工作，对待自己的专业发展。教导处开展的"让我走进我的名师""名师的形与神""我与名师相似"等论坛活动有力地推动了名师学习。

（3）模仿名师。模仿名师是指教师模仿名师的课堂教学，包括课堂设计、课堂语言、教学方法等，从原始的模仿开始，从外在的形似开始，根据对自身的优势、劣势和潜质的准确把握，对自己的教学愿景进行明确定位。在教导处配合开展的教学竞赛活动"我与名师同上一堂课"中，我校的一位青年教师模仿王崧舟老师执教的《古诗两首》受到了听课教师的一致好评，并在公开课中展示。如此反复学习模仿使教师走向神似的名师。

（4）成为名师。教师在反复的学习模仿实践中，在不断的教学研究过程中，把握自身的特质，从形到神，从模仿名师的痕迹中走出来，逐步树立信心，找到自己的教学定位，形成自己的教学风格，成为我们学校的名师，进而在引领中再发展、再提升，努力成为县名师、市名师直至向更高的层次发展。

我校开展创建以"教研组名师文化建设"为载体的校本教研制度的时间不长，还处在探索与尝试之中，而且我们又产生了很多新的思考、新的困惑，正如诗曰：千岩万壑不辞劳，远看方知出处高；溪涧岂能留得住，终归大海作波涛。

第四章 校本教研的实践开展

第一节 校本教研的形式

校本教研的形式主要是指教育科研方法在校本教研中的运用。尽管现有的教育科研方法都能为教师进行校本研究时采用，但由于教师职业所具有的独特的工作特点和教师群体的特殊素质，因而有些方法显然更适合教师进行研究工作，如以"在实践中研究实践和为了实践"为口号的、具有更多实践性的教育实验和教育活动研究，又如以描述事实和讲述故事为特征的、具有具体性和浅近性的案例研究和叙事研究等。下面选择其中较为常见的适宜于校本教研的三种教育科研方法——课题研究、案例研究和叙事研究进行介绍。

一、课题研究

在我国，自改革开放以来中小学校进行教育改革和开展教育科研已有几十年的历史，其影响也已几乎波及各级各类学校，对大多数教育工作者而言，课题研究并不是一个十分陌生的字眼。但要真正根据中小学课题研究的特点，亲自动手设计课题方案、组织课题设施并通过有效的研究获得一定的成果，又恐怕不是一件容易做到的事情。对于更多的教师来讲，它是"看似近，实则远"。随着校本教研活动的开展，通过接近它和运用它，教师们会渐渐地揭开罩在它身上的那层神秘的面纱。

（一）概念界定

课题，亦即问题、主题或专题。教育课题研究是指对教育理论和教育实践中的问题进行专题的、系统的研究，揭示教育现象的因果关系，探讨教育规律和获得深层理论认识的活动。广义的课题研究包括几乎所有的教育科学研究方式，而狭义的课题研究，特别是在中小学的教育实践工作中，一般就约定俗成地将采用教育实验或行动研究方法（或是包含了教育实验或行动研究的，或是主要以教育实验、行动研究开展研究的）的研究活动称为课题研究。在本书中采用的也是狭义的课题研究的定义，即认为课题研究是研究者针对某一问题，根据一定的研究假设和研究设计，主动操纵研究变量，并对非研究变量给予自觉和明确的控制，观测实施的结果，从而检验研究假设的一种兼有实践性和教育性的研究活动。

（二）特点

课题研究在进行过程中，要做到研究有明确的目的性、所研究的问题有较强的现实性、整个研究过程的设计具有较强的计划性、所采取的措施具有变革性和创新性、其操作过程具有一定的控制性、其操作方法具有较强的可行性、研究的现实效果具有较强的归因性、研究的成果具有一定的推广性，并在实施的过程中具备教育性（即有利于学生的发展而非违背学生的身心发展规律）。

但从课题研究特别是教育实验课题研究的本质特点以及与其他形式的教育科研方式相比较而言，它具有以下几个显著的特点。

1. 因果性（又称控制性）

教育现象有千千万万，只有找到了其中的规律，才有可能控制和把握它们，而课题研究就正是主要以发现教育规律为目的的活动。如何寻找教育现象的实质，发现其中的规律，把经验上升到理论的高度，其基本的过程是：事先找准问题→建立解决问题的假设→在实践中有意识地实际操作来检验设想（包括主动变革某些因素和控制某些因素）→获得研究结论。这就是实验研究的内涵，它主要就是通过这一过程发现和探求引起某一教育现象的原因。因此，凡课题研究都必须十分重视实施过程与事实结果之间的因果联系，这是研究的第一要义。

2. 主动变革性

与其他的教育研究不同的是，课题研究要主动地对研究变量进行操纵，并观察在变革了这些因素以后会出现哪些新的情况，研究这些新情况的出现是否与预期的相一致。而在运用观察法或调查法研究时，研究者是"被动的"，他只须了解某些现象和某些过程，无须对这些现象或过程进行任何的改变。

3. 教育性

与其他学科的课题研究相比，教育课题研究应特别重视研究的教育性。在这里教育性不仅指所有的研究活动都与教育实践不可分离，更重要的是，因为它以人为研究对象，在研究全程的操作中应以促进学生的身心发展为第一原则，在研究的过程中要"大胆设想"，更要"小心求证"，禁止任何人以任何研究的理由违背这一重要原则。这一点与以物作为研究对象的自然学科课题研究是截然不同的。

关于课题研究的特点，曾经有"旧三性"和"新三性"的提法。前文提到的三个特点被称为"新三性"，而"旧三性"指的是教育实验的理论假设、可控制性和可重复性。"新三性"概括"旧三性"为因果性，又增加了主动变革性和教育性两点，"新三性"才是教育实验课题研究的本质特点。

中小学的课题研究限于它所属的地位，与一般的教育课题研究相比较，有它自身的特点。一方面，它的领域主要囿于普通教育的范围内，或是研究与普通教育有关的问题；另一方面，中小学的课题研究具有应用性（重实效）、群众性或说浅近性（研究主体数量较多但成果的质量不够高）、渐演性（改革的力度不大，是典型的逐渐由量变到质变的渐演过程）和自足性（即其研究成果的价值主要在于提高研究者自身的理论、教学水平和教学效果，推广性不强）等特点。因而在研究的领域上侧重应用型和开发型的课题；在研究的范围上侧重中观和微观的课题，特别是主要侧重于与中小学教师自身的工作环境有关的微观型课题；在研究的层次上以阐释性的课题为主；在研究的方式上较多地使用教育实验和行动研究等"做中研"（即在操作中进行研究，边改革边研究）的方法。

（三）具体操作方法

一个完整的教育研究过程通常包括如下几个阶段：选定课题、文献检索、形成假说、制定研究方案（方法和手段的选择及命题的分解）、实施研究（包括观察—测量—分析）、形成科学事实和科学结论（即做出描述性和解释性陈述或预言）、撰写研究报告。教师开展课题研究时应依照课题研究的基本过程，按研究规范的要求开展研究活动。

1.选定课题

选定课题包括提出问题和确定课题。能敏感地发现问题并提出有质量的问题，首先要求研究者具有关注和了解社会热点和学界热点的研究意识，留意体察，深入探究，要发现和提出问题。还要求研究者有一种不安于现状、不满足于现成结论的改革意识，敢于怀疑，敢于从权威定论和传统习俗中执其异端，善于变换思考角度，善于类比和移植。在提出问题之后要确定课题。首先要判断问题的理论价值或应用价值，分析该课题有无进一步扩展的可能性，即有无发展价值；其次要考虑研究人员的研究实力和学术兴趣；最后还须考虑资料、仪器、设备等必备的物质条件。

2.文献检索

课题确定之后，应立即着手大量的文献检索工作，了解前人所做的有关研究，查询是否有人曾经提出过同类问题，如果有，那么其研究的结论是否令人满意，采用的方法是否可靠，根据自身目前的研究能力和拥有的条件，是否能够突破原有的研究结论，在对事实的澄清、问题的解释、方法的选用、理论逻辑的严谨完备、预言的精确度等方面是否能超过前人的研究水准。这些问题都只有在做了大量信息检索之后才能作出判断。这一步的工作意义在于明确研究的起点和突破口，也是对前一步选题工作的一种事实论证。

3. 形成假说

随后要做的关键性工作是形成关于这个问题的假说。所谓假说就是陈述两个（或多个）变量之间关系的命题，这个命题必须能够被检验。假说的形成较为复杂，研究者经常地在教育研究过程中，或在日常生活中看到一些事实，表明一定的现象是相互联系的。对这种关系的猜想，启发研究者去建构假说。

4. 制定研究方案

接下来便是选择研究方法和制定研究方案。在这一过程中，首先要分析这一问题中的价值问题部分和事实问题部分，确定将该问题作为纯理论研究还是作为应用研究，还要考虑定性分析和定量测定的问题，从而在相应的部分选择适当的方法和手段。制定研究方案包括如下内容：用文字准确表述要研究的问题；将该问题转换成的假说形式表述清楚；将命题分解为几个子命题，每个部分配置相应的人员、经费、设备、资料；将研究进度分为几个时间阶段；规定各个子课题组之间信息沟通的方式和时间。

5. 实际运作

下面的工作是依照选择的方法和拟定的研究方案实际操作。由于假说具有可检验性，因此通过观察、测量、分析便能证实或证伪前面的假说命题。如果被证实，便可以在此基础上做进一步的研究，如提出新的问题，形成新的假说，开始下一个研究过程；如果被证伪，则可根据研究过程中提供的信息，重新构建假说，重新设计检验方案。

6. 提交报告

无论课题假说是被证实还是被证伪，研究者都要如实地提供一份课题研究报告，简明地阐述该课题完整的研究过程，即客观地介绍课题研究在前五个阶段的基本情况，并将该研究所形成的对科学事实的认识和在理论上的解释以结论的方式表达出来，并加以分析讨论。

课题在研究进行的过程当中和研究工作完成以后，都要对照以下标准进行评价和检查。

（1）科学性。看课题的意义和价值何在，研究的问题是否真实，研究的前提是否可靠；看研究方法是否适当；看论证分析是否严密充分；看结论是否合理可信。

（2）创新性。看研究是否取得了突破性进展，是否提出了新的教育理论，是否丰富和发展了某种重要的教育理论或学说，是否能够引领学术发展；看课题是否成功地运用了新的研究方法或技术；看研究是否获得了大量第一手资料和事实；看研究是否形成了新的教育产品。

（3）规范性。看研究体系是否完整、系统；看研究设计与实施是否规范、严格；看论述是否全面，概念是否明确，逻辑是否严密；看资料是否可靠、系统，引证是否规范。

（4）操作性。看研究的问题是否复杂，工作难度如何；看调查或实验工作量大小；看资料搜集与处理的工作量大小；看操作繁简程度，是否有推广价值。

二、案例研究

尽管同属经验性研究方法，以实验研究为代表的课题研究方法更多地借鉴了科学主义的研究范式，采取系统和实证的方法，如实验、观察、检验等对客观现象进行"量的研究"，而案例研究和后面提到的叙事研究则是更多地采用了主观主义的研究范式，强调"质的研究"，更加注重以人文学科的主观方法对具体的人和事件进行解释和说明，因为它们信奉的是：人具有自由意志，人的行为是无规律的、无法预测的，社会历史事件都是独特的、偶然的，不存在普遍的历史规律。因此，对人和社会不能使用自然科学的方法进行研究，只能以人文学科的主观方法对具体的个人和事件进行解释和说明。

（一）概念界定

所谓案例，就是一个教育实践过程中的故事。它是对某个过去发生的、包含有疑难问题实际情境的事件的真实描述，目的是引发对一个特殊情境的讨论和分析。它包含这样几个具体的意思：（1）它是一个以真实教学状况和事件为基础的叙述性档案，既不能用"摇摆椅子上杜撰的事实来替代"，也不能用从抽象的、概括化的理论中演绎的事实来替代；（2）它从多种角度呈现故事的背景、人物和情况，蕴含了教育复杂性、不确定性和问题性，体现出教学变量、意义和理论观点的多样性；（3）若它要成为讨论的题材，必须包含有足够的细节和必需的信息资料，如描述具体的、特殊的、需要进行探索和解决的两难境地和紧张状态，才得以引发使用者进行深入的诠释和分析。

一个良好的、有研究价值的案例必须具备以下几个特征：（1）真实性。即它必须是真实发生的事件。（2）典型性。即它必须是包括特殊情境和典型（案例）问题的故事。（3）浓缩性。即它必须多角度地呈现问题、提供足够的信息。（4）启发性。即它必须能够引发讨论，引起分析和反思。

所谓案例研究，是以某一对象或现象（即案例）为研究样本，通过观察、反思等方式反复分析与研究，以深入揭示其蕴含的教育规律的科学研究方法。有人说它是一种经验主义的探究，研究的是现实生活背景中的暂时现象，在这样一种研究情境中，现象本身与其背景之间的界限不明显，研究者只能大量运用事例证据展开研究。

有研究者从案例研究的角度将案例分为描述性案例、说明性案例、证实性案例、探索性案例。由于用途和使用主体的不同，案例的体例、格式和侧重点也会有所不同。

（二）特点

案例研究的对象是教学实践，研究的目的是促进教师的专业成长，其特点表现在：

（1）案例研究是问题解决取向。它一般表现为对一个真实的两难问题的探究和实践过程，体现了强烈的现实性和实践操作性，与调查、访问等研究方法相比，它具有典型的问题解决价值取向。

（2）案例研究具有质的研究所共有的解释性（理解性）特征。由于它的研究对象是现实教育现象中的事例证据及有关因素之间的相互关系，因而它主要用解释、理解和说明其意义的方法而不是用实证检验其真伪的方法进行研究。

（3）案例研究的成效与研究者素质之间关系十分密切。一方面，案例研究在培养教师方面卓有成效——联合国教科文组织根据对各国有关专家意见的调查，获得了对案例研究等9种教学法教学功能的评价结果。实践证明，案例研究的运用是极富成效的。另一方面，案例研究要取得的成效——案例如果作为一个完全的、被准确界定的个体样本所揭示出来的规律及相关研究结论被推广应用到更广泛的、具有相似性的群体中去的话——需要依赖于具有高度研究水平的教师研究者。

（三）具体操作方法

案例是在观察和实践的基础上形成的。案例研究的过程是一个"实践＋反思"的过程，它能促进教师对自身行为的反思，提升专业能力。教师究竟应该如何进行案例研究呢？

对于教师个体而言，撰写案例本身就是一种研究，它为教师提供了一个静心反思自身的教学实践的绝好机会。那么，怎样才能有效地反思，并撰写出有价值的案例呢？

第一步，我们要先了解一下案例的基本结构。组成一个案例需要以下几个基本要素。（1）背景：包括发生了哪些问题或困扰事件，背景介绍重要的是说明故事的发生是否有特别的原因或条件；（2）主题：本案例的核心理念，想反映什么问题，从最有收获、最有启发的角度确定主题；（3）案例问题：围绕着主题的各种问题能够阐述案例的主题，揭示各种困惑，链接有关理论，能够启发读者的讨论和反思；（4）情境与细节描述：环绕主题，对原始材料进行筛选，剪裁情节，有针对性地描写特定的内容，把关键性的细节写清楚，做到引人入胜；（5）教学结果：教学措施的即时效果，包括学生的反应和教师的感受等；（6）诠释与研究：多角度地解读和评析，回归到教学的基本层面；（7）问题讨论：设计讨论作业单，供今后案例教学时与其他教师讨论，开放而无终结。

第二步，写作案例，并在写作过程中思考一些问题。在将一个事件写作成一个案例时，回答上述问题可以帮助自己思考，但这并不意味着在撰写案例时，这些问题都要回答。关于怎样建构案例以及要包含什么内容，作者具有最终决定权。

第三步，检查修改案例。当就案例故事反思这些问题时，作者会在案例初稿的页边空白处做一些笔记，为修改案例作提示或决定。

最后一步，撰写教学注释和分析，赋予案例意义。在修改完成之后，需要再次将案例"冷处理"，这对于再次阅读案例能有更深层次的探索意义。在撰写教学注释和分析，赋予案例意义时应考虑下面一些问题：（1）这是一个关于什么的案例？（2）案例的中心问题是什么？它是最具批判性的问题吗？（3）主人公是谁？什么情感驱使了他的行为？谁是反面角色？其他人呢？他们又具有怎样的情感和动机？（4）他们的评价是否准确？（5）作为一个教师，事件教会你什么？（6）这个案例是否提供了关于儿童、管理或你自己的问题？

事实已经证明，案例研究方法在专业知识、经验的积累和传承的过程中起着其他研究方法不可替代的作用，因而近年来它的发展势头一浪高过一浪。但作为一种社会科学研究方法，我们也应看到，案例研究在特定科研领域中的发展是有一定的条件的，它要求该领域的专业性和知识权威应表现为令人信服的经验性判断，而正确的经验性判断只能来源于对以往的历史事件的认识的积累。因此，当我们在使用它时，还应该将对教育的研究和对案例研究本身的评价研究结合起来，在深入探索教育规律的同时发展教育案例研究。

三、叙事研究

叙事研究和案例研究相比，共同之处在于它们都是"情景故事"，采用的都是质的研究方法，都注重个性而不注重普遍性。但与案例研究相比，叙事研究的不同之处表现在：它是对多个案例的重新构建，像一条线，通过意义串联把许多真实场景进行重新构建，而案例研究是对某一个事件的研究，更像是一个点；叙事研究涉及的内容比较广泛，有读书感想、现实生活和社会问题、学生教育问题、教育理念和教学研究等，而教育案例所叙述的故事则主要定位在教学研究上，包括教学理念、模式、策略和技能等，其问题也集中在教学、教学法、认知水平、情感与态度、教学背景等方面。也有人认为，教育案例特指有典型意义的、包含疑难问题的、多角度描述的、经过研究并加上作者反思（或自我点评）的教育叙事，是叙事研究中的一种。

（一）概念界定

叙，就是叙述；事，就是故事。所谓叙事就是陈述人、动物、宇宙空间各种生命身上已发生或正在发生的事情。它是人们将各种经验组织成有现实意义的事件的基本方式。这种方式向我们提供了了解世界和向别人讲述我们对世界的认识的途径。

所谓教育叙事研究，就是通过教育主体的故事叙说来描绘教育行为，进行意义建构并使教育活动获得解释性的意义理解。相对于以往的科学化研究而言，它更强调与人们教育经验的联系，并通过故事叙述描述人们在自然情境下的教育经验、教育行为以及教育群体和教育个体的生活方式。它的含义中有这样几层意思：（1）叙事研究的考察对象是教育经验和现象。正如康纳利所言："为什么叙事？因为经验。"它强调的不仅是客观规律的发现，而且更加关注人们教育经验的存在意义；在研究过程中，它所注重的不是抽象的、普遍的原理性概括，而是在充分尊重每个个体的生活现实基础上，通过有关经验的故事、口述、现场观察、日记、访谈、自传、传记、书信以及文献分析等，来逼近人们的教育经验和实践本身。（2）它是描述教师真实生活的"自下而上"的研究，以质的研究为方法论。它的最大特点就是通过一个个真实的教育故事的描述，去追寻教育参与者的足迹，在倾听教育参与者内心声音的过程中，发掘教育个体或者群体行为中的隐性知识并揭示其蕴含的价值和意义，以叙事、讲故事的方式表达对教育的理解和解释。它不直接定义教育，也不直接规定教育应该怎么做，而只是给读者讲一个或多个教育故事，让读者从故事中体验教育是什么或应该怎么做。

有研究者从内容出发将叙事研究分为教学叙事、德育叙事、管理叙事等，也有人按涉及范围的不同将叙事研究分为教学叙事、生活叙事、自传叙事等。

（二）特点

叙事研究之所以成为校本教研的热门选择，是因为校本教研要求以学校现实问题为研究基础，以教师为研究主体，而叙事研究也要求所讲的故事必须基于学校真实生活，基于问题并反映解决问题的过程。具体而言，教育叙事研究具有如下特点。

1.更关注教育的"事"与"情节"

与平素习以为常的大多数研究关注"理"与"逻辑"相比，叙事研究更关注教育的"事"与"情节"。它所叙述的内容是过去已经发生的真实的教育事件而不是对未来的展望；它所报告的内容是实际发生的教育事件而不是教育者的主观想象；它所谈论的是特别的人、特别的冲突或问题以及使生活变得复杂的素材，是具有一定的情节性的、有意义的、相对完整的故事，特别是教师在遭遇困境、在思考和谋划解决问题、在走出困境时的曲折的情节，而不是记流水账。

2.十分重视叙事者，尤其肯定叙事者的个人生活史和个人生活实践的重要意义

在教育叙事研究中，叙述者既是说故事的人，也是他们自己故事里或别人故事中的角色。教育叙事研究特别关注叙述者的亲身经历，把写作的对象从知识事件转换为人的事件。同时，采用心理分析技术对某个人或某个群体的行为做出解释和合理想象。因此，它强调的不仅是客观规律的发现，而且更注重人的教育经验的存在。

3.行动研究倾向和反思特征

教师的叙事研究带有强烈的校本行动研究倾向和反思特征。因为如果教师不行动，不改变自己的教学，就无话可说；另外，教师叙述自己的教育故事，实际也是在思考和反省自己的教育实践。

4.叙事研究是由实践到理论的自下而上的研究

获得某种教育理论或教育信念的方式是归纳而不是演绎，也就是说，教育理论是从过去的具体教育事件及其情节中归纳出来的。

（三）具体操作方法

教育叙事研究的方式主要有两种：一种是教师自身同时充当叙说者和记述者，而当叙述的内容属于自己的教育实践或解决某些教育问题的过程时，教师的叙事研究就成为"教师叙事的行动研究"。这种方式主要由教师自己实施，也可以在教育研究者指导下进行。它追求以叙事的方式反思并改进教师的日常生活。另一种是教师只是叙说者，由教育研究者记述。这种方式主要是教育研究者以教师为观察和访谈的对象，包括以教师内隐的和外显的想法、显意识和潜意识表达或所提供的文本，如工作日志等为"解释"的对象。

上述两种研究方式以不同的形式表达教育叙事研究的意义和价值。教师本人通过叙述自己的教育生活史，形成教育的自我认识，达到一种自我建构的状态。教育研究者则更关注教师叙述的教育事件之间的关联，尽量使他们所叙述的教育现象呈现出某种理论框架或意义，促进教育理论和教育实践之间的互动。

教育叙事中的故事叙述并不只是一些有关教育经验的客观记录，而是一个主客观相互建构的全面提高和生成过程。在这个过程中，教师一方面要深入地探索自己教育教学行为背后的教育理念、教育思想系统以及自己关于教育事件的认识、看法、判断、理解等背后所隐藏的固有认知结构，从而展示出一个真实的自我，并真切地意识到究竟是什么样的价值观念和实践理念在潜意识中支配着自己的行为方式，为自己进一步的改进和提高确立一个明确而有效的起点；另一方面又要通过自己对故事的主观选择和建构，将自己的感知和经验注入自己的理想与发展规划中去，并在教师生活的整体社会背景和文化历史环境中选择并解释这些经验记录，从而形成一种关于未来发展的框架或者结构，对自己的后续行为起到一种规范和引导的作用。就此而言，教育叙事研究实质上就是一个客观的过程，一个真实的体验和主观的阐释有机融为一体的教育经验的发现和揭示的过程。

在实际运用中，作为经验性的研究方法，无论是课题研究、案例研究还是叙事研究，其可信度、有效性及其理论贡献等都取决于研究者自身的研究能力，包括选择研究主题的能力、设计研究过程的能力、收集资料和数据处理的能力、运用已有的理论知识和适当的分析方法得出正确的研究结论的能力等。因此，教师通过校本教研不但能够掌握科研方法，提高自身的科研水平，而且能够达到"掌握教学"的目的。

第二节　校本教研的组织与管理

校本教研是保证新课程改革向纵深发展的重大策略和必不可少的措施。学校是校本教研真正发生的地方，教学研究只有基于学校真实的教学情境和教学问题才有直接的意义。校本教研旗帜鲜明地强调三个基本理念：第一，学校是教学研究的基地；第二，教师是教学研究的主体；第三，促进师生和学校共同发展是教学研究的主要而直接的目的。

要有效地开展校本教研，包括校本教研的组织、校本教研的指导、校本教研的管理等。有关部门（主要是学校）、有关领导（主要是校长）和专家学者必须高度重视校本教研制度的建设。学校是校本教研制度建设的主体，校长是校本教研制度建设的第一责任人，是学校教学研究的身体力行者。校长要确立科研兴校的办学理念，将主要精力用于教学管理和教学研究上，做好校本教研制度建设的规划与指导，给予政策保障和经费支持，建立有效的导向机制、激励机制和约束机制。校长要在校本教研有制度保障的前提下，进一步对校本教研进行精心组织、详细指导和科学管理。

一、校本教研的组织

任何工作的开展都必须事先进行深入的调查研究，做好全面的统筹安排。校本教研工作的开展，也必须事先深入比调查研究学校和教师的具体教学情境。因为校本教研研究的问题是从学校和教师教学实践中归纳和汇集的，而不是预设和推演的，所以要在学校和教师的教学情境中发现问题、分析问题和解决问题。例如，教师持续地关注哪些有意义的教学问题；又如，在实施新课程的过程中，三级课程管理政策对学校提出了新的要求，学校不仅要创造性地执行国家课程和地方课程，还有权利和责任开发适合本校特点的校本课程。这样就会出现与以往任何时候都很不相同的教学情境和问题，如校本课程如何开发，综合实践活动如何开展，大班额背景下如何体现学习的自主性、合作性、探究性等。我们只有事先充分认识和了解了学校和教师的具体教学情境和问题，才有可能对校本教研工作的开展做好精心策划和精心组织，包括建立机制、制订计划、协同行动、挖掘资源、统筹时间等。

（一）建立机制

建立健全校本教研的机构和制度，是保证校本教研有效开展和促进新课程改革顺利进行的前提。制度既可以限制人们的活动，也可以鼓励人们的活动，更可以为某项活动的发展保驾护航，特别是对于新生事物，更离不开相应制度的有力支持。新课程校本教研就是这样，它的顺利发展离不开相应制度的有力支持。要保证校本教研开花结果，必须建立健全校本教研的各种制度，如校本教研的实施制度、校本教研的协同制度、校本教研的评价制度、校本教研的保障制度、校本教研的奖励制度等。

校本教研呼唤激励机制。教师作为新课程校本教研的主体，大多担负繁重的教学任务。校本教研又是一种具有特殊形态的劳动，其成果在很多情况下需要教师投入大量的劳动，倾注大量的心智、体力和时间，而我们还很难根据某些标准或者在短时间内判断某个教研成果确实可以解决什么样的教育教学实践问题。从这个意义上讲，教师的积极性成了校本教研成败的决定性因素。因此，以调动教师的积极性为主旨的激励机制成为建立校本教研制度的出发点，如教师参加校本教研，应按有关办法折合成学分记入本人继续教育证书，作为教师评先评优、参加职务评聘的必要条件之一。

（二）制订计划

大力开展校本教研活动必须制订周密而详尽的校本教研计划。校本教研计划要以新课程为导向，以促进每个学生的发展为宗旨，以课程实施过程中学校所面对的各种具体问题为对象，以教师为研究的主体。当前，我们要积极开展符合本地实际的各种校本教研活动，要积极开展多层次的校本教研交流活动，如乡镇可以中心完小为单位，组织校本教研交流活动。

校本教研计划要涵盖开展校本教研活动的各个方面和各个环节，如教师教研组—学校—校际等校本教研网络的各个层面，教学问题—教学设计—教学行动—教学反思等校本教研模式或过程的各个环节，研究教育思想、课程设置、教学内容、教学组织形式、教学方法手段、课程评价、研究开发教育资源、探索教学规律等校本教研内容的各个方面，活动开展、内容设置、时间安排、条件保障等校本教研的整体筹划，任务目标、内容措施、检测评估等校本教研的各个阶段，等等。

校本教研计划的制订不能闭门造车，必须因地制宜、因校制宜、因人制宜、因时制宜，充分体现学校特色，充分体现可行性，充分体现针对性，充分体现发展性和科学性。

（三）协同行动

实施校本教研，一方面要保障教师的主体地位，充分发挥教师的创造性和主动性；另一方面要防止和克服教师各自为战和孤立无助的现象。校本教研在重视教师个人学习和反思的同时，特别强调教师之间的专业切磋、协调与合作，包括内容和行为等各个方面的协调与合作，共同分享经验，互相学习，彼此支持，共同成长。学校应倡导科学精神，营造求真、务实、严谨的教研氛围，提高教学研究质量。学校之间同样既要保证各自的特色，又要互相支持，互相促进，互相协调与合作，共同发展。因为任何个人和学校即使穷其所能，也无法研透所有的问题。

（四）挖掘资源

校本教研的资源包括校本教研的主题、人力、物力等。这些校本教研的资源要靠校本教研的组织者充分挖掘和利用。学校应充分利用本地自然人文资源、远程教育网络资源，开展丰富多彩的学科研究活动、社会实践活动、文体活动等，从而成为学生的乐园，促使其身心健康发展，整体素质得到提高。

校本教研要取得实效，关键在于确定好校本教研的主题。我们认为，校本教研的主题应该来自课堂，来自教师的亲身实践，应该让教师在参与校本教研的过程中能够及时与自己的教育教学实际相结合，在实践中进行探索，在探索中学会反思，在反思中改进行为。因此，精选一些典型的课例作为校本教研的主题就显得十分重要。

（五）统筹时间

教师的教学任务一般都很繁重，又将校本教研的任务压到他们头上，从时间上来考虑，他们只能在课余或在工作中进行研究。因此，校本教研的组织者要统筹兼顾，科学安排，使校本教研的参与者既有时间进行教育教学和校本教研，又不过多地占用休息时间。如果把所有的校本教研任务都一齐放在休息时间内，则校本教研的效果肯定要大打折扣。

二、校本教研的指导

教研机关要充分发挥教学研究、指导和服务职能，加强对学校教学和教研工作的指导，提供专业咨询、信息服务、技术帮助等，充分发挥专业引领的作用。专家学者（主要是教研员）要明确自己在校本教研中的角色，即教研员是先进教育观念、先进教育思想的传播者，是教育教学过程的研究者，是教学研究活动的参与者，教师研究的合作者，也是教学过程的部分管理者。在校本教研中，教研员要实现教研工作观念上的三大转变，即从侧重组织转到侧重研究、从侧重管理转到侧重参与、从侧重指导转到侧重引导。具体来说就是教研员要弱化事务性工作，突破以往"蜻蜓点水"式的教研模式，在校本教研工作中，一是增强为学校和教师提供优质服务的意识；二是树立大教研观，加大研究的含金量，研究的问题应尽量满足教师的需要；三是把培训和研究、教研与科研、理论与实践相结合；四是教研活动的形式要多样，内容要改进，务求实效，加强与教师的对话和沟通。

（一）提高认识指导

强调教师是校本教研的主体，就应该对中小学在校本教研中的一些误区加以澄清。例如，在一些学校，校本教研项目仅由学校个别科研能人乃至校外专家代劳，或者校本教研项目越做越大，甚至动辄就要形成某某理论，这不仅让广大教师对校本教研望而却步，也否定了教师从事校本教研的权利和责任，而且这样的研究游离于教师自身的教育教学实践之外，脱离教师的经验范围，对提高学校的教学质量起不到应有的支持作用。这些现象的存在和蔓延，会使校本教研越来越远离学校的教学实践，这与校本教研机制方面的制度建设跟不上有密切关系。加强校本教研，必须提高教师校本教研的意识和能力。教师成为校本教研的主体是整个教育创新的活力所在，因此要突出校本教研中教师的主体地位。也许是因为对校本教研的基本认识不全面，以致在校本教研乃至整个校本教研实践中存在着严重的"教师主体"缺位的现象。校本教研在培训目标的确定、内容的选取乃至管理机制等几乎所有的环节上，都没有足够地重视教师这个主体，没有认真研究校本教研教师的境况怎样，他们到底需要什么、关心什么、能够接受什么等。一句话，某些学校对校本教研教师缺乏真切了解，缺乏深入研究，更没有人认真倾听他们的心声。

（二）确定目标指导

校本教研到底为了什么？这在很多开展校本教研的学校并没有真正弄清，能笼统地回答为了学校发展已经算是不错的了。因为校本教研目标不明，实施校本教研时则表现为随意性极大。

1.校本教研的宏观目标

就宏观而言，促进师生共同发展应该是校本教研主要而直接的目的。校本教研无论作为一种教学研究活动，还是作为一种教学研究机制，其直接目的都是改善学校教学实践，提高教学质量，促进教师和学生共同发展。其中的核心是教师的专业发展和学生的身心健全发展，这是体现学校办学水平的主要内容。丢掉了这个直接目的，校本教研就会变成一句空话。

在实施新课改、推进校本教研制度建设的今天，一个教师要具备哪些基本能力才能胜任现代的教育需要重新审视。我们认为至少要具备以下五个方面的能力：现代教学方式运用的能力、教学评价的能力、课程开发的能力、现代信息技术的掌握和运用的能力、教学研究的能力等。要造就一批合格的现代教师需要不断强化教师基本能力的训练和培养。校本教研为我们开辟了新的通道。

教师是校本教研的主体。校本教研的目标应首先考虑教师的境况，考虑教师的需要，考虑教师的发展。学校的发展、学校的特色其实是建立在教师发展、教师特色的基础之上的。校本教研也应该着眼于教师的职业发展，关注与教师职业发展有关的态度、知识、技能，关注教师现有的工作绩效与组织变革和外在环境变化所要求达到的绩效之间的差距。

2.校本教研的微观目标

就微观而言，不同的人、不同的学校、不同的课题、不同的阶段等，都有不同的具体目标。校本教研的组织者和指导者必须根据不同的具体情况指导校本教研的参与者确定恰当的不同的具体目标，保证校本教研工作在具体目标的指导下有效地开展。

（三）筛选课题指导

校本教研是在教育教学情境中生成的教学研究。广大教师要牢固树立"问题即课题"的观念。以教师为主体所从事的校本教研不同于以倡导"思想观念"和"理论流派"为己任的象牙塔式的研究，而是"问题解决"式的行动研究，自觉和主动地致力于探索和解决自身教学实践中的教学问题。许多教学问题如果脱离具体的教学实践去研究，尽管理论上看上去很完美，实际上是经不起教学实践的检验的。在具体教学情境中出现的问题，只有任课教师才最有资格去研究它、解决它，也只有把它们置于学校的具体教学情境中才可能找到解决的办法，从而达到改进教学实践和提高教学质量的目的。

筛选课题一般来说要注意以下几点：一是自己的问题或自己熟悉的问题。自己在教育教学实践中的问题或自己熟悉的问题，其针对性和敏感性是非常好的，能够直接了解到教学的困难和问题，能立刻感知问题的所在，很容易引起自己的兴趣。因而，教师最有条件也最有资格开展这种应用型研究。校本教研强调解决教师自己的问题、真实的问题、实际的问题，但并非任何教学问题都构成研究课题，只有当教师持续地关注某个有意义的教学问题（即追踪问题），只有当教师比较细心地设计解决问题的思路之后，日常的教学问题才可能转化为研究课题，教师的问题意识才上升为课题意识。强调对问题的追踪和设计意味着所研究的课题来自教师自己的教学实践，课题产生的途径往往是自下而上而不是自上而下的；它是教师自己的问题而非他人的问题，它是教室里发生的真实的问题而非假想的问题，如小学语文教学中的词语理解的问题，寄宿制学校如何充分利用学生在校时间充裕的问题，地方校本课程开发的问题，等。二是急需解决的问题。教学中亟待解决的具体问题，通常都是新的问题、难点问题和普遍存在的问题。三是有意义的问题。

（四）选择方法指导

校本教研的基地是学校，这意味着校本教研的方法将发生很大变化。一方面，学校内部的教学研究要立足于学校自身的真实教学问题；另一方面，校外教学研究机构不仅要采用自上而下的工作方式，还要更多地采用自下而上的工作方式，倾听和反映学生、教师和校长的教学要求和教学问题。校本教研除了研究教材、教参和教法之外，还要重视研究学生、研究课堂、研究学校、研究课程。如果只是传达指示和分派任务，即使天天在学校，也不能兑校本教研的基地在学校。

教师是校本教研的主体，促进师生和学校共同发展是校本教研的直接目的。也就是说校本教研是为了改进学校的教育教学，提高学校的教学质量，从学校的实际出发，依托学校自身的资源优势和特色进行的教育教学研究。其基本特征是强调围绕学校和教师自身遇到的问题开展研究，是基于校级教研活动的制度和规范。

校本教研强调教师个体的自我反思、教师集体的同伴互助和专业研究人员的专业引领。三者的整合是校本教研活动中有效促进教师专业发展的核心要素。其实质是自我反思——教师与自我对话；同伴互助——教师与同行对话；专业引领——实践与理论对话。

无论是教学设计还是教学反思，其关键都在于开放自己的眼界，汲取他人的经验，并将他人的经验转化为自己的设计和自己的行动。其实，由于对别人的经验缺乏了解，教师不仅无法解决问题，而且无法提出问题，导致教师对自己的教学问题因为习以为常反而视而不见。只有反思自己的经验，并使自己的经验与他人的经验相互观照，教师才能真正发现和解决问题。

（五）示范互动指导

专家学者特别是教研专业人员的及时参与和示范互动是校本教研不可缺少的因素，他们要深入教学第一线，争当校本教研工作的排头兵，带头听课、评课，甚至亲自上讲台讲课，积极参加校本教研活动，大兴校本教研之风。校长、教导主任是教学教研工作的直接实践者，他们要深入教师和学生中去，时刻掌握学校教育教学实际情况，从中发现带普遍性、具有研究价值的问题，充分利用学校和外界资源，具体组织实施好校本教研活动。这种上下左右示范互动的校本教研体系是非常有效的，是很受第一线教师欢迎的。校本教研样板学校的示范互动，也是很受一线教师欢迎的。县级教育部门要以教育教学研究基地为依托，抓好样板学校建设。教研员实行分校联系制，指导并参与学校的教研活动。样板学校要在校本教研制度建设上发挥带头作用、示范作用、指导作用。

三、校本教研的管理

（一）校本教研的标准

1. 从实际出发，注重实效

开展校本教研工作，一定要从本地、本校实际情况出发，因地、因校、因人制宜，保证实效，如农村偏远贫困地区的力量薄弱学校，应由乡、镇中心学校或联校组织实施校本教研，切忌不顾实际效果搞形式、走过场。

2. 以素质教育为中心

校本教研要从提高教师素质、推进素质教育、培养学生创新精神的角度出发，从解决实际问题入手，深入教育教学改革实际，更新教育观念，推动新课程改革的发展，实践素质教育。

3.开放灵活，注重创新

校本教研是开放的、灵活的。资源要向内挖掘，又要寻求外援，请进来、走出去；方式要灵活多样；要勇于创新，"创新是一个民族进步的灵魂"。校本教研是一个崭新的继续教育形式，有着非常广阔的创造空间，一定要勇于创新，形成百花争艳的校本教研的春天。

4.以人、以校为本，突出发展

校本教研要体现教师的需要，体现学校的办学理念，突出学校的办学特色，立足本校实际，以学校为本位，以岗位为阵地，以教师为主体，立足于学校和教师的可持续发展，既要解决眼前的实际问题，又要着眼于长期发展。

5.教、研、训合一

校本教研要以教育教学为基础，以科研为导向，以培训为主线，教、研、训有机结合，整体推进。

6.全员全程性

校本教研的开展应使本校全体教职工都参与其中，主动学习，主动提高，不可把校本教研搞成个别骨干教师的教研。

（二）全程监控管理

校本教研工作应当在教育行政师训教研职能部门的管理下开展。校本教研制度的贯彻落实、校本教研激励机制的贯彻执行、校本教研计划的贯彻实施都需要教育行政师训教研职能部门特别是校长的强力监控管理。校本教研管理要坚持以人为本，充分融入情感，以"情"作为管理的基础和纽带，加强沟通与理解，尊重教师，为教师排忧解难，通过建立人与人之间和谐融洽的情感关系，调动教师进行校本教研的工作积极性，的确能收到很好的效果。俗话说："灯不拨不亮，话不说不明。"在制度制定之前和制度实施过程中，管理者应充分加强与教师的沟通，通过沟通，传达信息，互通有无，交流意见，统一思想，最终达成一致，形成校本教研合力，共同为校本教研目标而努力。尊重老师，激发他们在校本教研过程中的主人翁精神和主体意识，激发他们参与校本教研的积极性。为教师排忧解难，解除其后顾之忧，学校领导应主动地了解教师工作、生活困难之所在，迅速及时地帮助教师协调疏通，热情地为他们服务，成为教师的知心人、热心人和贴心人，激发教师校本教研的工作热情，使他们以最大的热情参与到校本教研工作中来。

各级教育行政师训教研职能部门应切实加强领导和管理，充分发挥教师培训机构、培训基地、教研、科研和电教等部门的优势，整合力量，形成多位一体的培训整体，指导和管理各中小学校开展校本教研，并结合本地实际，制定规划和实施意见，包括中小学教师继续教育校本教研的计分办法，认真抓好典型，建立有效的激励和约束机制，确保校本教研工作的顺利开展。校本教研本身灵活、宽泛、多样的特点，决定了难以对其用统一的微观标准来管理和监督。曾经有人戏称"素质教育是个筐，什么都往里面装"。现在校本教研吃香了、走俏了、时髦了，于是，校本教研也变成了一个筐，什么都往里面装。忽如一夜春风来，千树万树梨花开。一夜之间，似乎每个学校都成了校本教研的典范。这种情况本身也说明了校本教研监督的难度很大。但"难"不等于"不可"。管理部门应当制定切实可行的宏观管理与监督办法，否则，校本教研将面临遍地开花、颗粒难收的尴尬。目前的校本教研可以说已是遍地开花，但对校本教研本身的研究还缺乏宏观的把握，对其运行机制了解不够。在此背景下，不妨对校本教研工作实行"校本管理"。

"校本管理"的核心是基于以学校为中心的校本教研，将校本教研的责任和校本教研的权力转移到学校层次，给学校以管理的自主权，针对学校实际进行管理，合理分配和管理学校资源，把学校视为自行管理系统。校本管理的宗旨在于增强学校管理的自主性和有效性，提高学校的办学质量。无可否认，校本管理是校本教研启动运行的前提和保障。缺乏校本管理，学校很难启动协作性较强的校本教研。因为校本教研需要制订校本教研计划，拟定教育发展规划以及校本教研制度和措施，同时需要调动校内外各方力量协助进行。

在"校本管理"的基础上，校本教研管理工作应逐步做到以下几点。

（1）教师培训机构和教研机构应把校本教研作为近期中小学教师继续教育的工作重点，加强与教研、科研和电教等部门的配合与协作，建立适应新课程改革需要的教、研、训一体化中小学教师继续教育运行机制。

（2）帮助中小学校制订切实可行的校本教研方案和行之有效的校本教研模式，并指导其组织实施。校本教研要产生一批骨干力量，使其成长为具有相关学科拓展能力、现代教育技术能力、科研能力和培养学生创新思维能力的创新型教师，并进一步发挥他们在校本教研中的骨干、带头和辐射作用。

（3）教育行政部门要指定校本教研的管理机构统一指导管理本区域内校本教研。各校本教研管理机构要为校本教研服务，提供校本教研的学习资源，加强指导和管理，确保校本教研质量。

（4）校长是学校校本教研的第一责任人，负有规划、实施、管理等全部责任。各中小学校可建立由校长任组长的校本教研工作领导小组，统筹管理校本教研工作。

要制订校本教研规划和教师年度校本教研计划，明确校本教研任务，加强过程管理，重视检查督促和考查考核。建立健全校本教研学习制度，包括考勤、考核、奖惩等，做到目标到位、内容到位、时间到位、管理到位、校本教研到位、辅导到位、提高到位，用科学的管理保证校本教研工作有序而高效地开展。

（三）效绩评估管理

考察校本教研的目的是否直接指向改善学校实践、提高教学质量、促进教师和学生共同发展的一个重要标志就是看它是否植根于教师和学生的日常教学活动，是否与学校日常教学行为的改善联结起来。而且，评判的最终主体应该是学校的校长、教师和学生，不应该是学校之外的其他主体。这一点需要有制度上的保障，也就是说，当学校认为教学研究没有直接指向教师和学生的共同发展时，他们应该在制度上能够很顺畅地表达自己的感受和要求。这并不是否定校外评价的重要性，而是要在制度上确认校内评价的应有地位和作用。校本教研的成果，包括它的目的指向，应该由学校师生自己确认，这一点在制度上应该获得更多的鼓励和肯定。教学研究中存在的一些为研究而研究、为"装门面"而研究的现象，是与校本教研的基本理念背道而驰的。

（四）成果应用管理

校本教研本来就是以学校教学面临的各种具体问题为对象，通过一定的研究程序得出研究成果，并把研究成果直接应用于解决教学实际问题的研究活动。校本教研的成果当然要直接应用于解决教学实际问题。因此，建立校本教研经验成果交流与推广制度就非常重要。教科研人员深入基地校，蹲点指导，和校本教研实验教师共同开展研究，创造经验成果，再分阶段面向全校汇报展示，提供案例，以发挥典型引路的示范辐射作用，带动全校的实验滚动发展。教研组坚持定期活动，集体备课，学校定期召开校本教研研讨活动，校际网络片定期开展校本教研校际交流；也可以打破常规，通过不定期召开校本教研研讨会、不同层面的校本教研座谈会等形式交流推广好的经验和做法，提出研究的问题和解决的办法，起到覆盖面广、收效显著的效果。

第三节　校本教研实践

走进新课程以来，为了促进教师的专业发展，促进学生的全面发展，促进学校的整体发展，广大中小学校积极转变教育观念，围绕课改进行了形式多样的"以校为本"的教学研究活动，积累了许多可贵的研究经验，取得了一定的研究成果。本节从学校发展研究、教学研究两个方面介绍一些校本教研方面的实践经验。

一、学校发展研究

学校发展是一个内涵十分丰富的概念，指学校在原有基础上的提升，即发生在学校内部、以过程改进和提高质量为目的、包括个人发展和组织发展在内的整体变化。

学校发展是一个本土发展的过程。本土资源不仅包括物质方面的资源，还包括制度、文化和精神的资源。学校本土资源中孕育着学校的优势和机遇。要推动一所学校的发展，首先必须把握住该校的生命之流。人们往往习惯看他人的"有"和自己的"无"，而成功的学校却更需要充分利用和发展自己的"有"。因此，尊重并深入研究本土资源是谋求学校发展的前提。

在学校发展中，管理是重要的生产力，既是控制和协调，更是开发和促进。随着社会的进步，观念的更新，学校管理正处于从规范化向自主化、个性化和特色化突破，必须通过创建学习型组织，创造民主、平等、融洽的氛围，充分开发校内外各种资源，以调动所有人的积极性，推动学校的发展。

学校特色是一个有机的整体，是学校内涵式发展的必由之路，也是学校文化底蕴的重要组成部分。校园环境属于环境层面的特色，学校课程属于课程层面的特色，它们都是学校生命之流上飘动的树叶、鲜花与浪花，而学校中的组织文化以及组织中人们的生活方式才是学校生命之流的河床。寻找和培养植根于本土的组织文化特色，建设具有新理念、新精神、新制度的新型学校，是学校发展的目标。

学校发展研究的一般进程为：问题诊断—制定目标—行动研究—反思改进。

（一）问题诊断

薄弱学校求生存、求壮大；品牌学校需要创造第二发展曲线。每一所学校都面临着今后如何更好地发展的问题。学校可以通过召开师生座谈会、进行问卷调查、邀请专家考察等方式，对学校现状进行诊断分析，列出优势，寻找不足，以利于扬长避短。

（二）制定目标

学校以本校发展为出发点和落脚点，审时度势，分析在发展过程中的重大事件和重要阶段，阐述学校发展的动力和各种因素间的互动关系，在提高教师素质，促进学生发展，形成民主化、个性化管理模式等方面进行思考，准确定位学校发展目标。

（三）行动研究

学校根据发展目标和实际情况，设计一系列切实可行的方案，探索适合于本校发展的有效策略。比如，同是调动教师积极性、促进教师专业发展问题，各个学校的办法和策略就各不相同：有的学校是通过创建教师成长袋，记录教师日常工作的点滴进步和专业需求，提高教师专业技能；有的学校是通过完善教师队伍管理机制；而有的学校则是打造研究型教师……殊途同归，不同的方法在实践中都能获得成功，但关键是何种策略更符合本校校情。

（四）反思改进

在实践的过程中，学校定期引导教师不断反思，提炼成功的改革举措，审视有待完善的措施和制度，逐渐形成求真务实的整体氛围，形成自己的办学风格，以提升学校教育教学质量，提高学校的知名度与美誉度。

二、教学研究

在实施新课程的过程中，广大教师随时随地都会遇到一些新情况，产生一些新问题，为了改进自己的教学，在自己的教学过程中以"追踪"或汲取同伴经验的方式进行研究解决，就是校本教学研究。

校本教学研究是一种基于教师个体自主思考基础上的合作研究，其目的不在于让教师去验证某个教学理论或假设，而是改进与解决自己教学实际中的问题，提升教学的有效性。

任何研究都始于问题，当教师意识到自己的教学中出现了某种问题，并想方设法在行动中解决问题，并且不断回头反思解决问题的效果时，教师也就踏上了一条由"问题—设计—行动—反思"铺设的校本教学研究之路。

（一）问题

校本教学研究强调教师解决自己的问题、真实的问题和实际的问题。研究的问题可以是来自课堂教学、教学计划的制订、课外辅导、学生作业设计、学生学习评价……只要是教师亲身实践中的问题都有可能成为校本教学研究的课题。但并非所有的教学问题都有研究的价值。教学研究的问题应该具备以下特征之一：反映新课程学科教育的本质特点；反映新课程改革的核心理念；反映学生学习方式的变革；反映教师教学行为的改变；反映新技术对课堂教学带来的影响……只有这些教师不能凭借个人教学经验一次性解决的教学问题，才有追踪研究的必要，才能使教师在研究中学会反思，在反思中改进行为。

（二）设计

设计是指具有合作意义的集体备课和说课，即教师发现某一有研究价值的教学问题后，以备课组或教研组为单位，根据某种有效的教学理念，群策群力，集体设计解决此教学问题的基本思路与方法。

（三）行动

行动是指将已经设计好的方案付诸实践。行动既包括教师的上课，也包括相关合作者的集体听课。

就上课而言，行动不仅意味着观察事先所设计的方案是否能够解决问题，而且意味着根据学生的实际学习状况和教学过程中发生的意想不到的教学事件等不确定因素创造性地执行事先设计的方案。

就听课的合作者而言，行动不仅包括观察事先所设计的方案是否有效，也包括倾听和观察所设计的方案被执行的真实过程，倾听和观察方案的执行是否合理。

校本教学研究不只是一般意义上的问题解决，它不仅努力改变教师的教学观念，而且希望通过行动引起教学实践的改进，并在改进教学实践的过程中进一步观察原先所设计的方案是否有效，问题在多大程度上已经解决或没有解决，下一步应该采取何种方案。因此，在设计和行动的过程中教师需要不断地与周围的同伴对话、与校外的专家对话，也需要必要的理论阅读。

（四）反思

反思指教师以及合作研究者在行动结束后回头思考解决问题的整个过程，查看所设计的方案是否能够有效地解决问题。如果问题没有很好地得到解决，需要进一步理清究竟是由于所设计的方案本身不合理，还是因为方案的执行发生严重偏离等。

在整个校本教学研究的过程中，反思实际上是贯穿始终的。问题之所以能够被提出来，设计之所以成为可能，行动之所以能够创造性地按方案被执行，都有反思的介入和参与。也有人因此将设计的过程称为"行动前的反思"，将行动的过程称为"行动中的反思"，将回头思考的过程称为"行动后的反思"。

在实施新课程的过程中，广大教师随时随地都会遇到一些新情况，产生一些新问题。为了改进自己的教学，在自己的教学过程中以"追踪"或汲取同伴经验的方式进行研究解决，就是校本教学研究。

校本教学研究是一种基于教师个体自主思考的合作研究，其目的不在于让教师验证某个教学理论或假设，而是改进与解决自己教学实际中的问题，提升教学的有效性。

第五章　教师专业化的内容与要求

第一节　教师专业化的历程

一、教师专业成长规划

自我规划是教师成长与发展的前提，每个教师都是复杂的个体，随着年龄的增长、时空环境的变化，人也在不断发展变化，通过不断的自我分析认识自己，是教师专业成长规划的重要手段。教师专业成长的自我分析规划可从以下几个方面进行。

（一）我在哪里？——认识自我发展阶段

教师的成长是一个持续的、长期的积累过程，任何教师的成长与发展，都经历了一个量变到质变的过程，存在着成长的阶段性。根据教师成长与发展阶段理论，全方位分析自身状况，正确判断自身目前所处的发展状态，有利于确立今后教师专业发展方向和目标。

教师从入职到成熟，一般要经历起步、发展、成熟、创造阶段。①起步阶段。在教师成长的起步阶段，教师角色意识浅薄，对教师职业角色的认知不完整，对教育教学工作不熟悉，缺乏经验，不能很好地将所拥有的知识转化为能力，缺乏稳定的教书育人的使命感，可塑性强。②发展阶段。发展阶段的教师具有较强的事业心、责任心、进取心，教育教学基本功较熟练，并积累了一定的经验，好学，并对教育研究产生兴趣，可塑性较强。③成熟阶段。成熟阶段的教师具有以下特点：能高度重视学生的发展和对学生学习负责；对所教学科的知识有深刻的理解，并知道如何把这些知识教给学生；能系统地思考教学过程并不断地总结经验，善于了解学生的差异并充分发挥每个人的特长和优势。④创造阶段。这是教师由熟练工作的时期开始进入探索和创新的时期，创造阶段的教师具有强烈的改革精神和创造能力，具有独特的教学思想和理念，形成了成熟又独特的教学风格，具有很强的教育研究能力。

自我发展阶段的分析要求教师：首先，必须系统熟悉教师成长阶段理论和成长规律。其次，教师以自我观察、访谈问卷、个人资料收集与记录等形式，分析自己的教育教学实际，判断自己当前所处的阶段。再次，把握自身发展存在的问题，确定发展方向，明确发展任务。

（二）我是谁？——认识承担的角色和自我特征

角色是指人们在社会中的身份和与身份相一致的行为规范。教师是在学校中专门从事教育教学活动的人，这个角色的特殊性和其相应的行为规范，要求教师必须具备自身的特征。同时，从教师成长来看，一般教师和优秀教师存在着明显的差别，优秀教师存在着有别于一般教师的众多特征。

教师谋划自身专业发展，应该剖析自身特征，给自己正确定位，以更高的目标来调整自己。①思考自己在学校中所扮演的各种角色，每一个教师在工作中往往扮演着多种角色，如科任教师、班主任、骨干教师、处室主任、校长等等。各教师有可能既是学科骨干教师，又是班主任；也有可能既是学校领导，又是担任学科教学的教师。②分析自身特征。包括认识自己的人格特质，如志向、兴趣、潜能、性格等，以及确认自己的工作价值观，如从教目的、抱负水平、成就动机、生活工作追求等。③判别哪一个角色更适合自己。概而言之，教师在学校工作中扮演的角色有两种，即教学角色和行政角色。由于工作的需要，有的教师既担任教学角色，又担任行政角色，两种角色之间有时会产生冲突，这时只有否定一个才有可能满足另一个。同时，教育工作的复杂性，需要教师全身心担任一种角色。因此，教师要谋求专业持续优质发展，就必须根据自身特征与工作实际认真做好角色定位。

准确的角色定位要求教师：首先，要明确教师教书育人应承担的基本角色。优秀的教师在教书育人中，应该是知识的传授者、家长的代言人、心理保健者、纪律的管理者、学生的朋友、学生的榜样等多种角色的复合体。其次，积极促进自身角色的发展。由于教育改革的发展和社会进步，教师角色的内容和要求也必须发生变化，教师要根据时代的变化对自身角色不断地进行适应与调整。再次，正确对待角色冲突。面对角色冲突时，应立足于工作需要和个人能力特征、抱负水平等做出正确的选择。

（三）我的环境如何？——社会环境分析

分析和了解社会环境因素，有利于个人制定正确的职业生涯规划，使自己在不断变化的社会环境中取得专业发展。

影响教师专业发展的社会因素有：①政治制度和氛围。包括国家的路线、方针、政策及发展规划等。教师必须及时掌握国家及政府的教育政策、法规和对教师的关注程度以及政策变化，尽可能适应政治环境的变化。②经济发展状况。包括经济发展的总体水平、对教育的投入、教师的工资、消费水平等。③社会文化环境。包括社会发展方向、生活方式的转变、价值观的变化、社会道德标准的变革、对文化的追求、教育和教师在文化生活中的地位及其对就业谋职的影响。④科技发展水平。指新科技、新知识、新思想、新方法的应用对教育和教师发展的影响。⑤学校文化环境。包括学校物质文化、制度文化和观念文化，如学校物质状况、办学水平、校园文化、学校规章制度、学校组织的思想意识和价值观念、学校历史传统等。

社会环境因素分析要求：首先，教师要宏观思维。教师要时常把自己放在特定地区的政治、经济、文化等宏观社会背景中考虑，决定自己的未来发展。其次，要注重对学校环境的分析。社会环境因素对教师的影响，最终是通过学校文化环境体现出来的，学校环境直接影响教师专业发展。对学校环境认真分析，有利于教师利用积极因素，克服消极因素影响，促进自己的专业成长。

（四）我的总体状况怎样？——现状分析

在充分认识自己所处的社会环境后，就要对自身现状进行分析和研究，其目的在于最大限度地利用和发挥自己的优势，克服劣势和不足，消除或避免威胁，创造和利用机遇，谋求新的发展。

现状分析常用的方法是 SWOT 分析法，就是对自己个人的优势（Strength）、劣势（Weakness）、机会（Opportunity）、威胁（Threat）进行分析。①优势。是指自己出色的方面，尤其是与人相比具有优势的方面，如丰富的经验、宽阔的知识视野等。②劣势。阻碍自己发展的不足之处，与他人相比处于落后的方面，如专业思想淡薄、课堂组织水平低等。③机会。有利于专业发展的因素和时机，如课程改革的影响、进修、调动等等。④威胁。即存在潜在危险的方面，如文凭、工作压力、没有专业提升的时间和机会等。

教师进行现状分析要注意：首先，对优势和劣势的分析应更多侧重于教师自身的发展水平、教学实力和存在的问题，而对威胁和机会的分析，则需要更多地着眼于外部竞争环境和发展趋势。其次，教师要尽可能对面临的各种机会进行评估，确定专业发展目标，把握最佳发展机会。

（五）我要到哪里去？——目标的确立

有效的专业发展规划需要切实可行的目标，以便排除不必要的犹豫和干扰，全心致力于目标的实现。有了目标，便有了人生奋斗的方向。

教师专业发展目标分为人生目标、长期目标、中期目标、短期目标。①人生目标。人生目标是教师整个人生的发展目标，时间30年以上。人生目标的勾画必须在符合自己价值观的基础上，与社会发展需求相适应。②长期目标。时间为5年以上的目标，设计时以勾画轮廓为主，通常比较粗略，不具体，可能随着学校内外部形势的变化而变化。③中期目标。时间3～5年，要与长期目标保持一致，比较具体，有较明确的时间，可做适当的调整。④短期目标。时间是1～2年，是中期目标和长期目标的具体化，是最清晰的目标。

教师确立专业发展目标应注意：首先，确立目标通常是先制定自己的人生目标和长期目标，然后将其分解，根据自身境况制定相应的中期目标和短期目标。其次，实施目标通常是从具体的、短期的目标开始。再次，在制定人生目标和长期目标时要多考虑自身因素和社会因素，制定长期和短期目标时则要多考虑组织因素。

（六）我该如何走？——寻找专业发展路线

发展路线是指教师应该从什么方向发展自己，即为自己寻找发展的突破口。它是专业发展与规划的重要环节，路线不同，专业发展的要求也就不同。

寻找专业发展路线可以从以下几方面分析：①希望向哪条路线发展。主要根据自己的兴趣、价值观、理想和成就动机等主观因素设计自己往哪条路线发展，以确立自己的目标取向。②适合往哪条路线发展。主要考虑自己的性格、经历、特长、学历、家庭背景等一些客观条件对专业发展路线的影响，确定自己的能力取向。③能朝哪条路线发展。主要考虑自身所处的社会环境、经济文化环境、政治环境和组织环境等，确定自己的机会取向。④哪条路线会取得发展。选择自己希望和适合的发展道路后，进一步综合分析各方面的因素，判断自己的这条专业目标的实现路线是否会取得发展。

发展路线选择要注意：首先，要对教师职业生涯要素进行系统的分析。通过分析自身和环境因素，权衡利弊，做出路线的选择，挑选出实现自己目标的路线。其次，发展路线的确立不是一成不变的，应根据实际变化而不断调整，但不能偏离目标。

二、教师专业成长的过程

教师的专业成长是教师以自身已有的基础为出发点，朝着既定的目标，经过努力提高自身专业素质，并创造出业绩的过程。其成长过程主要包括学习过程、教育教学实践过程和教育科研过程。

（一）学习过程

我们所处的21世纪是知识生成、信息传播和技术革命不断加速的时代。知识、技术更新的加快，导致知识、技术淘汰周期缩短。企业生产更迭的加快必然引起就业选择的频繁。人才正处于不断折旧的过程中，只有学习才是防止人才折旧的最好方法。21世纪是一个终身学习的时代。

学习对于教育、对于教师尤为重要。教育的使命是育人，教师的职责是教书育人，教师的专业知识和专业技能、思想观念、品德修行等更应走在时代的前列，能引领学生的发展。这些都需要教师不断学习，而且教师的学习应该更专业、更有成效。教师的学习应根据教师专业素质发展的需求，结合自身实际，从充实基础、更新知识、转变思想观念，提高自身终身学习能力等方面确立目标，制订计划。在学习过程中，应注意把握好如下三个环节。

1. 要注意选择性阅读

有人问著名文学评论家、北京大学中文系教授严家炎，为了解决书多时间少的矛盾，采用什么样的读书方法才能取得比较好的效果？严家炎回答："读的书要选择，要区别对待。有些书有价值，有些书意思不大；有些书要尽早地读（基本的书），有些书临用时再翻阅也可以；有些书只需要浏览，有些书则必须精读。譬于吃菜，有的菜夹一两筷子尝尝就行，有的菜则值得多尝细品。不值得精读的书而精读了，那就是浪费时间。但如果反过来读书只贪图数量，不讲质量，什么书都翻翻就过去，那么学来的东西很容易变成浮萍，生不了根，没有多大用处。正确的方法是：浏览和精读相结合。一般的书可以浏览，重要的书、名著就需要精读；与自己研究题目远的书浏览，与自己研究题目关系直接的书就精读。浏览的面不可太窄，精读的面不可太宽。"严家炎教授所谈选择图书的见解对中小学和职业学校教师同样适用。特别在文字读物品种繁复、品质良莠杂陈而且次品居多的情况下，教师面对的首要问题便是选择什么样的读物。

就教师阅读而言，我们认为对帮助自己打基础的书要精选精读。所谓精选，对于自己学科专业的书要依据自己的学习总目标（专科水平、本科水平等），系统地选择（可参考高等院校相应专业的课程设置）。对于教育基础知识的书，可以教育学、心理学、教育科研、教育评价等分支为线索，每条分支按序选出几本较新较好的书，如心理学分支可选读一本儿童心理学、教育心理学、学科教学心理学等。所谓精读，一是要细心地通读，注意理解、领会；二是要进行整体思维加工，掌握整体结构和要点，最好写出读书笔记或读书卡片；三是要记住主要观点，并完成有关练习。

对于知识、观念更新读物，由于它们不是向你提供教育教学知识或具体的操作技巧，向你展示的是新的理论视野、新的教育（学习）内涵，你从中获得的是教育教学的新的视角，是在全局上、整体上思考问题的方法，是挣脱传统观念的桎梏、获得思想解放、激发创造热情的精神力量，所以我们对选读这类书籍：一是要及时掌握教育发展的时代信息，如听专家、同行介绍，到网络、报纸等媒体上看看，到图书馆、书店走一走，获得这些书；二是可通过浏览书目，阅读自己最感兴趣的章节，来确定是否选读该书。例如《国际教育新理念》一书，分宏观教育理念、一般教育理念、教与学的理念三类，比较系统地介绍了当代最新、最有价值的教育理念，并从每一个理念产生的背景、主要内容、简要评述、案例分析等方面作了较详细的说明，对于我国教师在当前基础教育课程改革背景下教育观念的转变具有较大价值，应该认真读一读。

对于学科专业和教育理论以外的，服务于教师扩大知识面，增进生活知识的书籍，如系统科学、信息科学、生命科学、经济学、社会学等方面书籍，作为教师是必须挤时间力争多看的。但在选读这些书籍时要注意选择普及型的通俗读物，以便达到易看易懂见效的目的。

2. 要善于联系思考

学习，无论是文本阅读，还是直接借鉴他人经验，都必须经过自己"大脑思考"这个中介，通过思考而理解、消化，进而吸收，增进自己的智慧、能力。教师由于职业的原因，学习的内容广泛多样，加之工作头绪繁杂，时间紧迫，要想学有成效、学而高效，非有过硬的思考功夫不可，否则会食而不化、学而无益，空耗了大好光阴。

如何思考？成功学习者的一条重要经验是，善于联系。

在教学、研究、写作上均成就斐然的著名中学语文特级教师王牧天，在一篇文章中谈到他"联系思考"的经验时说，他从"不大会教课"到"比较会教课"，主要得益于思考中的两个"相连"。其中之一是人我相连。

杰出的教育改革家魏书生则注重"书书相连"。谈到阅读教育方法、教学方法和心理学之类著作时，他说："我在学习这些知识的时候，喜欢把对立的两种观点或更多不同见解的著作拿来对照着看……我既看凯洛夫的教育学，也看巴班斯基、赞可夫、苏霍姆林斯基的文章和著作；既看美国布鲁纳的课程结构理论，又看批判他这一理论的文章；既思考杜威的儿童中心主义，也分析在我国占统治地位的'三中心'学说。"为什么呢？魏书生说："我觉得在学术问题上，一个学术派别的新的发展方向，常常在他对立的那一学术派别的边缘，而真理又常常在两个极端的某一点上。""在学术问题上抽象地肯定与否定都是没有任何实际意义的。……把各家对同一问题的观点看法都拿出来分析对照，就比较容易理解各家理论的精髓和糟粕，从而比较准确地确定它能够成立的时空范围。"

3.要学会反思自悟

如果说，联系思考着重于研究的经验，是自身进步的必经过程和必要手段，那么反思自悟则是着眼于自身的觉醒和提高，是自己学习的目的和归宿。因此，这里的反思是指教师对自己已有的教育教学行为进行总结评价，找出得失，明确方向，从而确定新的行为选择的思维活动。教师职业的特殊性，决定了他的思想、言行应当是自觉的、清醒的，否则就难以确保其言行的"教育性"。但是，从感性经验到理性把握，从随意的到自觉的，要经历一个对已有经验的筛选、提纯、内化吸收过程，这个过程的结果就是内省——内心醒悟、明白。正是经由反思而到内省，才能使正确的得以确认和保持，错误的得到纠正，肤浅的认识得以加深，感性的认识达到理性的层次，其教育教学行为不断趋于合理和完善，从而使教师的职业素养不断充实、丰富和成熟起来。因此，美国学者波斯纳说，教师的成长＝经验＋反思。

反思内容要因人因事而异。如果把教师队伍整体按时间分为几种类型，那么反思的内容大致有以下几方面。

（1）新上岗教师（一般指3年教龄以内）。由于这类教师所具备的主要是职前所接受的学科知识，缺少将这些知识有效地运用到教育教学实践中的经验，所以这类教师应着重在如何提高教育教学技能上进行反思。

（2）适应型教师（一般指5年左右教龄）。这类教师已掌握通常情况下基本的教育教学技能，而对于应付新情境或综合运用教学策略有力不从心之感。因此，这类教师反思的重点应是教育教学策略，包括课堂教学中的语言策略、交流策略、组织策略、评价策略等。

（3）成熟型教师（一般指10年左右教龄）。这类教师多有丰富的教学经验，缺少的是对自身实践经验的总结和提升，未形成自觉的科学的教育教学理念和风格。这类教师反思的重点应指向自身教育教学理念和风格的形成，特别要注重从教育教学理念上剖析和认识教育教学中存在的各种问题。

（4）专家型教师（一般指15年以上教龄）。这类教师能对自身的教育教学经验、策略进行反思，且能形成自己的教育教学风格。但是，有的尚缺乏对教育教学活动普遍规律的理性思考和对教育现象的直觉判断力。所以这类教师应注意参加教研和学术交流活动，在科研实践和相互交流中进一步开阔视野，充实知识，深化认识，锻炼理论思维，积累直觉判断经验，提高开拓创新能力。

（二）教育教学实践过程

人的发展是实践的过程和结果，同时教师的发展无论是人格品德的发展、身心的发展，还是专业的发展，都必须通过实践来实现。教师的专业成长，无论是智慧的增长、能力的提高还是自身价值的实现，都离不开教育教学实践过程。

1.在教育教学实践中，增长智慧

教师作为育人者，兼有育人和自育双重任务，而自育是前提。没有智慧和人格的良好自育，即教师不吸收丰富健康的知识和精神的营养，不具备应有的德、才、学、识，便担当不起育人重任。教师如何获得健康的智慧营养以实现理想的自育？途径通常有三条：一是通过视听手段，学习和吸纳别人的经验、理论，这是所有教师必经的途径；二是向学生学习，从教育对象那里获得帮助，以补充、丰富自己的教育智慧和完善自己的教育行为；三是教师细心体察、感悟教育现象，注意从中总结、积累、消化、吸收有益的东西，以丰富和充实自身的智慧。如果说，前者是学习别人，是每位教师都能做到的，那么后两条属于向自己——自己的学生、自己的实践（所思所行）——学习，这不是每个人都能做得到、做得好的，而这正是没有形成和发展教学个性的源头。没有这个源头，便没有教师的创造。所以，教育教学实践是教师教育智慧的营养之源、发展之基。

以魏书生为例。魏书生讲课，无论是给自己的学生讲，还是给外地的陌生学生讲；无论是在数十人的教室里，还是在数百人、上千人的剧院、会堂：课堂气氛总是异常活跃，师生之间似乎心有灵犀，配合默契，教学过程既酣畅淋漓，又轻松愉快。这是为什么？魏书生的回答是，从学生身上吸取营养——"决策过程多商量"。平时，班怎么带、怎么管，语文学什么、怎么学，课怎么上、教材怎么处理，乃至怎样留作业、怎样考试，他"都和学生商量"。一次，他从外地回到学校就去讲课，正赶上不少外省市的教师来听课。他告诉学生，《公输》这课篇幅比较长，想用两课时，接着就要转身板书。这时一名学生举手"报告"："我不同意这篇文章讲两课时。"魏书生问："为什么不同意？"学生说："我认为这课虽然长，但语言比较好懂……有些难懂的句子，教材下面都加了详细的注释，老师不在家这几天，这几篇文言文我们又都自己翻译了。再用两节课时间，不白白浪费一节课吗？"魏书生问："同学们，还有谁赞成他的意见？"看到有三分之二以上的学生都赞成这么做，他说："那就照老规矩办，服从多数，只讲一节课，将两课的重点合二为一吧！"结果顺利完成了教学任务。魏书生无论在什么情况下都坚持和学生"多商量"这个"老规矩"，这是由他的教育指导思想和教育原则所决定的。其一，这样可以真正按学生需求办事，确保教学过程中学生的主体地位。他说："要使学生成为学习的主人，就必须引导学生多参与教学，即不仅参与学而且参与教。"其二，便于充分调动学生学习积极性。学生学习兴趣的产生基础是"需要"；教师了解学生的需要，按学生需要施教，自然有利于激发学生学习的积极性。其三，可以减少教师的失误，避免教学上的主观随意性，有利于优化教学过程，提高教学效率。总之，与学生"多商量"，既是魏书生教学民主思想的重要体现，又是向学生学习、从实践中吸取营养的有效手段。正是凭借这"多商量"，魏书生赢得了教育教学的主动权，从而使他的班级管理和语文教学都能如沐春风，舒卷自如。

2. 在教育教学实践中提高能力

无论是国家还是个人，其发展的重要标志是能力的提高，所以我国参与国际竞争，就要提高综合国力。作为教师，要培养高素质的人才，就要提高自身"实施素质教育的能力"。那么，能力是什么？能力从何而来，又如何得以发展？

"能力是以人的一定的生理和心理素质为基础，在认识和实践活动中形成、发展的完成某种任务的能动力量。"这就是说，能力的形成及发展有两个关键因素：一是素质。这是能力发展的基础；没有一定的素质作基础，能力就是无源之水。二是实践活动。这是形成、发展能力的关键环节；没有实践环节，再好的素质也是没有意义的，因为它没有借以表现的"中介"，不能直接作用于主客观世界。所以，只有教育教学实践，才能将素质转化为能力；只有在教育教学实践过程中，才能发展和提高教师的教育教学能力。

3. 在教育教学实践中实现自身的价值

人的价值与其对社会的贡献成正比。教师的价值主要体现在三个方面：一是育人成果，即通过精心劳作，为国家培养出一批批可塑、可用之材；二是在育人过程中总结、提炼、收获的有应用价值的思想成果——教育科研成果；三是自身具有，也展示给社会的文明形象和人格风范。这三方面共同构成教师生存的社会意义和人生价值。

学生的进步是教师实践活动的结晶，人才的成长离不开教师的创造性劳动，此属妇孺皆知，不必多说。教师创造的精神（思想）成果——经验和理论，也无一不是从实践中提炼的。没有邱学华20余年的反复实验，就没有尝试教学法和尝试教学理论；没有李吉林20余年孜孜以求，悉心探索，又何来情境教学法和情境教育理论？如果说，小说家可以借用别人的素材创造自己心中的上帝，那么，教师进行精神创造的素材却必定扎根于个人的教育教学实践中。实践，是教师创造的乐园，离开教育教学实践，就谈不上创造。此外，当今世界，社会各群体中，对教师的评价很高。教师不做自我宣传，也没有在社会公众面前展示自己的机会。所以有良好的社会公论，完全是教师实践的宣示，正是教师传承文明、塑造未来的行动和实绩，表明他们是当之无愧的"人类灵魂工程师"。正是教师的科学、人文素养和人格风范以及他们的辛苦酿造，让世人看到了人间的美好、光明和希望。

（三）教育科研过程

教师职业专业化的要求之一是教师会做教育科研工作。只有这样才能使教师职业具有不可替代性。随着"科研兴校"理念的建立，校本教研的开展，教师在教育科研中将实现创新意义上的专业成长，成就令学生景仰的学识和品格，形成自己独特的教育教学风格，并为社会提供有价值的经验或理论成果。

1. 成就令学生景仰的学识和品格

教育教学的现实已经昭示人们：在现代社会条件下，一方面，随着人际交往的频繁和大众传媒的日益发达，学生获取的社会信息日益增多，师生间拥有的信息量之差越来越小；另一方面，由于教育因素、社会因素的多重效应，学生对教师的盲从心理越来越弱，对教师教学活动的审察和质疑意识越来越强；同时，学生（特别是初中以上学生）已不再满足于记诵课本知识的结论，希求了解知识的产生过程；不满足于听教师滔滔不绝、绘声绘色的讲解，希求教师对历史和现实问题有真知灼见，对理论和实践问题能言传身教……这就使长于传授书本知识的教师的"权威"受到威胁和挑战。怎样使教师走出这种困境，在学生心目中继续保持"良师"形象，以发挥最优教学效果？只能靠教师努力提高自身素质，具备令学生景仰的品格、学识和能力。教师只有会讲、能做，并且讲之真切，做之规范，导知又导行，才能使学生"亲其师""信其道"。而这种学识和能力的获得，一刻也离不开对教育教学问题的潜心研究、深入体察。井深泉清，根深叶茂。教师通过对教育教学活动的实验、研究，对其实践和理论问题有了去皮见肉、剔肉见骨、剥骨见髓的理性认识，把握了规律，那么，给学生释疑解惑、启智益能，便可高屋建瓴、事半功倍。否则，教师只明常理而无真知新见，则难给学生甘霖，难为弟子师表。教师在学生心目中的形象、威信，高低悬殊，原因往往就在这里。

2. 形成独特的教育教学风格

"教学有法，而无定法。""有法"指教育教学有规律，我们必须探究和遵循。"无定法"是说教育教学是一门艺术。正因为如此，教师职业才有可能专业化。这也为每一位教师不断探究教育教学规律，进行教育教学艺术创新，以形成自己独特的教育教学风格提供了巨大的空间。

当前世界教育教学改革的趋势是，加强学校与社会、课本内容与现实生活的联系，着眼于提高学生的全面素质，以便培养适应社会发展需要并能创造未来的新一代。在这个大背景、大目标下，我们的课堂虽不能是网开八面的自由天地，但传统的封闭的课堂教学程序却决然地要被打破；教师用以施教的教材不限于课本之内，还要广泛接纳课本以外相关的新知识、新信息；教师不仅要指导学生的课堂学习，还要能指导学生走出校门，到社会大课堂学习、观察、体验，寻求知识，经受锻炼，增强实践能力。这就要求教师既要学习新的知识和技能，又能够教给学生获取新知识、新技能的方法；既要了解学生赖以生存的变化着的家庭、社会环境，又要深谙在这个大环境中进行教育教学的特点和规律。而这些知识、规律和技能的掌握，没有现成的"本本"作参考，只能靠自己在实践中去摸索。这就要求教师要有思考的头脑、探究的意识，要有深入扎实的研究功夫。没有对教学活动及其相关因素的悉心研究，就没有对教学规律的深层把握，就不具备在变化无穷的教学情境中应付自如的能力，因而也就难以从较高的视点观照和讲解新知识，训练和培养新技能。有人说，当今教师不能仅从课本和教参中讨生活，还应当广涉深研，开阔视野又扎牢根基，才能取得教学的主动权。灌输式教育产生经验型教师，研究性学习需要研究型教师。

3. 创造有价值的经验和理论

教书育人是教师的天职，是教师劳动社会意义和价值的基本方面。同时，作为人类经验和文明成果传递者的教师，也是人类文化和文明的重要的创造力量。纵览人类浩瀚文明史，其中浸透了教师的智慧和辛劳。在中国，孔子、孟子、朱熹、王阳明等人，既是彪炳史册的名师，又建树了恩泽华夏千秋、惠及东方各国的儒家文化；在外国，苏格拉底、亚里士多德、马卡连柯、苏霍姆林斯基等，既是享有盛誉的教师，又是成就卓越的教育家。难以想象，如果没有历代为师者的智慧奉献，人类教育发展史将作何观？在我国实施基础教育课程改革，教师走进新课程的今天，教育教学中某些"已知世界"需要重新判定，许多未知领域需要从头认识。旧的观念需要更新，新的理论需要创建。旧的只需要我们在实施课程计划时加以扬弃，新的课程项目不仅需要我们实施，更需要我们研究、建设。我们怎么办？单靠读书不行，单靠实践也不行，必须依靠科学的坚持不懈的教育研究，以及在研究中实现认识上的飞跃——从现象到本质，从感性到理性的飞跃。经过多年实验研究，才产生了李吉林的"情境教学"理论和邱学华的"尝试教学"理论。因此，教育科研是教师的教育教学行为走向自觉、走向理性、走向科学的必由之路，是教师实现自身专业发展的必由之路。

第二节　教师专业化管理

教师专业成长目标制定后，必须采取适当策略，才能保证教师生涯目标如期实现。教师专业发展是一种非零起点的发展过程。它强调的出发点是实事求是，从自身实际出发，走自己的路。它强调的着眼点是以内涵发展为主，是对内的挖潜与优化。

一、优势入手式

教师在教育教学过程中都会形成自己的某些优势。教师要谋求专业发展，可以从发挥自身原有优势出发，促进自身整体水平优化，形成风格，实现目标。其程序为：找出优势——优化素质——形成风格——实现目标。这种模式的关键是优势的确定要准确，这一点或这一面之优要能迁移或辐射，要能起到以点带面的作用，要形成"一马当先，万马奔腾"的局面，如果这一点或这一面之优不能迁移或辐射，就会形成单枪匹马的冒进，甚至会影响自身整体功能的正常发挥。例如，丁老师刚参加工作时，对自己优势的分析是：担任的教学工作是小学教师中师函授面授教学。一方面，教学时间比较集中，一般周六、周日两整天，这样有时间用于自学。因此他选择了通过自学考试提高学历水平。另一方面，教学对象是教师，可以边教学边向他们学习，易于提高教学水平。因此，他确定了必须站稳讲台，提高教学水平的目标，并付出艰苦努力，形成了自己"深入浅出，条理清楚，语言生动"的教学风格，使自己的教学受到普遍欢迎。

二、革除弊端式

任何人既有长处，也有短处，是优势和短处的矛盾统一体。扬长是教师发展的一种思路，弃短也不失为发展的另一种思路。教师在发展过程中，往往存在某些缺欠或弊端，会阻碍教师的发展和提高。革除其弊端犹如割去肿瘤，从此就有可能使人健康发展。其程序为：找出弊端——用心克服——整体优化——实现目标。这种模式的关键是准确找出阻碍教师发展的弊端和要害之处。这种弊端的确定，应针对自身不适应教育教学改革发展的关键问题，如个性特征问题、教学方式问题、教学观念问题等。例如，丁老师调到省师资培训中心后，发现自己的不足：一是学历水平还必须提高；二是不熟悉全省情况，这样不利于提高工作水平。因此，他继续攻读硕士学位，并不断下乡调研。在攻读硕士学位时，针对自己年龄比较大的缺点，并考虑自己的工作特点，没有选读纯数学专业，而是选读了数学教学论的专业。这样既相对易毕业，又有利于在今后结合工作干出成绩。相反，如果选读了纯数学专业，一个年满 40 岁的人要在纯数学领域出成果是比较困难的。

三、理论应用式

教育理论和教育科研成果对教育教学改革起着指导作用，教育思想与观念的变革在教育改革中起着牵一发而动全身的影响。教师在理论学习过程中，结合学校教学及自身工作实际进行周密思考，选定某种理论，在这种教育理论假说或理论设想的指导下，对自己的教学进行新的设计和安排，以产生新的教育效果，推动专业发展。其程序为：分析实际——选定理论——具体应用——形成模式。这种模式关键在于以科学研究的态度对待教学过程的革新，寻找适合自身教学实际的理论，认真把握理论的精髓，进行灵活应用。例如，随着小学教师培训由学历补偿教育向学历合格后的继续教育的转轨，面对全新的教师培训工作，丁老师为了使县里骨干教师培训试点班办出实效，并使自己尽快熟悉教师继续教育工作，同样成为这个方面的行家，于 1991 年通过争取学校同意，县教育局批准，引进"微格教学"理论，开展微格教学实验，创建在职教师培训的微格教学模式，在全省得到推广。

四、借鉴创新式

教育教学工作具有共同的规律，教师要使自己走向发展，需要观摩、学习别人成功的经验，模仿借鉴会使教师起步顺利，但只知借鉴不懂创新，则很难出类拔萃，一流的教师要在善于借鉴的基础上敢于创新。其程序为：模仿——选择——定向——创新。模仿的目的不是为了照搬，而是熟悉他人的教学艺术；选择强调根据个人兴趣、爱好、特长等自身因素去选择适合自己发展的模式；定向是对自己的教学发展方向做初步设计，并在实践中向这一方向努力；创新是根据自身实际，将他人成功的多种因素融为一体，形成自己独特的教学风格。该模式的关键是不能停留在对他人经验的简单模仿上，要能根据自己实际，敢于创新，形成自己独特的教学。

教师的专业成长是一个终身的、整体的、全面的、个别而又持续的过程，是教师终身学习并在教育教学实践基础上开展教育科研的综合过程。需要教师不断地反思和合理地规划，这将使教师专业成长的道路更为顺畅，成功的机会也会更多。

第三节　教师专业化的要求

一、基本素质

（一）广博的科学文化知识

教师专业化的特点之一体现在对各种不同知识和理论进行选择、组织、传递和评价，并在这个过程中进行知识创新和增值的专业能力。这就要求教师不仅要了解和掌握某个具体学科的知识和理论，还要各个学科和领域知识之间的关系。教师只有具备了广博的文化知识，才能融会贯通，得心应手，更好地理解所教学科知识，并把所教学科知识与其他学科有机地结合起来；才能够有效地激发学生的求知欲望和学习兴趣，满足每一个学生的探究兴趣和多方面发展的需要；才能够帮助自己更好地理解教育学科知识，使自己的教育教学丰富多彩，促进学生全面发展和素质的全面提高；才能够提高自己在家长和学生心目中的威信。从教师教育的实践来看，以下几个方面的普通文化知识对现代教师来讲是不可或缺的：人文类知识，如哲学、社会学、人类学、经济学、政治学、伦理学、历史学、地理学等方面的知识；科技类知识，如一般的自然科学常识，关于文理学科交叉的知识；工具类知识，如外语、数学、计算机、文献检索、应用文写作等方面的知识；艺体类知识，如体育、美育、卫生与保健、书法、音乐、舞蹈、戏剧、摄影、绘画、文学欣赏、影视评论等知识；劳技类知识，如工农业生产的基本原理等知识。

（二）系统的学科专业知识

学科专业知识是指与教师任教学科相对应的专业理论知识。教师的劳动是一种复杂的、创造性的劳动，要成功地完成教学任务，首先要精通所教学科的知识，对所教学科的全部内容有深入透彻的了解。教学的许多工作，如选择有价值的学习活动，提供解释，提出创造性的问题，评价学生的学习等，都依赖教师对学科的理解。缺少这种学科背景，即使教了多年的书，学科专业知识也不会在教学的过程中自动地演进。反之，如果对学科有很透彻的了解，则学科专业知识会随着教学经验的发展而发展。教师只有完整、系统、扎实、精深地掌握学科专业知识，才能在科学体系中把握自己讲授的学科，在教学中通观全局地处理教材，使知识在教学中不只是以符号形式存在，还能以推理、结论方式出现；才能教给学生掌握各种知识、技能的方法，发展学生的智能，举一反三，引导学生在学科知识的海洋中畅快地遨游；才能根据不同的教育对象选择有效的教学方法，在教学中真正实现科学精神和人文精神、理论和实践、知识和人生的统一，充分发挥学科知识全面育人的价值。

（三）坚实的教育专业知识

教师专业化主要体现在对学科知识的组织、传递、评价等方面，教师要成为学生心智的研究者，不仅需要所教学科的专业知识，而且需要教育专业的知识。具体地说，教师的教育专业知识包括三个方面。

1. 一般教育学知识

美国各教师协会坚持主张：凡是要做教师的人，首先必须修完类似医师和律师所必须的（教育学）专业课程。其论据的实质是：如果公立学校教师想被人看成专门人才，就必须掌握教育学的高深知识，这样就使他们跟只受过普通教育甚至较多普通教育的外行人区别开来。21世纪的教师，应当通晓并熟练掌握教育科学理论知识，这是教师工作"双专业"特点的客观要求，是从事教育教学工作的理论依据，也是将教师的教学由经验水平提高到科学水平的重要前提。一般的教育学知识范围相当广泛，包括教育基本理论、心理学基本理论、德育学、教学论、教育史、教育社会学、教育心理学、教育管理学、教育法学、比较教育、教育改革与实验、现代教育技术知识、教育科学研究等。教师只有全面系统地掌握教育专业知识，才能确立先进的教育思想，正确选择教学内容与方法，把自己所掌握的知识和技能科学地传递给学生，促进学生的全面发展。

教育专业知识是教育实践的概括和总结。21世纪的教师不仅要善于在教育实践中学习和运用教育专业知识，还要善于将自己的教育实践，尤其是成功的教育教学改革经验，加以概括和总结，提升为揭示教育规律的新的教育理论和知识。

2. 学科教学知识

教师运用学科知识应该与其他人不同。教师不是历史学家，而是讲授历史的人，不是科学家，而是教授科学的人，教师的学科知识应该在特性上与其他不同，而非内容上。舒尔曼认为，学科教学知识是区分教师和一般知识分子的一种知识体系。他提出，学科教学知识就是把"内容"和"教学"糅合在一起，变成一种理解，使其具有"可教性"，知道在某种特定主题、问题或议题上，如何针对学生的不同兴趣与能力，把教师的学科知识进行组织、表达和调整，从而进行教学。教师所要考虑的不只是学科本身，还要把学科内容当成与学生成长有关的因素，也就是要把学科"教育学化"和"心理化"。如此，教师的学科知识就会因为教师对学生、课程、情境以及教学法的了解而得以丰富和扎实。

3.教学情境知识

专业最终是关于"实践的"。理论知识是从业资格的基础，而专业实践本身是所有知识指向的终极目的。教师的教学与科研活动具有明显的情境性的特点，优秀教师面对不确定性的教学条件能作出复杂的解释与决定，能在具体思考后再采用适合特定情境的行为。教育工作者除了要充分运用所学的知识教育学生之外，更要不断地针对教学情境中的问题，运用科学方法，探求问题的可能成因，了解问题的真相，并且进一步研究解决的办法。此外，还要配合时代的进步，不断改进教材教法，提升教育专业的品质，并主动参与教育革新工作。教师只有不断求新，求精，面对问题，解决问题，才有可能带动教育的进步，让学生在潜移默化中养成主动的研究精神，并学会搜集资料，分析问题，进而掌握解决问题的技能。

二、教师的专业技能

专业化的教师必须具备从事教育教学工作的基本技能和能力。

（一）教学技能

教学技能指教师在教学过程中运用一定的专业知识和经验顺利完成某种教学任务的活动方式。

教师基本功是教学技能的初级阶段或初级水平，一般泛指教师具有书写钢笔字、粉笔字、毛笔字（简称"三字"）和用普通话说话、讲话、朗读（简称"一话"）的本领，以及会制作教具、教学挂图，会编写教案、编排板书、画教学示意图，熟悉课程标准和教材等。

国外关于教学技能的研究盛行于20世纪60至70年代。美国的"模拟教学""微格教学"等都是强调教师教育中发展教师教学技能的产物。澳大利亚专职教师的培养方式主要为"端连法"和"平行法"，并且要求教师具有教育学士以上学历。英国的教师职前教育课程，都把培养和提高教师职业技能和教育胜任力放在首位。许多课程要求学生在修读课程期间就开始建立起个人的教师职业技能档案。

1992年9月，原国家教委师范教育司印发了《高等师范学校学生的教师职业技能训练基本要求（试行稿）》，1994年又颁布了《高等师范学校学生的教师职业技能训练大纲（试行）》，要求师范生在教育学、心理学和学校教育理论指导下，以专业知识为基础，掌握从事学科教学的基本要求，形成独立从事学科教学工作的技能。这些技能包括五个方面：

（1）教学设计技能。

（2）应用教学媒体技能。

（3）课堂教学技能。

（4）组织、指导学科课外活动的技能。

（5）教学研究技能。

（二）教学能力

教学能力是指教师达到教学目标，取得教学成效所具有的潜在的可能性。它由许多具体的因素所组成，反映出教师顺利完成教学任务的直接有效的心理特征。教学能力和教学活动密切结合在一起，并在教学活动中得以展现。这种展现是可以观察到的、外现的行为，因此对教学能力的评价需要借助于对教学行为的观察。在这里，教学行为泛指一切在教学过程中可以直接观察到的教师的行动，如教师讲话、板书、问问题、控制课堂教学秩序等行为。

美国佛罗里达州在 20 世纪 70 年代开展了一项教师能力的研究，提出教师的能力表现，其主要方面包括：①量度及评价学生行为的能力；②教学设计的能力；③教学演作的能力；④担负行政职责的能力；⑤沟通能力；⑥个人自身发展的能力；⑦使学生自我发展的能力。澳大利亚要求职校教师每年正式培训时间不得少于 20 小时，每个教师都要列出个人年度发展计划，即在专业主任的指导下，根据自身的情况和发展需要，选择由培训机构提供的菜单式培训课程。"能力为本位"的师资培训，要求教师对所教专业要与时俱进，参与相关的专业发展培训，参与网络或者社区实践，参与企业的项目改革活动，个人要通过阅读企业杂志等积极寻求发展。此外，为提高教师自身实践能力和指导实践教学的能力，了解行业发展最新动态，要求职校教师每学年最少到企业工作 2 周。澳大利亚的教师发展中心为 TAFE 学院和注册培训机构，为职校教师提供持续的专业发展项目。该中心呈现出"市场化运作、项目繁多、形式灵活、政府支持、组织保障等特点"。英国教师发展培训署（TDA）规定，每所学校每学期都必须安排 5 天固定的时间用于培训活动，即所谓的 5 天专业发展日。教师的课程进修可分为短期和长期课程，短期课程内容着重于实际问题的解决，形式灵活，由英国教育部与地方教育部门的师资培训机构和教师中心等举办。

我们认为，良好的教学能力包括如下几个方面。

1. 教学设计的能力

教学设计能力指教师在具备基本的专业知识和教学技能的基础上，能够综合运用这些知识和技能，根据课程标准的要求设计适当的年度和单元教学计划的能力。具体来说，这方面的能力有：掌握和运用课程标准的能力，掌握和运用教材的能力，搜集和运用有效课程资源的能力，制订教学计划的能力，编写教案的能力等。

2.教学实施的能力

教学实施的能力是教师在一般教学情况下有效地实施所设计的教学计划，并能根据实际情况控制教学情境的能力。教学实施的能力也是多种具体能力的综合，如选择和运用教学方法的能力，因材施教的能力，课堂教学组织的能力，运用各种教学技能、技巧的能力和教学机智等。

3.学业检查评价的能力

学业检查评价的能力是指教师在教学过程中收集资料，运用各种评价方法了解学生的学习状况，以判定教师是否完成了预定的教学目标，学生是否达到了预定的学习目标，从而根据反馈的信息来补救或改进教学工作的能力。如设定评价目标和评价标准的能力，收集评价资料的能力，选择和运用评价方法和评价工具的能力，分析或解释评价资料与结果的能力以及反馈矫正的能力等。

第四节　教师职业专业化

教师职业从经验化到专业化，历经了一个不断发展的过程。真正意义上的专业化道路，则是 20 世纪以后才开始的。到 20 世纪 60 年代中期，许多国家对教师"量"的急需逐渐被提高教师"质"的需求所代替，对教师素质的关注达到了前所未有的程度。20 世纪 80 年代以来，教师专业化成为世界性的潮流。教师不仅应当是学科的专家，而且还应是教育的专家，像医生、律师一样具有专业不可替代性。

一、专业与专业化的含义

（一）专业

1.专业的概念

专业（profession）一词最早是从拉丁语演化而来，原始的意思是公开地表达自己的观点或信仰。德语中专业一词是 bemf，其含义是指具备学术的、自由的、文明的特征的社会职业。

我国《现代汉语词典》中关于专业的解释是：①高等学校的一个系里或中等专业

学校里，根据科学分工或生产部门的分工把学业分成的门类；②产业部门中根据产品生产的不同过程而分成的各业务部门；③专门从事的某种工作或职业。

凯尔·桑德斯认为专业是指一群人在从事一种需要专门技术之职业，这种职业需要特殊的智力来培养和完成，其目的在于提供专门性的社会服务。

石村善助认为，所谓专门职业，是指通过特殊的教育或训练掌握了已经证实的认识（科学的或高深的知识），具有一定的基础理论的特殊技能，从而按照来自非特定的大多数公民自发表达出来的每个委托者的具体要求，从事具体的服务工作，借以为全社会利益效力的职业。

冬尼（R.S.Downie）认为倘若要给专业寻找定义，那么我们的目标应是对专业群体共同性的宽泛概括，而不是一套严格的充分必要条件。

2.专业的本质特征

在对专业进行语义学的解释时，社会学者则关注于对专业本质特征的揭示。

1984年美国教育协会提出了专业的八条标准，它们是：①含有基本的心智活动；②拥有一套专门化的知识体系；③需要长时间的专门训练；④需要持续的在职成长；⑤提供终身从事的职业生涯和永久的成员资格；⑥建立自身的专业标准；⑦置服务于个人利益之上；⑧拥有强大的、严密的专业团体。

1956年利伯曼（M.Liebeman）提出了专业的八条特征，它们是：①范围明确，垄断地从事社会不可缺少的工作；②运用高度的理智性技术；③需要长期的专业训练；④从业者无论个人、集体均具有广泛的自律性；⑤在专业的自律性范围内，直接负有作出判断、采取行为的责任；⑥非营利，以服务为动机；⑦形成了综合性的自治组织；⑧拥有应用方式具体化了的伦理纲领。

1984年曾荣光综合了韦伦斯基（Wilensky）和古德（Good）的研究，提出了专业的七条核心特质和十条衍生特质。专业的核心特质是：①一套有学术地位的理论系统；②一套与理论系统相适应的专业技术；③理论与技术的效能获得证实与认可；④专业知识具有不可或缺的社会功能；⑤专业人员服务具有忘我精神；⑥专业人员具备客观的服务态度；⑦专业人员的服务公正不偏。其中前四个方面属于专业知识的范畴，后三个方面属于专业服务的范畴。专业的衍生特质是：①受过长期的专业训练；②专业知识是大学中的一门学科；③形成了垄断的专业组织；④有管理控制职业群体的自主权；⑤有制裁成员权力的专业组织；⑥专业人员对当事人有极高的权威；⑦对与其合作的群体有支配权；⑧专业人员对职业投入感强；⑨有一套制度化的道德守则；⑩获得社会及当事人的责任。综合起来看，一种职业要被认可为专业，应该具备三个方面的基本特征。

（1）专门职业具有不可或缺的社会功能。职业是社会分工的产物，社会分工的发展变化决定和制约着职业的发展变化。在人类社会初期，就存在着建立在性别和年龄基础上的自然劳动分工，如男女的劳动分工、老人和儿童的分工，但那时还没有出现职业，还没有固定从事某项专门工作的人。随着人类社会的发展，一部分人开始专门从事驯服、饲养动物的畜牧工作，于是畜牧业从原始农业中分离出来，实现了人类历史上的第一次社会大分工，人类开始出现职业。以后，人类社会又实现了第二次、第三次的社会大分工，职业活动成了普遍的社会现象。

随着生产社会化程度的日益提高，分工愈益发达，职业也越来越多。任何职业都具有一定的社会功能，即有社会存在的价值，对社会发展具有推动作用，包括在日常生活中对于国家和人民的共同福利所担负的责任，对于发展社会政治、经济、科学、文化事业的意义。每一种职业的社会功能是不同的，一般来说，专门职业对社会具有重要作用，其作用的重要性表现在它具有不可或缺的社会功能，即它不但对社会有作用和贡献，而且其作用和贡献"更是整体社会继续存在发展所不可缺少的，倘若专业服务不足或水准低落，则会对社会构成严重的伤害"。

专业的社会功能属性，决定了其从业人员须具备较高的专业道德规范和专业素养，以更好地履行专业职责，承担社会责任，促进专业社会功能的实现。

（2）专门职业具有完善的专业理论和成熟的专业技能。专业理论和专业技能是一种职业能够被认可为专业的理论依据和技能保障。作为一门专业，必须建构起自己相对完整的理论体系，为具体的专业活动提供思想指导，从理论上指明专业发展的方向，确定专业知识的框架，明确专业活动的对象和范围，掌握从事专业工作所需要的专业知识。

专门职业对专业知识和技能的要求决定了从业人员只有经过长期的专业训练，才能掌握其工作方法和实践能力，胜任专业工作。正如有学者指出：首先，由于专业知识包括理论系统与实践原则，所以专业的训练较其他职业需要更长时间的理论学习及在职实习，亦因此专业的职业社会化较完整和深入；其次，由于专业知识享有一定的学术地位，故多能成为现代大学内的一门独立学科；再次，由于专业知识是包括复杂的理论系统及实践原则，加上专业内自备一套特有的词汇、传播方式与操作程序，因此专业知识自成一个封闭系统，而形成所谓的"围内的知识"，而且"围内的知识"的形象更能为社会大众所接纳，即一般人均相信专业知识非他们所能理解、掌握并接受，只有受过专业训练者才有能力，甚至才获准运用这些知识，否则便可能对整个社会构成伤害。

（3）专门职业具有高度的专业自主权和权威性的专业组织。高度的专业自主权和权威性的专业组织是专业实践和发展的内在要求。由于专业活动所依赖的专业知识是"围内的知识"，是一套"高深的学术"，它只能为专业人员所掌握，并为专业人员所垄断。因此，只有业内人员才有能力对业内的事务作出判断，控制业内的裁决权，如审核执业者的资格与能力，判断执业者的专业水平与品行等。为了独揽业内的裁决权，专业内必须形成一个对从业人员具有制裁权力的专业组织。所有公认的专业一般都有一个强大的专业组织，专业组织往往扮演了三重角色：保证专业权限，保证水准，提升专业地位。

（二）专业化

专业化是一个社会学概念，其含义是指一个普通的职业群体在一定时期内，逐渐符合标准，成为专门职业并获得相应的专业地位的过程。

自从人类社会出现了各种职业后，各职业之间的高低及贵贱之别就成为人类社会中的普遍现象。到 17 世纪，在欧洲部分职业群体更从众多职业中分化出来，被社会认可为"专业"。由于那些被社会认可为专业的职业群体，一方面对社会有不可或缺的作用，社会赋予从业人员极大的责任，并提出了很高要求；另一方面，从业人员在掌握专业知识和技能、履行社会职责过程中要花费更多的社会必要劳动时间。因此，专业群体拥有更多的社会地位和资源，如权力、工资、晋升机会、发展前途、工作条件、职业声望等。所以，对于一些新兴职业来说，其专业化的过程就是提升职业群体社会地位的过程。

霍尔提出了专业化过程的 14 个特点：清楚地定义专业的功能；掌握理论知识；解决问题的能力；实际知识的运用；为维护前途而进行超越专业的自我提高；在基本知识和技术方面的正规教育；对能胜任实践工作的人授予证书或其他称号；专业亚文化群的创建；用法律手段强化专业特权；公众承认的独特作用；处理道德问题的道德实践和程序；对不符合标准的行为的惩处；与其他职业的关系；对用户的服务关系。

二、教师专业化

（一）教师专业化的含义

教师专业化是职业专业化的一种类型，是指教师"个人成为教学专业的成员，并且在教学中具有越来越成熟的作用这样一个转变过程"。教师专业化是一个多主体共同努力的过程。教师专业化进程必须放在整个社会背景中考虑，使之成为整个社会的职责，以合作的方式，争取社会各界的支持，因为教育事业是关系到整个社会的事业，教师专业化的结果也必须获得社会的认可才能成功。

教师专业化是一个内涵不断丰富的过程。霍利（Holye）曾明确地把教师专业化界定为两方面的内容：一是关注一门职业成为专门职业并获得相应的专业地位的过程；二是关注教学的品质、职业内部的合作方式，教学人员如何将其知识技能和工作职责结合起来，整合到同事关系以及与其服务对象的契约和伦理关系所形成的情境中。当前，教师专业化的内涵越来越广泛：第一，教师专业既包括学科专业性，也包括教育专业性，国家对教师任职既有规定的学历标准，也有必要的教育知识、教育能力和职业道德的要求；第二，国家有教师教育的专门机构、专门教育内容和措施；第三，国家有对教师资格和教师教育机构的认定制度和管理制度；第四，教师专业发展是一个持续不断的过程，教师专业化也是一个发展的概念，既是一种状态，又是一个不断深化的过程。

教师职业有自己的理想追求，有自身的理论武装，有自觉的职业规范和高度成熟的技能技巧，具有不可替代的独立特征。教师不仅是知识的传递者，而且是道德的引导者，思想的启迪者，心灵世界的开拓者，情感、意志、信念的塑造者；教师不仅需要知道传授什么知识，而且需要知道怎样传授知识，知道针对不同的学生采取不同的教学策略。

教师职业的专门化既是一种认识，更是一个奋斗过程，既是一种职业资格的认定，更是一个终身学习、不断更新的自觉追求。

（二）我国教师专业化概述

我国的教师职业形成于何时？它的发展经过了怎样的过程？最初的教师职业具有怎样的特点？这些问题不仅是教师教育发展史的重要问题，而且对我们把握当今教师职业的性质，建构教师教育制度，进而把握教师职业发展的历史命运都具有重要的意义。下面对我国教师专业化的发展作一概述。

1.古代教师的专业化

夏代以后，我国进入阶级社会。统治阶级为了培养本阶级的力量，需要进行专门的教育，教育开始成为独立的社会活动。学校教育则成为这种社会活动的主要形式。学校的教学人员由官吏担任，"以吏为师"，官即师，师即官，官师合一。但他们因还未真正依靠教师职业的来源来安排自己的生活，所以还不是真正意义上的教师。

春秋战国时期，"学在官府"的官学随着封建王朝的盛衰而涨落。在这一时期，私学也开始在民间兴起，形成官学、私学并行的两条办学道路，从教者也表现出两种不同的职业特征。

（1）官学教师。春秋战国时期，开始出现官办教育的宫室养士制度，孕育着封建官学的胚胎。战国时期的稷下学宫，是国家养士的著名代表。汉承秦制，大大发展官学，官学教师仍然需要兼及政治，属于非专职的教学人员。唐代的中央官学和地方学校，教师的等级更加明显，根据等级享受不同的待遇和俸禄，并获得不同的官阶。如教师等级分为博士、助教、直讲、典学等，教师学科也划分详细，如医药博士、算学博士、宫教博士等。明代官学发达，从业人员众多，据明初统计，当时全国共有教官 4200 余人，教育发达时达 5200 余人，反映了当时学校教育事业的发达和从教人员的众多。清沿明制，官学教师埋首经书，致力科举，教师队伍难以在独立的人格、职业素养上有所作为。

纵观封建社会的官学传统和官学教师状况，不难看出，官师是作为统治阶级的一员或是在统治阶级的高压下进行教学活动的，具有学校教师和政府官员的双重身份，尤其是政府官员的身份，决定了他们的思想、教学原则、教育目的等，都是为统治阶级的利益服务的。例如，教职的高低以其在政府所任职务高低为标准，学校不同，教师待遇等级也不同，这些决定了官学教师不会也不可能承担起现代意义上教师的责任。从这一意义上说，官学教师虽然已构成职业的要素，但其专业化并未完成。相比而言，与官学相互依存的私学的教师则具备了现代意义上的教师专业化的某些特征，含有一定的职业成分。

（2）私学教师。私学是与官学相对而言的，发端于春秋战国，兴盛于汉唐，沿袭到清末，其间时有涨落。春秋战国时最大私学为儒墨两家，而尤以儒家为代表。儒家私学以孔子为盛，孔子本人也是我国最早的职业教师之一。

私学第二次兴盛是在唐宋，形成私学和官学相互补充相互发展的局面。直至清代，私塾的种类已非常繁多，塾师受到社会的普遍尊重，队伍规模较之以前有所扩大。

历代塾师都有鲜明的政治观点和独立的人格，注意教学方法和教学内容的选择。塾师主要以收徒讲学为业，其生活来源主要靠学生的学费和束脩，经济收入不稳定。明清以后，学生的学费也有采用赘敬金或轮饭的方法替代。因此，具有一定名望的塾师，收徒多，学费多，经济地位较高，有些则收入微薄，生活清苦，经济地位不高。在教师职业的发展中，塾师起着重要作用，他们中的一些人因学识渊博、品行高尚、治学严谨，受到人们的尊敬，成为后来教师职业发展的重要基础。

（3）书院。书院是我国教育史上的重要形式，有官办、私办、私办公助等多种形式。书院的讲学者是我国教师职业发展中的一种特殊形式，在历史上有一定的地位和作用。宋时书院得到了极大发展，成为私学的主要形式，也是对官学的重要补充。著名的白鹿洞书院是与儒学大师朱熹的名字连在一起的，他不仅直接参与书院的选址建造，执掌学务，还亲自制定了《白鹿洞书院揭示》。这是我国书院发展史上的第一个纲领性学规，不仅对于当时和以后的书院教育，而且对官学教育都产生了重大影响，形成了系统的书院办学理论体系，使书院教育走上了正规化的发展道路，书院的教师专业化程度也不断得到提高。

明时书院由于受政治影响，其发展经历了沉寂、兴旺、禁毁的曲折过程。明时书院中名声大、影响广者莫过于东林书院。由于书院经常抨击时弊，关注社会，影响很大，因而遭到当权者的嫉恨。在明朝，曾经四次禁毁书院，以书院为依附的讲学之人也多有牵连。由于受政治的影响太大，从教者的职业稳定性大大降低，专业化道路举步维艰。

清时书院也经历了禁止、复苏、发展几个阶段。在统治者的高压政策下，书院官学化的倾向非常明显，不仅经费来源于官方，而且书院教师的选聘也由官方控制，教学内容围绕科举考试，有的直接沦为科举考试的准备场所，教师根本不能发挥专业的作用。鸦片战争以后，列强用大炮和军舰打开了中国的大门，也开始了对中国的文化侵略。作为私学的重要形式的书院，在阵痛中经历了血与火的洗礼，书院的教师在民族的觉醒中开始了新生。

2. 近代教师的专业化

近代意义上的教师专业化时段主要是指从清末引进现代学制后至中华人民共和国成立前这一历史时期。

（1）清末教师的专业化。清末教师的专业化主要体现在教师培养机构——师范学校的兴起。1896年，盛宣怀在上海创办南洋公学，设师范院，以培养上中两院的教员，揭开了中国近代师范教育和职业化培养师资的序幕。1902年，著名实业家张謇在南通创办通州师范学校，这是我国第一所私立的师范学校。

清政府分别在1902年推出"壬寅学制"和1904年推出"癸卯学制"，设立了专门的师范系统，第一次以国家学制的形式确定了师范教育在学制系统中的地位。"癸卯学制"建立了体系独立、层次分明、类别多样的师范教育系统，有力地推动了中国师范教育的实践。

在教育行政上，清政府也建立了专门机构管理师范教育。1905年科举废除后，清政府在中央政府中设立了学部，于普通司中设师范教育科，管理全国的师范教育。师范教育行政机构的设立，加速了师范教育的发展。

由于师资的极度匮乏，中小学教师培养是以速成为主体进行的，满足了新式学堂迅速发展的需要，但速成也造成了师范教育质量的低下，影响了教师专业化进程，进而影响了新式教育的发展，并影响到教师社会地位的提高。

（2）民国时期的教师专业化。1912年，实行"壬子学制"，师范教育仍在学制中成独立体系。与清朝相比，这一时期的师范学校规模比较完备，计划比较周全。师范教育的建设走上了新台阶。1912年颁布的《师范教育令》和《师范学校规程》《高等师范学校规程》等法令成为这一时期师范教育的准则，对师范教育的规范和推动起了积极的作用。在1922年新学制公布前，师范学校发展到275所，学生有38 277人，其中女生6724人，从当时中国整个教育状况看，这一数字已是十分可观的了。从当时的师范教育和教师队伍状况看，这一时期的教师专业化程度又向前迈进了一步，尤其在对教育培养的要旨上，已经基本摒弃了清末时的封建因素和庸俗思想，具有资产阶级民主思想的成分。

1922年，"壬戌学制"颁行，这是一个深受杜威教育思想影响的美国化的学制。壬戌学制，注重设立大规模的综合性中学，师范成为中学的一科，各地独立设置的师范学校又大部分归于中学，无形中失去了独立性，师范教育体系有所削弱。高等师范教育方面，最引人注目的是高等师范学校的升格和与普通大学的合并，如北京高等师范学校1923年改为北京师范大学，南京高等师范学校1922年并入东南大学等。

南京国民政府时期，师范教育有所恢复。在中等师范教育方面，中央制定了完备的制度，各地开始恢复设置师范学校，而且为了发展义务教育，各省开始设立独立的师范学校或师范讲习所，专门训练小学教师。随后公布的《确定教育目标与改革教育制度案》规定，师范教育应独立设置，应当在全国设立2～3所师范大学，综合大学的教育学院或教育系科并入师范大学，师范教育系分简易师范学校、师范学校、师范大学三种，由政府办理，私人不能办理，已立案的私立师范学校不得再招生，毕业生由政府分配到学校。1923年，国民政府又规定，在大学设师资训练班，合格者发给教员证明。这些规定使师范教育开始呈现出定向式和非定向式培养相结合的模式。

抗战时期，为了解决师资短缺的矛盾，逐步恢复了中等师范学校的独立设置，师范教育得到了一定程度的发展。高等师范教育也得到了发展，师范学院制度开始建立，或独立设置，或设立于综合大学内，以培养中等师范师资和中学师资。到抗战结束时，师范学院增加到11所，其中独立设置的有6所，附设于大学的5所。中华人民共和国成立前夕，独立和附设于大学的两种师范学院一直并存。师范大学和师范学院共 15 所，其中附设的 4 所，独立设置的 11 所。另外，开设教育系的公私立大学 24 所。这种状况一直延续到国民党政权被推翻。

与国民党统治区并存的根据地师范教育则是另外一幅景象。红色政权成立后，师范教育成为根据地教育发展的基础。当时师范教育的任务是提高根据地人民的识字水平和理解政策水平。这一时期的师范教育由高级师范学校、初级师范学校、短期师范学校等组成，主要培养不同层次的教师；陕甘宁边区时期的师范教育同样是为了适应抗战的需要，以培养小学师资为主要任务，学校发展很快，形成了一定规模。

3. 现代教师的专业化

中华人民共和国成立后，建立起了独立成系统的师范教育体系，结束了师范院校要不要独立设置的公开争论和废存不定的动荡局面。经过 30 多年的发展，我国师范教育取得了长足的发展，教师专业化建设也取得了很大的成绩。据 1981 年统计，全国全日制高等师范院校 189 所，占全国高等院校的 26.4%；中等师范学校 962 所。同时，为了提高在职教师的文化水平，各地还相应建立了具有高等师范性质的教育学院、教师进修学院、函授大学以及具有中等师范性质的教师进修学校等，师范教育已经有了一定的规模。但是，这一时期的教师专业化是远远不够的，普通教育中的师资还有相当多的没有达到合格的标准。据 1981 年统计，高中教师中 64% 没有达到大学本科的水平，初中教师 85% 没有达到专科的学历要求。在课程的设置、培养的对象、招生制度等方面都出现了不适应的地方。纵观这一时期的师范教育，教师专业化的建设还存在许多不足，表现为：一是教师职业社会地位不高，待遇偏低，有"进不来，用不上，留不住"之说；二是师范生就业实行定向分配的办法，国家通过政策规定、思想政治教育等方式鼓励毕业生从事教育工作，并不得改行，这样就没有也不可能形成良性的教师队伍的双向流动；三是专业训练脱离中小学实际，教育理论枯燥乏味；等等。这些问题的存在，迫使教育界思考如何加以改进，推动师范教育的发展和教师专业化的建设。

改革开放以后，我国的有关法律、法规和政策为推进教师专业化提供了基本的制度保证。

1985 年，第六届全国人民代表大会通过议案，将每年的 9 月 10 日定为教师节，这是教育界和社会各界对教师专业化认同的重要措施，提高了教师的政治地位、社会地位和职业地位。

1994 年我国开始实施的《教师法》规定，"教师是履行教育教学职责的专业人员"，第一次从法律角度确认了教师的专业地位。1995 年国务院颁布《教师资格条例》，2000 年教育部颁布《教师资格条例实施办法》，教师资格制度在全国开始全面实施。2000 年，我国出版的第一部对职业进行科学分类的权威性文件《中华人民共和国职业分类大典》，首次将我国职业归并为八大类，教师属于"专业技术人员"一类。教育行政部门对教师专业化的建设进行了积极的推动，无论是在加强师范教育课程改革、教师培训、师范教育体制等方面都作了不懈的努力。尤其在继续教育上，先后推出了继续教育体制建设、学历达标、园丁工程等多项措施，以解决在专业化建设方面存在的学历不合格、专业性不够强、教师整体素质不高等问题。同时针对社会上对教师专业存在的认识误区，如认为教师职业有一定的替代性，或者只能处于一个准专业的水平，只要有一定的学科知识就能当教师等，进行了一定的宣传，客观上起到了一定作用。

（三）国际教师专业化概述

随着世界范围内经济竞争和科技竞争的加剧，各国把教育摆到了社会发展的战略位置，美国政府在日本和德国经济腾飞的压力下，重新审视本国的教育状况，提出国家处于危急中，教育改革势在必行。在世界范围的教育改革浪潮中，人们越来越认识到，教育改革的成败在教师，只有教师专业水平的不断提高才能造就高质量的教育水平。因此，20 世纪 80 年代后，人们对过去忽视教师专业发展和教学技能提高的做法给予了强烈的批评，教师专业化目标的重心开始转向教师的专业发展。

如果从现代教学形式——班级授课制的建立、教师开始成为一种专门职业算起，世界教师专业发展已经走过了 300 多年的历史，特别是第二次世界大战以后，教师专业化作为世界教师教育的重要发展方向，极大地推动了许多国家教师教育新理念和新制度的建立，成为促进教师教育发展和提高教师社会地位的成功策略。

1681 年拉萨尔在法国创立的世界上第一所师资培训学校，标志着师范教育的诞生。但在早期的师资培训机构，培训以"学徒制"为主，教师的培训仅被视为一种职业训练而非专业训练。18 世纪中下叶，随着普及初等义务教育逐步在一些国家实施，现代教学方法渐成体系，教育理论有了长足的进步，师范教育理论已见轮廓，为教师从事职业训练提供了理论上和实践上的依据，教学开始作为一门专业从其他专业中分化出来，形成自己独立的特征。欧美各国相继出现了师范学校并颁布了师范教育的法规，包括中等师范学校的设置、师资的训练、教师的选定、教师资格证书的规定以及教师的地位、工资福利待遇等。师范教育开始出现系统化、制度化的特征。师范教育机构在对教师进行文化知识教育的同时，开始注重教师教学方法的培训，开设教育学、心理学课程，对教师进行专门的教育训练。

20世纪以后，世界上发达国家和地区的教师教育，先后经历了从中等教育水平的师范学校教育到高等教育程度的师范学院教育，从师范学院的独立培养到综合大学的本科教育加大学后专门的教育课程训练的转变，并逐步形成了教育学士、教育硕士、教育博士的教师教育体制。这一转变的实质，既是教师教育的质量升级，也是教师专业水平的规格提升。

20世纪60年代中期以后，随着出生率下降而对教师需求量的降低，由于经济原因，教师培养机构成为政府削减公共开支的对象，以及公众对教育质量的不满引发对教师教育的批评，提高教师"质"的要求取代了对"量"的急需，对教师素质的关注达到了空前的程度。

1966年联合国教科文组织和国际劳工组织提出《关于教师地位的建议》，首次以官方文件形式对教师专业化作出了明确说明，提出"应把教育工作视为专门的职业，这种职业要求教师经过严格地、持续地学习，获得并保持专门的知识和特别的技术"。

1986年，美国的卡内基工作小组、霍姆斯小组相继发表《国家为培养21世纪教师做准备》和《明天的教师》两个重要报告，同时提出以教师的专业性作为教师教育改革和教师职业发展的目标。报告倡导大幅度改善教师的待遇，建议教师培养从本科阶段过渡到研究生教育阶段。这两个报告对美国教师教育的发展产生了深远的影响。

1989～1992年，经济合作与发展组织（OECD）相继发表了一系列有关教师及教师专业化改革的研究报告，如《教师培训》《学校质量》《今日之教师》《教师质量》等。1996年，联合国教科文组织召开的第45届国际教育大会提出，"在提高教师地位的整体政策中，专业化是最有前途的中长期策略"。

日本早在1971年就在中央教育审议会通过的《关于今后学校教育的综合扩充与调整的基本措施》中指出，"教师职业本来就需要极高的专门性"，强调应当确认、加强教师的专业化。在英国，随着教师聘任制和教师证书制度的实施，教师专业化进程不断加快，20世纪80年代末建立了旨在促进教师专业化的校本培训模式，1998年教育与就业部颁布了新的教师教育专业性认可标准《职前教师教育课程要求》。我国的香港和台湾分别从20世纪80年代后期开始加大教师专业化教育制度的改革，教师专业化的观念成为社会的共识。

近年来，随着信息技术的高速度发展，经济全球化的进程日益加快，社会对教师工作质量和效益的要求空前提高。在这一背景之下，进行以教师专业化为核心的教师教育的改革，已成为世界教育与社会发展的共同特征。

1.美国教师专业化

美国的教师教育体系经过100多年的发展，逐步经历了一个从无到有、从低层次到高层次的发展过程。它的机构经历了从中等师范学校提高到独立的高等师范学院，又从独立的师范学院发展为综合大学的一个组成部分的演变过程。

20世纪70年代中期，美国开始提出教师专业化的口号。1986年，霍姆斯小组在《明天的教师》报告中将教师从行业转换成专业作为自己的目标；同年，卡内基教育促进会发表了《国家为培养21世纪教师做准备》的报告。两份重要的报告都以教师的专业性作为教师教育改革和教师职业发展的目标，提出确立教师的专业地位，培养教师达到专业化的标准，进而提高教师教育质量。这两个报告对美国教师教育的发展产生了深远的影响。

美国有相对完善的教师培养课程结构，文理基础、学科专业与教育专业相结合。师资培养课程在本科阶段为四年，不过最近本科开设五年制课程和一般专业结业后再学一年师资培养课程专业的大学增多，也有一些以确定教职为专门职业的地位而在研究生院进行师资培养。四年制师资培养的教育课程，前两年主要是一般教育，后两年为专业教育和教职教育。在教职教育中，一般要修完教育学科方面的科目，教育实习则是各州规定的取得教师资格的必要条件，但实习时间和标准在各州不一样。

为保证教师教育质量，美国有专门对教师培养机构和培养质量评估的委员会。1954年美国建立了全国师范教育认可委员会（National Councilfor Accreditation of Teacher Education，简称NCATE）。该委员会的宗旨是：确保被认可的学院的教师培养计划达到全国要求的质量标准；确保美国拥有经过良好的训练的教师，对青少年进行教育；改进师范教育课程的教育计划，提高教育的专业水平；为各州之间的互换聘任教师提供必要的依据等。

20世纪50年代起，教师进修开始受到重视。1965年的《高等教育法》明确各地应加强教师进修。20世纪80年代以后，在职进修成为各地提高教育质量的关键措施之一。美国中央政府不直接负责教师的在职进修，进修主要由各州教育委员会和地方学区学校委员会负责。为鼓励教师继续教育，美国的政府部门和一些基金会设有专门的进修奖助金，供愿意进修者申请。美国的在职进修方法多样，各地的做法也多有不同，一般有攻读课程、学位、暑期学校、师资培训日、讲习班、研讨会等多种形式。有些州规定，在职进修的费用由州政府承担，并可获得加薪。还有些州规定，在职进修是教师资格延续的必要条件。这些规定，保证和推动了教师的在职进修。

美国对教师培养采取弹性的开放制度。经过认可的学校可以培养不同层次的教师，颁布相应的教师资格证书。经过全国师范教育委员会认可的学校可颁发全国认可的教师资格证书。学校聘任教师，必须聘任持有有效证书的教师，而应聘的教师必须持有效证书才能任教。这就是美国的教师资格证书制度。教师资格证书是聘任和应聘教师的合法依据，它使教师职业和医生、律师等一样成为一个经过专门训练才能获得的专业性岗位。

教师资格证书设有有效期的规定，一般分为短期证书、专业证书、长期（终身）证书，不同期限的证书反映了证书等级的区别。除此以外，还有为特殊情况下的短缺科目教师、临时代课教师设置的证书。

2. 英国教师专业化

20 世纪，英国开始确立系统的师范教育体系，由大学培养中学师资。1975 年英国对师范教育进行改革，使师范教育的水平和层次向综合大学发展，形成了综合大学、多科技术学院、师范学院多种高教机构共同培养中小学教师的现行师范教育体制，为教师的专业化建设奠定了基础。

英国的师资培养课程大致分两类：一是四年制师资培养课程，有教职教育、教育实习和学科的专业教育；二是一年制的教职专门课程，是接受各种专业的第一学位（相当于学士，一般是三年制课程）取得者，并进行教职教育和教育实习。教育实习方面，除了担任教学任务以外，还要实地观摩两所以上的学校教学。20 世纪 80 年代以后，英国对师资培养课程进行改革，提高了报考师资培养课程的入学条件，延长教育实习的时间，增加实习的内容等。其后，在师资培养课程的多样化方面，开始在初等、中等学校开设实验性师资培养课程，进一步提高了教师培养的水平。

英国真正系统地开展教师进修和继续教育工作是在第二次世界大战后，进修形式多样，有学历进修，也有专业提高性的研讨、讲座等。提供进修的机构有教师中心、师范学院、综合大学等机构。与此同时，政府制定了一系列措施鼓励教师进修，包括每五年可脱产带薪进修一学期，进修时间安排在非教学时间内，将在职进修与晋级、加薪结合起来等。这些措施，提高了教师进修的积极性，推动了教师进修的进行。

为了从制度上确保教师的质量，英国确立了教师的资格证书制度。只有符合教育行政部门所定标准的合格教师，取得资格证书，才能在公立学校任教。要到学校任教，还要通过英语和数学的考试，获得证明，经过一年的试用，考核合格，才能被学校正式聘任。经过以上两个阶段，才能成为一名合格教师。

3.法国教师专业化

1795年巴黎师范学校建立，主要任务是"培养未来小学教师的教师"，这是法国师范教育之始。大革命以后，师范教育制度开始逐步形成。19世纪末，各级各类师范学校统一为公立学校，由国家提供办学经费。目前，法国的教师培养系统是初级师范学校、中学师资预备学校、地区教育中心、大学、高等师范学校。

为了提高教师的培养层次，改善师范教育的处境，法国对师范教育的培养体制和培养水平进行了多次改革：一是提高各级师范学校的培养规格，使初等学校教师至少具有大学普通教育程度，中等教育教师至少具有大学学士水平，高师毕业获得"高级教师"资格者则与大学第三阶段博士相等。二是发挥综合大学在培养师资中的作用。表现在大学不仅承担知识和理论的教学，同时要负责教育职业能力的培养，大学的教学与实际的训练相结合；学区和师范学校负责培养教师的委员会均有大学参加，参与培训计划的制订和实施。三是大力加强教师的职后培养。法国教师的职后培养分省、学区、国家三级组织进行。除此之外，还有暑期大学这种教师互教互学的形式。培养分两类：一类是两年的长期培训，针对学历未达到普通大学教育者；另一类是教育理论和各科教学法的短期培训。为了推动教师参加培训，政府制定了各种政策，规定通过中等教育教学能力证书考试的实习教师，在地区教育中心实习一年，允许教师代课等。

法国教师均为公务员，职业比较稳定，收入也相对较高。为了进一步提高教师的社会地位，20世纪80年代后政府通过拨款增加教师的工资，使原先初等和中等教育教师中几类地位较低者的情况有了较大改善，90年代初又全面提高中小学教师的工资，把他们计算工资的指数平均每年增加5～8个百分点，同时缩短教师工资晋级的时间，增设特级工资，增加教师工资外的津贴与补贴，如方向指导津贴、代课费。

实施教师许可证制度。法国实施教师资格证书制度是与学校的公立性和教师的公务员身份联系在一起的。现在所有的教师必须具有大学文凭，小学教师必须取得"初等教师资格证书"，中学教师必须经过国家会考合格或取得"中等教师资格证书"。会考教师是中学正式教师中最高职称的教师，具有硕士学位，并且通过中学高级教师职位考试。

4.德国教师专业化

1990年两德统一后，在对原东德的师资培养情况进行调整的同时，继续进行教师专业化的建设。

（1）教师培养。德国的初等、中等学校师资是在大学培养的，经过大学毕业（第一次国家考试合格）担任教职试用合格和第二次国家考试合格就可以取得教师资格证书。第一次国家考试合格者要作为实习教师接受教职准备教育，然后参加第二次国家考试，合格者可作为候补教师被任用，经过候补试用期后，才能获得正式教师资格。

（2）课程设置。由教育科学、专业学科、教育实习三个领域组成；教育科学和专业学科领域由各州教育部长会议制定最低修业标准。基础学校教师和高级中学教师的课程设置标准不同，内容也不一样。

（3）在职进修。德国的教师在职进修分不同层次进行。有全州性的，也有地区性的，主要以州立教师培养机构以及地方学务官署为主进行。由于德国的教师属于公务员性质，某种程度上教师的进修是应尽的义务。进修的形式也多种多样，如进修提高、留职带薪深造、函授、讲座等。政府为教师的进修提供了各种便利条件，并通过规定使之成为一种强制性学习。进修的内容有较强的针对性，以帮助教师不断提高自己。

（4）提高教师经济地位和社会地位。德国教师属公务员性质，享有较高的社会地位。政府给予教师较高的经济待遇。教师的收入由工资、地区补贴、婚姻子女补贴、职务补贴等部分构成。教师退休后，可领取相当于工资总额75%的退休金。教师在工作中，只要称职，均可获得工资晋升。这些措施，使教师在德国成为一个令人羡慕的职业。

（5）教师资格证书制度。德国实行教师资格证书制度，只有取得证书，才能被学校聘任和应聘学校。德国的教师资格证书，由各州对符合条件的教师进行颁发。教师资格证书分学校种类和教育阶段两种形式：按学校种类，有基础学校教师证书、实科学校教师证书、高级中学教师证书；按不同教育阶段，有初等阶段教师证书、前期中等阶段教师证书、后期中等阶段教师证书等。

5.日本教师专业化

明治维新以后，日本走上了发展资本主义的道路，教育作为强国的主要保证得到了较大发展，其教师队伍也走过了一条系统、专业化发展的道路，形成了由高等学校培养教师、授予教师资格证书、通过国家教师任用考试、加强在职进修、不断提高教师职业地位的教师专业化建设制度。

（1）师资培养体制。二战以后，日本把封闭式的师范教育体制改为开放型教师培养教育制度。从幼儿园到大学的师资全部由大学培养。为了保证义务教育阶段的师资，规定在各县的国立大学内设置教育学部或单独设立教育大学，同时对战前的师范学校进行升格和合并，改为新的学制下的学艺大学、综合大学的学艺学部或教育学部，形成学艺大学、学艺学部或教育学部、国立大学、公立大学、私立大学共同培养教师的结构。这种开放式的教师培养政策，保证了中小学合格师资的来源，也使日本战后的普及九年义务教育得以顺利进行。

为了适应教育发展的要求，1978 年日本新建立了兵库教育大学、上越教育大学和鸣门教育大学，加上先前设立的北海道教育大学、爱知教育大学等共有十几所国立教育大学，还设有指定的教师培养教育机关，《教育职业许可证》认定的讲座，《教育职员许可法》认定的函授、取得学分考试和教师资格认定考试等。这种教育大学的设立，为日本提高师资质量、层次创造了有利条件。

（2）实行教师许可证制度。日本教师许可证按照学校的种类分为小学教师证书、初中教师证书、高中教师证书以及特殊学校教师证书等。1989 年新修订的《教育职员许可法》对各种教师的许可证必要条件、每一学科必修的科目和学分数作了明确规定，新增硕士课程毕业的教师许可证，称为"专修许可证"，还设立了相当于四年制大学毕业程度的"一种许可证"和相当于短期大学毕业程度的"二种许可证"。这样，就形成了一种、二种和专修许可证三种类型的许可证制度。

（3）制定严格规范的教师任用制度。公立学校任用教师主要由各都、道、府、县教育委员会负责选考和聘用。即在大学修完规定学分者，可以向都、道、府、县教育委员会提出申请，由教育委员会发给教师许可证。新任教师还要接受为期一年的进修，合格者才能成为正式教师。严格的甄选制度使各级学校有条件选拔更符合要求的教师，而严谨的教师进入程度，保证了教师来源的高质量。

（4）教师进修制度。日本的国立、公立、私立大学承担各级教育行政部门委托的进修任务。《教育公务员特例法》《教育职业许可法》等法令，对完善教师进修制度、推动教师进修的积极性起到了很好的作用。

为了鼓励教师进修，日本制定了积极有效的政策，拨给专门经费，建立专门的教师进修机构，规定定期进修，在职进修可以提高学历或取得学位，获得加薪晋级，倡导终身学习的专业意识。这些措施，使教师能根据时代发展不断更新自己的知识结构，适应教育发展对师资的需要。

改善教师经济待遇，提高教师的社会地位和职业声望。政府特别制定了《人才保证法》，从 1974 年起，先后多次提高教师的工资待遇，使教师工资比同一时间进入公司的员工的工资高出 10% ~ 20%，从而吸引了大批优秀青年加入教师队伍，大大提高了教师的质量，也使教师成为令人羡慕的职业。

三、教师的专业情意

教师的专业情意一般包括专业理想、专业情操、专业性向、专业自我等方面。

（一）专业理想

教师的专业理想是教师对成为一个成熟的教育教学专业工作者的向往与追求，它为教师提供了奋斗的目标，是推动教师专业发展的巨大动力。具有专业理想的教师对教学工作会产生强烈的认同感和投入感，愿意终身献身于教育事业。具有专业理想的教师对教学工作抱有强烈的责任感，他们致力于改善教育素质以满足社会对教育专业的期望，努力提高专业技能和专业服务水准，努力维护专业的荣誉、团体、形象等。

（二）专业情操

教师的专业情操是教师对教育教学工作带有理智性的价值评价的情感体验，它是构成教师价值观的基础，是构成优秀教师个性的重要因素。教师的专业情操包括：理智的情操，即由于对教育功能和作用的深刻认识而产生的责任感和自豪感；道德的情操，即由于对教师职业道德规范的认同而产生的责任感和义务感。

（三）专业性向

教学工作的专业性向是指教师成功从事教学工作所应具有的人格特征，或者说适合教学工作的个性倾向。霍兰德（Holland）认为社会上有成千上万种职业，也有成千上万个劳动者。一方面，劳动者的个性千差万别，其能力、兴趣亦有限；另一方面，各种职业由于其劳动或服务对象、所用的工具、劳动的支出形式及人际关系环境的特殊性，对从业者的个性素质也有特定的要求。因此，他根据个性心理素质与择业倾向把劳动者划分为六种类型：①实际型；②学者型；③艺术型；④社会型；⑤事业型；⑥常规型。根据职业本身的内容与对劳动者素质的要求把职业也划分为六种类型：①实际型；②调研型；③艺术型；④社会型；⑤企业型；⑥常规型。某一类型的劳动者只有从事类型相同的职业，才能发挥特长，做出成绩。霍兰德认为，社会型劳动者喜欢从事为人服务和教育他人的工作，其个性适合做教师，因为他们热情慷慨，善于交际，关心他人，人际关系融洽。他们总在寻求与群众接触的机会，渴望发挥自己的社会作用。他们给人的印象是，向上的、乐于助人的、有责任心的、合作的、理想主义的、合群的、耐心的、友好的、仁慈的、善解人意的、慷慨的、有说服力的和温暖的。

在上述三个方面中，树立崇高的专业理想，养成高尚的专业情操是教师专业情意发展的主要内容，教师的专业性向由于在很大程度上是属于"先存的教师特性"，不易受后天发展的影响，即使改变也是一个长期的过程。

（四）专业自我

与传统上强调教师的知识和能力倾向相反，在教师专业素质的情意领域，人们越来越重视教师的自我意识和自我价值。库姆斯（Combs）在20世纪60年代出版的《教师的专业教育》一书中提出，一个好的教师首先是一个有独特人格的人，是一个知道运用"自我"作为有效的工具进行教学的人。高"自我"的教师，倾向于以积极的方式看待自己，能够准确地、现实地领悟他们自己和所处的世界，对他人有深切的认同感，具有自我满足感、自我信赖感、自我价值感。

对教学工作来说，教师的专业自我是教师个体对自我从事教学工作的感受、接纳和肯定的心理倾向，这种倾向将显著地影响到教师的教学行为和教学工作效果。从这个意义上说，教师专业发展的过程也是教师专业自我形成的过程。

第六章　教师专业发展的阶段及策略

第一节　教师专业发展的阶段

一、预备阶段

这一阶段是教师任教前的准备期，是一个人在师范院校的初始培养时期。本阶段虽然是预备教师的受教育阶段，但是教师专业发展的基础和前提，对教师职业生涯有重要影响。

（一）富有理想和抱负

本阶段的预备教师仍扮演着学生角色。由于缺少教学经历和经验，他们对教师角色充满憧憬与向往，想象教学是什么样的，甚至幻想自己能够成为他（她）理想中最棒的教师。笔者对 61 名国家、省、市优秀教师的调查发现，36.1% 的优秀教师谈到他们自幼或中小学读书期间就崇拜教师，喜爱教师职业，所以报考了师范院校，并立志成为受学生欢迎的优秀教师。上大学之前的教育基础、背景和个人经历对师范生后来的专业发展有着重要影响。在某种程度上，师范生的个人背景是影响他们走向教师道路的一个重要因素。每一个师范生作为教师的自我观念与他原先的生活和学校经历紧密相连，并影响未来的职业生涯。在访谈中，一些教师常常回忆起自己中小学时的老师，并能够对自己难忘的老师做出生动的描述。尽管青少年时代的老师留给他们深刻印象的原因各有不同，但无疑影响了他们的成长，甚至决定了他们对教师职业的选择以及将来要做一个什么样的教师。许多优秀教师可能正是以自己敬佩的教师为榜样进行自我建构的。我们可以从师范生中发现受角色榜样影响的学生要比那些以经济利益为主要职业动机的学生更易选择教师职业。他们对教师职业的最初认识以及对教学的初步理解往往源自他们以往教师的影响和自身的学习经历。

在师范教育阶段，对师范生的从教理想影响较大的是教育实习。日本学者曾对一些大学的教育系学生做过关于从事教师职业志向的追踪调查。该调查分三次进行，第一次在学生刚入学时，第二次在教育实习之前，第三次在教育实习之后。调查结果发现，学生在实习前从事教师职业的志向同刚入学时相比几无变化，即入学时想当教师者实习前仍想当，入学时不想当教师者实习前仍不想当。然而学生在教育实习前后从事教师职业的志向则发生了很大变化，90%的学生出现了积极变化，即原来不想当教师者现在有了从教的意向，而原来就有从教理想的人在实习之后则愿望更加强烈。为什么教育实习有这么大的效力？笔者认为，或许教育实习给了学生一种做教师的欢愉体验和感受，或许在某种程度上，通过实习，师范生认识和理解了教师职业的某些价值和意义。但是，需要注意的是，这一调查是在日本进行的，其结果是否适宜其他国家，有待于进一步研究。笔者认为，不能排除一些大学生在实习中遇到困难、经历挫折后，不愿意从事教师职业或改变了原有的从教理想的可能，在我国也并非所有师范生都乐于做教师工作。

总之，在本阶段，有志于从事教师职业的学生充满着对未来教师生活的憧憬，有理想，有活力，有创意，积极进取，努力向上。

（二）具备一定的理论知识和教学技能

师范院校的学生虽缺乏教学经验，但在进入大学时他们的头脑中并非一片空白。由于受到先前教育、家庭教养和社会文化等多种因素的影响，他们已具有个人的信念、思想和对各种现象的理解和判断能力，并依此来解释生活世界。他们以前的生活经验、个人经历和教育背景帮助他们形成理想教学的观点和信念。洛蒂认为师范生凭借中小学生的经历，对教师角色拥有具体而详尽的认识；师范生是带着自己所持有的教学模式接受师范教育的，这些模式十分强烈地体现在自己的意识里，以致他们拒绝与其所持有的教师角色观念不一致的模式和内容。在接受师范教育期间，师范生的任何进步、变化可能仅仅是表面的、肤浅的，或者是为迎合大学教师的期望所做的敷衍之举。他们绝不是天真的、被动的，可以被大学教师和实习督导人员轻易按照一定的模式铸造的。他们依靠自己对社会和教学的观察、理解和认识而逐步踏上社会化和专业化的路径。师范生选择某学科、专业，往往是因为他们在中小学时对该学科感兴趣或该学科的成绩优秀。在大学期间，他们有选择地学习和阅读，在专业领域进一步深化和拓展，开阔专业视野，掌握大量理论知识，具备一定的专业素质。

师范院校为师范生准备的课程应当与学生原有的知识、信念和生活经验相结合，消除学生消极的学习经验，转变学生不正确的教育信念，促进学生的专业发展。就当下师范院校教育而言，师范生主要以理论知识的学习为主，各国情况基本如此。我国师范教育更加重视师范生对理论知识的掌握，尤其是学科知识的学习。据统计，在我国高等师范院校课程中，学科专业课程占总课时的 70% 左右，且选修课程中也多是学科专业课程，公共基础课程占 20% 左右，能够体现师范性质的教师专业课程不足 10%。然而，英国的教师专业理论与实践课程为 25%，德国近 30%，法国为 20%。可见，我国教师专业类课程与发达国家相比有较大差距。教师教育课程薄弱不仅影响师范生教育理论知识的掌握，而且有限的教育实践课程也难以让师范生获得必备的专业教学技能。

在师范教育阶段，大学应当为师范生提供充足的时间和机会扮演教师角色，以便师范生按照教师角色所要求的方式和态度进行实践和体验，从而更好地理解和认识教学，以增进其教学胜任力，继而学会更有效地履行自己的教师角色。教育实习是师范生扮演教师角色的重要途径。实习期间所形成的学科内容处理能力、教学组织和课堂管理能力、教学技能和技巧等为师范生的未来从教奠定基础。然而，我国师范生的实习时间太短，绝大多数本科师范院校的教育实习时间为 6～8 周，与英国 4 年制师资培养教育课程的教育实习 32 周、法国 2 年初等教师培养教育课程的教育实习 18～19 周相比，存在较大差距。有限的教育实习时间难以使学生掌握基本的教育教学技能，何况实习前师范生在一定程度上对自己处理课堂问题的能力抱有不切实际的乐观态度，他们往往认识不到教学的复杂性，并想当然地认为教学很有趣，也很容易。这种不切实际的幻想经过教育实习之后才有所改变。一般来说，实习生在课堂教学过程中最常遇到三个问题：（1）不能合理分配自己的注意力（如注意了教案忘了学生，注意了讲解忘了板书等）；（2）不能合理分配教学时间，教学节奏过快（如只按自己的教案讲解，不管学生的反应；发问时不给学生留下思考时间，而急于让学生回答等）；（3）不能机智处理课堂偶发事件（如学生课堂上提出意想不到的问题而自己不能解答，对学生课堂上的违纪行为不能妥善处理等）。当然，实习生的教学效果如何，在很大程度上取决于实习生的知识储备、实习态度、准备程度和指导教师的素质水平。就实习生的课堂表现而言，他们在课堂教学过程中比较关注对学生的控制，关心自己的教学是否被学生喜欢，在意他人对自己教学的评价。也许实习中的教学体验会改变师范生的某些固有教学思想和行为。事实证明，那些工作后适应比较快的初任教师，其毕业的学校往往比较重视教育实习，而且他（她）本人在实习期间也具有良好或出色表现。对大多数实习生来说，教育实习不仅使他们掌握了基本的教学技能和技巧，而且在一定程度上转变了他们的某些价值观和态度，影响了他们的教学信念和对教学工作的认识，同时帮助他们重新评价自己的教学品质和能力。这有利于师范生的社会化，并为他们将来承担教师角色奠定基础。我们可以把教学实习看作师范生从事教职之前教师角色的预演。这种预演对一些师范生来说有着欢愉的体验，而对某些师范生来说也可能是苦涩记忆。不管怎样，实习可以让师范生更好地认识和理解教学，并初步检验自己是否适合教师职业。实习教师的经历会一直影响他们，直至从事教职之后。

二、适应阶段

适应阶段指教师任教后的最初几年，也是师范生走向社会，成为正式的社会成员，初步承担教师角色的时期。这一阶段是初任教师实现由师范生向正式教师角色转换的时期，是所学理论与现实实践的"磨合期"。其间需要教师在教学实践过程中对理论、实践及其关系进行"反思"，需要教师在知识、信念、态度和行为上做出调整，以减少甚至消除对教学生活的不适应。在本阶段，初任教师主要任务是在教学中求生存，着力探求应对策略，并不断地调整个人的专业目标，逐步地适应教师角色。适应阶段的时间依据教师个体差异而不同，有的教师1年内就能适应，而有些教师需要2～3年，甚至更长时间。在本阶段，许多初任教师会遇到种种困难和挫折。对那些适应期较长的教师来说，本阶段可能是令人痛苦而难忘的。

（一）由浪漫的职业理想到复杂多变的教学现实

无论是从人生发展还是从专业成长的角度，初任教职是教师人生的转折点，也是一个教师职业生涯的开端，这一阶段的突出特点是"骤变与适应"。"骤变与适应"在教师专业成长方面表现为初任教师所遇到的"现实的冲击"。"现实的冲击"一般指在师范教育阶段所形成的教学理想，在严峻、残酷的日常课堂生活现实面前的彻底破灭。史密斯对此进行了生动的描述："开始从教时，对于做什么样的教师、想怎样实现我自己，我可能怀有明确的想法。我或许通过避免所教过我的教师的缺陷来建构自己，或许我以自己曾十分钦佩的某个教师为榜样加以模仿。也许我热爱自己心目中的教师这一角色，想以独特方式与学生打交道，极力想把课上得十分活跃，甚至可能认为学生会特别喜欢上我的课。这类自我建构，开始时可能起点作用，但久而久之都会化成灰烬。"

初任教师原有的各种幻想、乐观主义，富有的理想、新奇感，拥有的信念、知识、价值观和有限的技能，在复杂多变的教育实践情境中，往往显得无力、无助和无奈。有些初任教师在开始做教师时雄心勃勃，并想当然地认为只要自己懂得多、学得多，就能教好学生。可随着教学问题的不断出现，他们就会深刻体会到做教师的艰难，甚至在连续性的失误或挫折面前对自己能否胜任教学工作感到怀疑，并对自己从事教师职业失去信心。在现实的无情冲击下，初任教师需要对自己原有的理想、信念、观念等进行检核、梳理和反思，从而决定是否予以修正。修正以及修正到何种程度，要依赖于这些理想、信念、观念预先形成和稳定的程度，或者依赖于新教师从专家同行那里获得的新经验。

虽然在本阶段初任教师的教学理想受挫，但是他们有了属于自己的班级和学生，能够按照自己的想法设计教学，所以又表现出积极、热情的一面。有些初任教师不乏新的教育理念，并在课程与教学改革中尝试新方法和策略。

（二）由实践知识和智慧的缺乏到教学应对策略的探求

随着对教学实践的探索，初任教师很快发现教学中的许多问题仅仅依靠预备阶段所掌握的理论知识和教学技能是难以解决的。在课堂教学中，他们往往依据理论规则处理各种具体问题，缺乏针对性和灵活性。笔者对中小学教师的调查发现，他们在最初的几年教学里，经常遇到以下困难或问题（依据教师回答问题出现的频率排序）：（1）教材不熟，重点、难点把握不准；（2）教法不灵活，难以调动学生的学习兴趣和积极性；（3）教学管理能力差，难以维持课堂纪律；（4）不能与学生进行有效的交流、沟通；（5）不了解学生的学习状况和学习需求；（6）对学生提出的疑难问题难以解答；（7）不能妥善处理课堂偶发事件；（8）教学材料匮乏；（9）难以处理与同事的关系；（10）教学设施简陋；（11）教学语言不流利，有时出现口误；（12）板书不规范等。这些问题导致初任教师教学效果欠佳，同时影响教师对自己从事教学工作和对学生影响力的自我评价。我国中小学教师的教学效能感的调查结果表明，42.8% 的 3 年以内教龄的教师觉得自己的课堂教学技能"一般""较差"或"很差"。这在很大程度上显示初任教师专业技能的缺乏，也表明初任教师实践知识和智慧的不足。

对初任教师来说，他们要对教材内容、学科知识进行了解、熟悉和内化，其中不乏高深的理论知识，将教学内容变成学生易于理解和掌握的内容并非易事。他们希望在既定的时间和空间内进行讲授时不被人或事干扰。同时，他们在观察课堂活动时想获得整个班级的全部信息，试图掌握班级每个成员的学习状况及其人际关系等。这对初任教师来说的确很困难，因为他们教学经验和教育情境知识缺乏，专业领悟和理解力有限。正是由于初任教师缺乏对课堂情势的认知能力，缺乏敏锐的洞察与判断，对教学可能出现的问题缺乏应有的预见，因而他们无法恰当地使用语言和行为吸引或调控学生的注意，无法采用灵活多变的教学策略，无法持久地维持课堂教学的基本秩序，无法对课堂偶发事件给予机智巧妙的化解，反而可能会在处理学生问题行为时激化矛盾，导致课堂冲突，进而长时间中断教学，无法完成教学任务。有时他们经常为意想不到的事件和问题感到不知所措。实践知识和智慧的匮乏使一些初任教师在传统、保守的教学观念的支配下主张控制，崇尚严格管理，让学生无条件地服从自己。这更有可能造成学生心理上的过度紧张、焦虑和压抑，引起抵触情绪，产生冲突对立，使师生之间的交流难以进行。

初任教师从事教学工作所必备的实践知识和智慧，需要在资深教师的指导与协助下，通过自身的教学实践和自我反思获得。总体说来，教师获得专业知识和智慧大致有三种途径：正规的学校教育、初期的入职训练和教学中的"做中学"。正规的学校教育提供有效的教学模式，但需要教师个人的内化与实践中的合理运用；入职训练目前是简单的、不深入的，相关研究也较缺乏；"做中学"主要是教师个人单独地面对各种教学情境，从探索、试误中学习教学。洛蒂认为，与其他专业性较强的职业或技术性较高的行当相比，初任教师孤立地"做中学"是从学生身份到全职教师转变的断裂。这种断裂无助于初任教师尽快地适应教学生活。笔者调查发现，在中小学教师"最初教学的几年里，是否得到了资深教师的帮助"的问题上，优秀教师和一般教师都做出了"肯定"的回答。

可见，优秀教师在成长过程中比一般教师得到了更多资深教师的帮助，这得益于良好的学校管理与合作的教师文化。初任教师在得不到资深教师帮助的情况下，只能靠自己在教学实践中摸索，在尝试中学习教学，有些教师甚至为解决教学中的问题不得不采取一些"应对策略"，并为应对问题查阅资料，寻求临时解决办法。这种为"应对而学习"与长期追求专业进步的为"教学卓越而学习"之间存在质的差异，极大地影响了他们的顺利成长。

在这一阶段，由于缺乏教学智慧，缺少自信和灵活性，而又要面对复杂的教学、管理以及上级的监督和检查，因此许多初任教师感到压力很大，继而表现出焦虑和紧张情绪，并担心能否在这种新环境中生存下来。然而，对大多数教师来说，随着经验的积累和智慧的增长，这一调整和适应阶段会渐进结束。在教学实践中，初任教师会逐步掌握、应用和融合学科内容与教学法知识，领会真实情境中的应对规则，增加情境性知识，有些教师甚至能打破规则，依具体情境采取行动，使教学变得灵活自如。随着实践知识和智慧的增加，初任教师会有更多自主支配的时间，并在教学中尝试使用新的教学方法。

（三）由单纯的学生身份转向多重的教师角色

角色是处于一定社会地位上的个体遵循社会期望而表现出的行为规范和行为模式

的总和。"身份"是人们在识别某种社会角色时使用的称呼，并常常与"角色"交替使用。由学生身份转换为教师角色，初任教师应用的一系列行为就被规定好了。虽然初任教师在从教之前做了不少的准备，但是更多的教育知识和工作能力还须在职业活动和教育实践中获得。此外，初任教师还会遇到许多"重要的他人"。"重要的他人"指在一个人的发展过程中与他建立了重要的相互作用关系，通过言行给予他重要的影响，甚至被他当作角色模式的人。同事、学生、学校领导、校外专家或权威人物，甚至是朋友和家人等，都可能成为初任教师的"重要的他人"。这些人会影响初任教师的角色承担和社会化。总而言之，初任教师在学校内外的生活方式、生活圈以及他（她）的潜在身份影响其教学观和实践观。

对初任教师来说，教师身份的形成意味着角色的转换。他们过去的身份主要是学生，可能更多地受到家庭和学校的"照料"和"引导"；现在是教师，要承担管理者、激发者、交流者、组织者、咨询者等角色，并受到学校组织的"管理"和"改造"。这就要求他们在不同的情境中扮演不同的角色，采取不同的行为。在角色转换中，教师第一年面临的角色困难主要是从学生转换为专业的管理学习环境的人。然而，他们所接受的预备教育几乎没有提到角色转换，也缺少课堂调控能力的训练。因此，初任教师在走向教学工作岗位后，面对课堂偶发事件和学生的各种问题行为时常常手足无措，缺乏灵活而有效的处理技术，甚至无法开展正常的教学活动。这使他们对自己的胜任能力产生怀疑。初任教师成为学生学习动机的激发者也是一个富有挑战性的任务，这要求教师首先要激发自己的积极性，其次要具备激发学生学习的技巧和策略。而目前我国中小学初任教师（大多在 25 岁以内），与其他年龄段教师相比，工作满意度和经济收入是最低的。这种情况既严重影响了教师教学的积极性，又不利于初任教师成为有效而成熟的激励者。

初任教师作为社会成员要与其他成员打交道，在学校集体中要与同事、管理者和学生交流，因此教师扮演交流者角色是必需的。交流是个体之间以一种共同的、可理解的方式分享想法、观念、思想和感情的过程。教学是一个交流、沟通的过程，如果一位教师不能与学生进行有效的交流与沟通，就难以顺利开展教学活动。教师除了与学生进行有效的交流外，还必须与同事、家长、管理者等进行及时沟通。如果一个教师不是一个有效的交流者，且处于高度的交流焦虑中，而更喜欢独处或单独工作，那么，他（她）也许要考虑别的工作。组织者角色要求教师在课堂教学活动前设计好预案。教师精心备课、合理计划是减少课堂问题的关键。然而，即使有了完备的计划，也可能出现偶发事件影响教学活动的顺利开展。课堂是动态的、千变万化的，教师在进行各种教学活动时会发生许多意想不到的事情，如果不能有效引导，课堂就有可能处于失控状态。一个有效的组织者需要对学生的需求进行全面了解，对教学目的有明晰的把握，对教材进行深刻的挖掘和内化，并合理选择、灵活运用各种教学策略。这些都依赖于教师实践经验的积累和对教学技能的娴熟掌握。此外，教师还承担学生的咨询者或顾问角色。学生除了学习上的问题向教师请教外，还有个人生活问题向教师咨询。这些问题通常由校外因素引起，但要在学校甚至课堂中处理。许多初任教师认为介入学生课堂之外的私人生活不是他们的责任，即使有这方面的责任和义务也由于缺乏经验，不能识别问题的来源，因而会对问题做出不恰当的处理。在此阶段，新手教师努力承担这些角色，希望得到同事和学校领导的认可和接纳，渴望得到学生的尊敬和爱戴，并给学生家长留下美好印象。

初任教师在承担这些角色的过程中会遇到种种困难，但随着时间的推移和教育经验的积累，多数教师会逐步适应并承担起这些角色，这是教师社会化的过程。教师社会化指教师在学校系统中学习和内化专业行为规范、准则而胜任社会所期待的角色，并承担起相应的责任和义务的过程。教师从教前的各种准备为其社会化奠定了基础，而教师社会化的完成主要在从教之后。社会结构、教育政策、学校管理和教师文化是形成教师角色期望和规范的主要环境力量。其中，任教学校是促进初任教师社会化的最重要场所。因为任教数月后，新教师的教育观念、态度和价值取向就与任教学校的同事具有很大的相似性。从社会策略的角度说，初任教师的社会化大致经历三个阶段。（1）策略性依从。一个新教师一开始按照组织或权威人物的要求做，或者依从于物质的约束或限制，而教师个人通过不同的方式试图维护和保持自己的职业价值观。对新教师来说，同事和校长在教师社会化的过程中扮演着非常重要的角色。（2）内在化调整。那些与新教师的观念一致的价值观，可能被吸收，或经过适当调整后成为新教师自己的价值观。其间，新手教师把组织的价值观和规范内化于自我之中，并学会如何履行指定给他们的职责，期望与学校组织内的行为相一致。（3）重新解释策略。新教师通过重新认识周围组织所期望的行为和资深教师的态度和价值观，形成策略上的再认识，所获得的新思想、新价值观和新技能体现在教学活动中，推动学校的革新，进而做出某种策略的重新解释。如果所有教师都做出了某种策略的重新解释，那么会给学校带来新的活力或某些变革。实际上，教师社会化是教师个人与他人的相互影响、彼此互动的双向过程。在这一互动过程中，教师个人逐渐从他人所表现的象征性行为中，感知他人对自己的角色期待，再经由个人自我的判断与调整，从而扮演自己的专业角色。它体现了社会对教师社会化的外在要求与教师自身社会化的内在要求的协调统一。

总之，适应阶段是教师专业发展的关键期。教师最初几年教学情况如何，达到何种水平对其后专业发展影响深远，甚至持续数年。在本阶段，教师最需要的是支持、理解和信心。如果初任教师在同事的帮助与学校领导的关心下，经过自己的努力顺利度过这一时期，就会对自己的教学充满信心，从而实现专业能力迅速提高；如果学校领导和同事不能给予初任教师及时、必要的帮助，而任其沉浮、做中学，那么初任教师很可能延长教学工作的适应期，并且引发职业焦虑，进而把这种不安和焦虑作为专业选择错误的标志，导致专业动机下降，甚至离开教师职业。

三、迅速发展和稳定阶段

教师度过了适应期之后，决定留任的教师逐渐进入专业成长的迅速发展阶段，而后步入稳定时期。我国关于中小学教师教学效能感的调查结果显示，教师对自己的课堂教学技能评价随着年龄和教龄增长而增强，36～45岁年龄和9～24年教龄段的教师自我评价最高，之后则随年龄和教龄的增长而有所减弱；而在影响学生和学校的能力评价方面，则始终呈现随年龄和教龄增长而上升的趋势。总体而言，中小学教师效能感在36岁之前呈现随年龄增长而增强的趋势，36～45岁时达到峰值，46岁之后随年龄增长而减弱。教师迅速发展阶段因性别、学历不同而不同，因专业背景、环境条件不同而有差别。教师专业发展的稳定时期是相对的，持续时间的长短在很大程度上依赖于教师的主观努力和学校的环境。

（一）专业信念逐步确立

随着教学实践的推进，教师逐步认识和理解教学职业的价值和意义，体验到教学职业之乐趣。教师或从帮助学生和他人中得到愉悦，或从教学突出表现中获得成就感，或从学生和谐发展中获得满足感。教师专业信念也随着教学知识和经验的积累而逐步确立，不再在多种职业之间犹豫不决，而决心投身于教师职业，并把主要时间和精力投入到教学工作中。一般说来，在此阶段绝大多数教师具有较强的社会责任感，追求进步，工作热情，关爱学生，对学生抱有较高的期望。此外，随着教学年龄的增长，教师的思想观念、价值取向、审美意识和社会行为逐步稳定，角色特征和教学风格日趋成熟，他们对自己完成教学任务的能力和教好学生的信念也逐步形成。然而，需要指出的是，由于从事教师职业的动机不同，教师的专业追求、价值取向也有较大区别。有学者提出教师职业动机的类型主要有以下五种：（1）"进步型"，在一些发展中国家，教师职业就是获得更好生活的一种途径。（2）"安全型"，教师职业稳定、有保障，能够提供合理的薪水和退休金。这类人只想在规定限度内完成工作，不想付出更多的努力。（3）"高峰体验型"，一些教师喜爱教学工作，尤其对工作的挑战性和任教学科颇感兴趣，乐于把大部分业余时间用于学科知识领域拓展上。（4）"自由型"，一些教师之所以选择教师职业，是因为他们对工作时间和自身工作状况有一定控制自由权。（5）"平衡型"，一些教师仅把职业看作个人活动的一部分，同时保护他自己在家庭生活和个人发展中的兴趣。

我们认为不管教师决定从教的动机是什么，确立正确、合理的教育信念对教师专业发展至关重要。因为信念决定教师行为的方向性、原则性和持久性。如果教师拥有"没有教不会的学生，只有不会教的老师""我一定能教好学生"的信念，就会对其教学行为产生积极而深远的影响，这种信念也会成为教师专业发展的持久动力。如果教师拥有"一个班的学生总是有好有坏，教师不可能把每一个学生都教成好学生"的信念，就可能放弃对学习欠佳学生的教育。在此阶段，如果教师还没有形成正确而合理的专业信念，就必然对教学实践产生消极影响，也难以正确履行教师的应有职责。

（二）实践知识和智慧逐渐丰富

随着教育经验的积累，教师能够依据教学目标、课程要求和学生特点，适时、灵活地运用多种教学方法和技能，调动学生参与课堂活动的积极性。对我国中小学教师的调查结果发现，随着教师年龄和教龄的增长，教师在教学方法的使用方面日趋多样化。例如，教师在掌握了讲授法、练习法、讨论法之后，开始使用合作学习、探究教学、角色扮演、模拟和游戏等方法。这就意味着教师从应对教学开始走向寻求更多的解决问题的新方法，以满足学生的学习需求。在教学过程中，教师已具备课堂情势的认知能力，通过不断观察、提问探明学生学习状况，通过捕捉学生学习时的感叹、兴奋的表情、满意的反响及喜悦的情绪等信息调控教学进程。正是基于教师对课堂情势的敏锐观察和判断，教学活动才能速度适宜、节奏合理，讲者富有激情，学者兴趣盎然，在教与学的交流、互动中达到理想境界。

随着实践知识和智慧的逐渐增长，教师的情境性知识和功能性知识日趋丰富。教师对教学情境有了直觉的把握，能够综合地识别情境的相似性，精确地预测事件，以非分析性、非随意性的方式，理智地对事件做出及时而恰当的反应。有些专业发展较快的教师逐步摆脱了教学常规的羁绊，将教学规则内化，能依据具体情境灵活掌握规则，初步形成自己的教学风格和专业形象，表现出教学自信。然而，在教师专业发展过程中，并非所有的资深教师在课堂上对各种问题的处理都游刃有余，也不是所有新教师都缺乏管理学生的经验和知识。其差异在于发展较快的教师善于在实际决策中应用自己积累的知识，而有的教师虽也从事教学工作多年，但仍不能达到这种境界，因而导致他们在决策时困惑或犹豫不决，即使能制定决策也显得不成熟。可见，教师必须不断地积累知识和经验，不断地反思和总结，并认识到这种积累和反思的价值所在。

（三）专业角色渐进形成

在本阶段，许多教师在教学生活中逐步摆脱对他人的依赖，开始具有创新意识和自主精神，能够独立、自主地开展复杂的工作，承担更多的角色。

作为管理者，教师随着班级管理经验的积累和各种规章制度的建立，逐步掌握系列管理方法，从而采取有效的管理措施，妥善地处理各种偶发事件和学生问题行为。多数教师逐步成为一个比较熟练的学生学习动机的激发者。他们能基于学生发展需求和个性特点，通过多种途径和方法，营造支持性的学习环境，实施适合学生特点的动机激发策略，从而调动学生参与的积极性，如满足学生的个别需要，强化教育对学生的个人利益，避免学生的个体性失望和公众性尴尬，打破令人厌倦的常规等。作为交流者，教师在课堂上逐步掌握多种交流方式，较少地扮演权威者角色，时常以学习者和探究者的身份出现，意识到师生平等对话的重要性。教师与同事、管理者的交流增多，也掌握了交流技巧，并基于人格、情境或环境因素灵活地运用多种交流方式，如根据封闭型、盲目型、隐蔽型和开放型等不同类型对象采取相应的交流方式。但是，并非所有的教师都能做到这些。有些教师在与他人的交流时感到紧张或有压力。这也许与自身的交流能力有关，也许与不太民主的学校管理方式、封闭性学校氛围及相互隔离的教师文化有关。需要指出的是，在民主的学校管理方式、开放性的学校氛围与合作的教师文化中，作为交流者的教师，不仅会逐步成为学生的有效交流者，而且能发展成为与同行交流、研讨的合作伙伴。有些教师的专业活动范围可能超出其所在的课堂、学校，以管理者、同事而不是下级的身份参与教育决策。这与前一阶段的教师角色形成鲜明对比。

教师经过适应阶段后，逐步发展成为有效的组织者。他们能整体把握班级状况和学生的个体差异，基于学生发展需求和教学内容特点，有效地把讲授、讨论、提问、示范、小组学习、探究教学、合作学习、角色扮演、个别辅导等有机地结合起来，激发学生的求知欲，达成教学目标。作为学生发展的引导者，教师不仅要关注学生的知识、智力的发展和学习的进步，而且要关心学生的情感发展和价值观的形成。优秀教师能认识到自己的责任是培养全面发展的学生，意识到学生的身心健康与他们的学业一样重要，因此他们关心学生的学习，体察学生情绪的变化，了解学生生活的困惑或苦恼，帮助学生妥善解决问题，成为学生学习的向导、生活的顾问和参谋。

四、停滞和退缩阶段

经历了迅速发展与稳定时期后，教师发展和成长路线逐步表现出差异性和多样性。国外及国内有关调查和相关研究表明，教师素质一般在从教五六年后便基本定型。许多教师的教学能力达到一定水平之后就出现了难以进一步提高的"高原期"现象。笔者调查发现，56.6% 教师承认在自己的职业生涯中存在着"停滞与退缩"阶段。只不过对一些优秀教师来说，这一阶段持续的时间较短或不太明显而已。那些"定型"的教师如果采取一些有效措施，仍有望实现持续发展；如果不能采取有效方法和策略，教师就可能由职业生涯的稳定时期步入专业的停滞和退缩阶段。这一阶段持续的时间依据教师个人的主观因素及其所处的环境条件而定，对某些教师可能短一些，而对另一些教师可能要长，甚至一直持续到退休。

（一）职业理想的动摇与成长动机的低落

许多教师工作多年之后，对教学产生了厌倦，失去教学动力。年复一年的单调、乏味、重复的教学生活使他们对自己选择的职业产生怀疑，常常自问："我要在教室里度过余生吗？"而对一些富有挑战性的工作既缺乏信心又犹豫不决："我能攀登职业发展的阶梯吗？"这种自我怀疑和畏惧困难的心态严重时就会导致教师职业生涯中的一场"危机"。而对那些热情参与改革的教师来说，连续不断的、令人失望的改革结果也会引发危机。休伯曼等人认为男教师最严重的危机期是 36~55 岁，危机期出现的问题依教师个人专业的发展而定；女教师这种类似的自我怀疑大约出现在 39～45 岁，出现的问题也较少地与自身的专业成功有联系，而较多地与职业限定或不愉快的工作条件有关。我国关于中小学教师教学工作量的调查结果表明，小学中承担最多教学任务的是 26～35 岁教师，但 36～55 岁的教师所感受到的工作负担却相对更重，其中尤其以 36～45 岁的教师感受到的工作压力最大；初中教师的教学工作量在不同年龄之间的分布相对均衡，但 26～45 岁的教师认为教学工作量"偏重"，其中又以 36～45 岁年龄段的教师感受到的工作压力最大；除 25 岁以内的高中教师倾向于教学工作量偏于"适中"外，其他年龄段的高中教师都倾向于教学工作量"偏重"，并且随着年龄的增加，所感受到的压力也越大。这意味着随着教学工作量的增加，教师对于工作的满意度会降低，其中高中教师的工作整体满意度最低。这种较低的工作满意度必然影响教师的专业发展动机。

教师职业发展动机低落的原因很复杂，既有个人方面的原因，也有环境方面的因素。譬如，有些教师随着教学工作的日趋成熟与稳定，预期的职业目标逐步实现，教学生活趋于平静，志向水平开始下降，对专业的投入也日趋减少。有些教师人生态度消极，玩世不恭，混天度日，虽不乏才智，却不能投入教学工作，追求教学卓越。有些教师感到长时间超负荷的教学使他们精疲力竭，原有的工作热情已荡然无存，等等。外部环境也是造成教师职业发展动机缺乏的重要因素，如教师经济收入有限，社会地位偏低，得不到社会的尊重；学校教学条件缺乏，教师难以按照课程理念进行教学；学校管理方式专制，校长对教师安排不合理，难以做到知人善任、人尽其才；教师与学校领导关系紧张，工作成绩得不到应有的认可和尊重，积极性和创造性受到压抑；学校氛围封闭、保守，导致教师情绪低落，信息闭塞造成沟通困难；教师文化的隔离状态使教师之间难以合作等。此外，家庭因素、关键事件和关键人物也是影响教师专业追求不可忽视的因素。

此外，教师职业理想的动摇、教学工作的厌倦还来自巨大的职业压力。教师巨大的工作压力主要源自激烈的升学率竞争、考试成绩的排序、评比和"曝光"。教师面对社会越来越高的期望、家长过多的要求和学生越来越大的个别差异，工作压力日趋加大，以至于难以承受，久而久之会耗尽其工作士气和热情，导致职业倦怠。此外，由于公众缺乏对教师职业的好感与善意，也会显著地增加教师的压力，影响教师工作积极性。他们除了分内的工作之外，不再多做其他任何事情，他们虽然可以接受任务，但不再追求优秀和卓越，只是满足于做到最基本要求。长期的职业倦怠导致教师情绪低落，精神萎靡，身心疲惫不堪，理想幻灭。这极大地危害了无数教师的身心健康和教育事业的发展。职业倦怠如得不到根本改变，部分教师就会离职，而那些留任的教师也仅仅把教师职业看作一种无奈的选择，一种谋生的手段。我国中小学教师工作满意度调查结果表明，62%的教师考虑过离职，而男教师中67%的人考虑过离职，男性教师的离职倾向高于女性。这种离职现象与工作状况、经济收入、社会地位、社会尊重、成就感、家人支持与认同等因素密切相关，并凸显在中青年教师中。这种状况的确令人深思！在笔者看来，之所以为数众多的教师选择离职，原因是多方面的和复杂的，如目前中小学教师压力太大，教学负担过重，精神压抑，经济收入不高，工作环境不佳等，都会促使教师考虑选择更适宜于自己的职业。当然有些教师离职确实是因为自己教学欠佳而面临解雇的危险等。国外教师的从业状况又如何呢？统计数据表明，在北美50%的教师执教5年后便弃教他就。的确，随着社会的进步和发展，人的一生也许要变换数种职业，教师职业只是他们所经历的一种而已，何况几年的教师生涯已使他们体验到教学的酸甜苦辣。教师职业待遇低、生活条件差，对那些离职的教师来说，教书只不过是获得更好的职业之前用以谋生的权宜之计罢了。教师职业是一种耗尽人的全部精力和才智的事业，从事这一职业意味着巨大的付出和不求回报的奉献，对那些不断追求教学卓越的优秀教师来说更是如此。在我们看来，一些优秀教师之所以把教学作为一生孜孜以求的事业，在很大程度上是由于他们有意识或无意识地淡化了他们的职业与他们生活之间的边界。对他们而言，教学职业是非常具有"包容性"的，也就是说，教学花云他们大量的时间（包括工作之外的）和精力，并施展出其才智、技艺和能力。而且，教学职业对他们个人而言具有双重含义：一是他们全身心地投入到教学工作，耗尽其兴趣和才能，这些兴趣和才能在其他职业或许有所保留；二是教师给其他选择性的生活几乎没有留下多少空间，教学越是要求教师具有创造力、洞察力、解决问题能力和专业技能，就越是给教师提供了发挥自己创造潜能的机会，因而就减少了寻求其他职业领域的可能。同样，当教学被视为人与人之间的交往活动，而不是作为一种工具性活动或谋生手段时，它就可能使教师在教学生活中得到个人精神的满足和愉悦，实现自我价值。然而，审视我国教育现实，关注中小学教师的生存状况和生活质量，就不难发现：职亚倦怠正在严重影响着无数有爱心、有理想、乐于奉献的教师的身心健康。

（二）专业知识和智慧发展步入高原期

经过多年的专业发展，教师教育经验日趋丰富，教学技能日益娴熟，在达到一定高度后就难以再提升，从而逐步进入停滞或退缩阶段。我国中小学教师教学效能感的调查结果表明[①]：教师从教后，教学效能感逐渐增强，在 36 ～ 45 岁达到顶峰，46 岁之后随年龄增长而减弱。处于停滞和退缩阶段的教师，虽然拥有比较丰富的教学经验和教学技能，但由于跟不上社会司时代的发展，难以适应基础教育课程和教学改革的要求，在教学上越来越感到力不从心。因此，他们在教学技能的运用和教学方法的选择上，趋向于保守和传统，叟多地采取讲授、练习、示范、提问等传统教学方法，较少地使用探究教学、合作学习、角色扮演等新教学方法。对许多中年之后的教师来说，单调重复的教学生活已耗尽了他们的教学激情，精神上产生惰性，思想上导致僵化，方法上形成定式。他们满足于依靠适应和稳定阶段获得的求生技能和基本教学智能走完以后的职业生涯。造成教师专业水平难以提高的"高原期"现象的原因是多方面的，其中学校能否为教师专业发展提供支持性的条件和环境是不容忽视的因素之一。如果学校缺乏公平合理的竞争机制、学校氛围封闭、教师文化孤立保守，必然

---

① 大卫·杰弗里·史密斯.全球化与后现代教育学[M].郭洋生，译.北京：教育科学出版社，2000：28.

导致教师专业发展动机缺乏，教学上固执己见或自我防卫，教学智能停滞不前，教学也变得例行公事、缺乏质疑。教师专业性格的封闭保守，知识结构的僵化陈旧，思想观念的世俗功利，创造个性的萎缩凋谢，使教师的课堂教学毫无生机，难以焕发学生的学习热情，无法实现教学应有的意蕴。随着年龄优势的消失，这些教师的教学智能日趋衰退，每每感到后生可畏，却又无能为力。他们如果还留任在教师岗位，也只能是被动的旁观者和"教书匠"。对那些曾经辉煌过的教师来说，过去的成绩就变成美好的回忆；对那些过去就教学平平的教师来说，剩下的只有职业生涯的苦涩记忆。因此，必须对处于"高原期"的教师采取适时、有效的教师教育模式和培训策略，对他们的教育信念、价值观、思想、方法予以挑战，并进行全方位更新，否则他们的专业水平就会停滞不前，甚至逆向衰退。这既影响教师的身心健康和专业成长，也危及教育事业的顺利发展。

（三）专业角色趋于模糊和丧失

由于专业知识和智慧的停滞，教师承担多种角色的能力也日趋衰退，长此以往，教师对自己的义务和责任缺乏清晰、一致的认识而难以承担，教师角色趋于模糊。如果这种角色模糊持续下去，教师就会渐渐卸去稳定时期所承担的部分角色，导致角色丧失。当教师的自我意识低时，对严格的角色要求，能够服从其规范，而对较松散的角色规范则缺乏约束力；当低的自我概念与弱的角色要求相遇时，不管角色要求与行动者的自我概念吻合抑或相悖，角色要求对行动者均缺乏约束力。教师缺乏较强的自我意识，对严格要求的角色规范仅能服从，如作为管理者能够维持基本的课堂秩序，作为教学的组织者能够完成基本教学任务；但是，他们难以较好地承担激励者、咨询者等角色，并对这些角色表现出疏离、冷淡态度。在课堂教学中，这些教师的教学精力和工作激情已大不如前，难以吸取新知识和新的教学方法，难以调动学生的积极性，学生学习兴致不高，继而出现问题行为。教师角色意识不明确，就难以有适宜的角色行为，也难以完成其教育教学的任务。

中小学教师工作满意度影响教师工作的积极性。不少教师工作压力大，家庭负担重，缺乏学习和研究的时间，工作往往处于满负荷或超负荷的运转状态，这些都可能导致专业能力发展的停滞和退缩、角色的模糊和丧失。教师的职业压力是教师因职务上所赋予的要求、期望和职责而感到的压力。教师的压力是多维的，并非单一向度或由单一因素引起的。其来源主要包括环境的、人际关系的、教学的、心理的、组织的和社会的等方面。例如，教师经济收入有限，物质生活条件缺乏，工作条件简陋，学校校风不良，教师与同事、学生关系紧张，教学工作负荷过重，教学智能不足或教学要求过高，学生的不良行为，公众对教育的消极态度，单亲家庭，离婚率以及违法犯罪等因素，都可导致教师的职业压力。在美国，教师迅速成为最富压力的职业之一。教师调查结果显示，教师经历了几乎相当于其他职业两倍的压力水平，其结果是有些地区 10% ～ 20% 的教师达到了倦怠水平。中国的情况更是不容乐观，许多教师工作压力大，"厌教"情绪严重，其中男教师的职业压力和厌教情绪明显高于女教师。如果这些职业压力超过教师的承受能力，无疑对教师的专业发展和角色扮演造成阻碍，必然降低工作效率，影响教师的专业成长和认知。总之，不管何种原因导致教师专业角色模糊和丧失，这都给教师的心理和行为带来消极影响。本阶段一些教师的形象特征包括以下几方面：不能成功地扮演专业角色，缺乏成就感，只能从教学专业生活之外获得满足；出现职业倦怠，多半沉默寡言，跟随别人，消极行事；抗拒变革，妨碍学校的发展；时常批评学校、家长、学生和教育行政部门，甚至对一些表现积极、成绩优秀的教师也妄加指责；独来独往，或是行为极端，或是喋喋不休；人际关系不太和谐，家庭出现问题，等等。这种状态迫切需要教师继续社会化，以适应社会发展和教育变革，从而提高角色承担能力。

五、持续发展阶段

经过迅速发展和稳定阶段之后，教师提高专业水平的速度变得相对缓慢，然而一些教师却在强烈的职业发展动机和良好的发展环境支持下，在合理而有效的教师教育模式和策略促使下，一直保持着持续发展状态。也有部分教师虽经历了发展的"高原期"或停滞和退缩阶段，但经过个人的主观努力和来自多方面的关心、协助，突破了高原现象，实现了持续发展。

（一）教师信念的反思与重建

时代的发展、社会的变革给教师提出新的挑战。一方面，社会对教师提出的要求更多、更高，另一方面，学生的身心发展也随着社会进步有了新的特点。过去的好教师，现在看来未必是好教师，现在是好教师，将来未必就是。可以说，关于好教师的标准，不同的时代有着不同的回答。因此，无论处于迅速发展和稳定阶段的教师，还是处于停滞和退缩阶段的教师，都要对自己的信念系统予以进一步的反思，对已形成的教学知识的信念、对待学生的信念及对自身能力和自我发展的信念予以检核、评价，转变那些不正确并对教学实践产生消极作用的信念，甚至必要时要对自己的信念系统予以整合与重建。这的确需要教师的智慧、勇气、能力和毅力，需要教师强烈的职业发展动机，尤其需要教师对教育事业和学生执着的爱。教师只有充分地认识、理解和深刻地把握教师职业的价值和意义，才能在实践中身体力行，才能对其最终成为什么样的教师产生积极影响。教师有了正确而坚定的信念，即使在不利的发展环境中，也能凭自己的良知尽教师职责，承担起国家和社会赋予的神圣使命。

教师职业生涯是终身学习而不断追求教学卓越的一生。约翰·古德莱德（John Goodlad）认为，"学会如何教学，这是选择了教学工作的人一辈子的任务。一个人教得愈多，学得愈多，就愈认识到教师和学生之间以及教学和学习之间有多么复杂的关系。对最有效的平衡的探求是永远不会停止的。"一名专家型教师或学者型教师除了拥有专门学科的知识和技能外，还应具有深厚的教育理论修养，广阔的教育前沿视野，敏感的教育问题意识，过硬的教育科研能力。他们永远不会满意自己的教学，会持续不断地进行探索，以寻求更多更新的策略和方法，改善自己的教学，从而形成自己独特的教学思想和教学风格。正是在这种"不满意"状态的激励下，他们才不断追求专业发展，实现持续成长。教师的持续发展需要良好的成长环境。一般而言，好学校的教师与一般学校的教师相比，会更加不满意自己的教学效果以及学生的已有学业成就状况，他们会相互监督、相互指导，共同研究、制订课程计划。这也是为什么名牌学校人才辈出，聚集着一批专家型教师或优秀教师。的确，良好的成长环境激励着教师不断发展进步，学校管理者、同事、学生同时为教师的信念反思提供"镜子"，为教师信念的重建提供有益"参照"。教师的终身学习和对教学卓越的孜孜追求是职业的必然要求，也是教师美好教学生活和幸福人生的应然抉择。

（二）知识与智慧的持续增长

在迅速发展和稳定阶段的基础上，教师随着实践知识和智慧的丰富，教学技能、技巧也日趋娴熟，教学行为表现得更加流畅、灵活，不再需要刻意加工；同时拥有多方面的信息来源，能够有效地管理班级。可以说，教学活动的认知和行为技能渐进达到高度自动化的水平，形成完善的自我监控和调节机制。但是，教师所拥有的所有的知识和智慧的产生并非仅止于学科内容和教育理论知识的获得，也不只是教学技巧的娴熟，而更是教育知识结构的整体洞悉与睿智的价值判断力，和圆融教育专业人格的陶成。在我们看来，教学不是技术化的流程，而是表达着教师的学识，蕴含着教师的智慧，倾诉着教师的情感，表现着教师的意志，展示着教师气质和人格，使师生心灵融通，从而塑造完美人性的过程。教师是以人格化的智慧魅力影响着学生。愈是充分发挥了主体智慧创造性的教学实践，愈能给教师本人和学生带来愉悦；愈是令教师本人和学生愉悦的智慧形式，愈能经得住教学实践的效应检验。专家型教师的实践智慧就体现在教学的艺术之中。他们与一般教师的区别，也许不在于他们对自己的学科和工作懂得多少以及多么在行和熟练，而关键在于对教学怎样品味和感受，在于对教学价值的认识，在于从教学中得到无穷的乐趣。一个真正的教学艺术家正是在实践中不断深切体味教学之神韵，把握教学之意义，才具备专业的独到眼光，从而达到教学艺术之巅，实现完美教学。

学者型教师所拥有的教学知识和智慧，并非仅仅源于自己的教学实践，还源于不断地学习新的理论知识，并把这些知识内化为自己的思想、信念，运行在自己的实践中。他们的教学展现着知识的博大精深，体现出教学的娴熟和睿智，表现了机智和敏锐的教学情势洞察力，蕴含着深邃的哲理，充满了教学的创造力，成为师生双方共同的享受。他们的教学充满魅力，体现出教学的个性化。所谓个性化，其实质就是个人的合目的性实现，即主体价值的实现，是人的一种自觉的文化状态。它是随着实践知识和智慧的日趋丰富，在工作中不断地激发自我潜能，达到自我实现的过程。但是，个性僵化就意味着个性丧失，所以这种个性化的教学是不断发展、永不停滞的。为此，这些教师不断地研究和探索，在教学的内容、材料、方法、评价手段等方面进行个性化实验，寻求新的思想和挑战，积极参与学校课程和教学改革，使教学永葆艺术的激情和生命的活力。

实践性知识和智慧的不断丰富始终是教师持续发展的根本。杜威指出："智慧并不是一旦得到就可以永久保用的东西。它常常处于形成的进程中，要保持它就要随时戒备着，观察它的结果，而且要存着虚心学习的意志和重新调整的勇气。"在他看来，经验中的智慧，既考虑过去的经验，又分析当前的现实，推论未来的可能，从而确定目标和手段，还随时注意着感性经验，以对原来目的和手段进行修改补充。"个人实践知识是为使我们谈论教师时把他们作为博学而博识的人来理解经验这一概念而设计的术语。个人实践知识存在于教师以往的经验中，存在于教师现时的身心中，存在于未来的计划和行动中。个人实践知识贯穿于教师的实践过程，也即，对任何一位教师来说，个人实践知识有助于重构过去与未来以至于把握现在。"[①] 正是教师实践知识和智慧的日趋丰富，一些优秀教师不仅拥有自己的教学风格，成为功底深厚、方法独到、风格鲜明的教学艺术家，而且具备了深刻的专业见解，形成了比较成熟的个人教学思想，甚至是完整的教学体系。当然，这些都是基于自身教学实践的研究、探索与不断的反思和总结。

---

① 杜威.哲学的改造[M].许崇清，译.北京：商务印书馆，1958：52.

（三）专业角色的不断调适

教师角色是由特定时代的社会生活赋予的，因而随着社会发展和教育变革，教师角色随之发生变化。教师要通过主观努力，在良好的发展环境的激励和协助下，调整自己的角色行为，适应变动的社会和教育的发展，不断满足角色需要和新的社会期望，进而高效地承担角色义务和职责。本阶段教师除了扮演稳定阶段的角色外，还要承担改革者、研究者、反思性实践者等角色。需要指出的是，这些角色并不是在其他阶段不重要或不需要承担，而是在本阶段，这些角色对教师持续发展具有特别重要的价值和意义，是教师持续发展的根本。

作为改革者，专家型教师或学者型教师更容易接受新事物，乐意为更好地满足所有学生的需要而改变自己的教育行为。但是，对于那些处于停滞和退缩阶段的教师来说，他们虽然认识到有义务、有责任进行教学改革，但却不愿改变自己的某些教学习惯和行为，以及失去与这些习惯行为联系在一起的某些既得利益。这些教师对改革抱有畏惧心态，害怕放弃自己所熟悉的经验，对参与、推进改革信心不足，甚至认为改革会耗费自己太多的时间和精力。因此，教师实现持续发展需要挑战自我，愿意接受新的教学生活，愿意与学生分享自己的观点，并能够为学生创设更好的学习环境，从而更加自信地与学生共同成长。

作为研究者，教师既拥有教学研究的机会和条件，也具备教学研究的能力。斯腾豪斯指出，教师是教室的负责人，从实验研究的角度看，教室正好是检验教学理论的理想实验室，从自然观察的角度看，教师是当之无愧的有效的实际观察者，无论从何种角度理解教学研究，都不得不承认教师拥有丰富的研究机会。[①] 这样的研究机会需要教师充分地把握和利用，学者型教师正是利用这样的机会和天然条件，针对教学中存在的问题进行研究，从而不断地改进教学。在教学中，一些优秀教师或专家型教师不但能检验他人的教学理论或假设，而且有能力发现和发展隐藏在教学实践背后的教学理论，从而修正他人的理论，提出自己的思想和假设，形成自己的教学思想。国内外许多著名教师和教育家正是在教育教学中不断地研究和探索，才使他们的教学行为更加合理而有效，他们的教学思想更加丰富而深刻，最终成为课堂教学艺术的创造者和实践者以及教育教学的研究者和理论家。他们在不断地研究中既引导学生获得了更好的发展，又发展了自己。

教师的职业生涯并不能自动地给予教师洞察力和智慧。一位 10 年教龄的教师，

---

① ［加］F.迈克尔·康内利，［加］D. 琼·柯兰迪宁，何敏芳.专业知识场景中的教师个人实践知识 [J].华东师范大学学报（教育科学版），1996（2）：5-16.

是真正地教学了 10 年，还是重复了 10 年？一些处于停滞和退缩阶段的教师常常局限于自己的狭隘经验和习惯行为中不能自拔，对他人的思想和观点视而不见。不经常进行批判性反思的经验是不可靠的，未经过检验的常识是不合理行为的向导。因此，持续发展的教师必然是反思型教师。反思型教师不仅具有课堂教学知识、技巧与技能，而且具有对自己的教学方法、教学内容进行反思、研究、改进的能力，对教育的社会价值、个人价值有更深入的探究能力。可以说，批判性反思实践是专家型教师或学者型教师区别于一般教师的重要特征之一。前者能从多种视角审视问题，追寻和探索被常识掩盖之下的对实践经历的真正理解；能站在自己的实践之外，从广阔的视野中审视自己的思想和行为，并对做出教学决策的背景进行质询。教师根据情境和推论对自己的知识结构进行积极、持久和周密的思考，不断超越自我教学经验的局限，使教学更加有效并充满人格魅力。反思教学实践的目的在于增加教师的理性和自主性，追求实践的合理性和有效性，使教师的成长始终保持一种开放、持续发展的动态。

第二节　影响教师专业发展的因素

教师是一个社会人，又是一个独特的个体。教师专业发展既受到许多外部因素的影响，也受到教师自身心理因素的制约。外部因素包括社会、家庭以及无法预测的偶然事件等因素，但对教师专业发展而言，国家教育政策、学校管理、教师文化、学校氛围等环境因素的影响是主要的，它为教师发展提供物质保证和精神关怀，是教师发展的外部条件。就教师专业发展自身因素来说，教师的认知能力、职业道德、需要和动机、自我分析和评价等方面对教师发展影响较大。然而，教师发展成长的决定性因素是教育实践活动。因为教师教育实践既包含教师的内在需求与条件、外部影响与条件，也包含着发展主体的能动认识与选择，教育实践是内、外因作用于教师发展的聚集点，也是推动教师发展成长的直接与现实的力量。我们把教师的实践活动看作教师发展成长的根本动力。

一、影响教师专业发展的个人因素

（一）认知能力

教学是一项复杂程度很高的认知活动。在教学活动中，教学目标的确立，教学内容的设计，学生特点的分析，教学方法、策略的选择，教学进程的调控以及在教学情境中表现出的机智等，无不依赖于教师的认知能力。教师认知能力主要指教师对教学及其情境进行加工、储存、提取和应用信息的能力。教师认知能力表现在对课堂信息的感知、注意、加工、思维和想象能力等方面。作为教学能力的核心成分，认知能力是教师基于长期教学经验和知识的积累而形成的有效开展教学活动的能力。

首先，认知能力对教师的教学效能有重要影响。萨贝斯（Sabers）等认为教师对课堂信息的选择、注意、加工主要表现在如何从复杂多变的信息中选择重要的信息，这是提高课堂教学有效性的重要方面。在教师教学专业发展的过程中，随着知识和经验的积累，教师对课堂教学信息的选择能力不断提高，如专家型教师通常忽略常规信息，对非常规的信息予以特别关注。随着教师教学专业发展，这种课堂信息加工能力逐渐由意识水平转化为无意识的自动化水平。在新手教师向专家型教师发展的过程中，教师对课堂信息的选择、注意、加工对认知加工速度和精确性有一定影响。在格利科曼（Glickman）看来，教师的认知思维水平有低、中、高三个等级。低认知水平的教师思考教学问题较具体、简单，且局限于为数不多的几个方面。高认知水平的教师则对问题进行抽象思考，着重理解问题之间的关系。因此，后者的教学常表现出这样的特征：教学方法的可变性与适应性，提供的学习情境多样性，学生学习问题处理的有效性。在教学过程中，面对种种复杂的问题时，较高认知水平的教师相对于较低认知水平的教师更加灵活，能承受更大的压力，能从多维视角看问题并采取多种应变的教学策略。较高认知水平的教师能依据人类规范化的价值信念行动，具有将有关经验概念化的能力；在课堂上面对突发事件时能及时调整教学策略，引发学生更理性的反应，给学生以更正面与积极的反馈，从而激发学生参与教学活动的积极性，使学生获得更好的发展。由此可见，教师的认知能力对其教学效能有重要影响，而教学效能又是教师专业发展的核心内容之一。

其次，认知能力影响教师教育机智的形成和发展。在教学活动中，教师所面对的学生是生动活泼的，是发展中的、鲜活的独特个体，因而教学情境错综复杂，课堂信息不断变化，随机事件频频发生，教师需要随时做出延续或改变当前教学行为的决策。教师在这种复杂、不确定的环境中所做出的决策和采取的行动主要依赖其认知能力。不同认知水平的教师在面对学生的负性表现（如理解出现困难、注意力分散、扰乱课堂教学秩序等）和其他问题（如时间、教材、学生主动提问等）时，都会做出不同的决策，采取不同的行动。从伯利纳的研究中可以发现，课堂教学知识与经验对教师观察和处理课堂信息起着非常重要的作用，专家型教师由于积累了丰富的教学经验，能对课堂教学情境进行迅速而准确的观察和解释，而且很少受其他情境因素的干扰。专家型教师具有较高的认知水平，能对学生的活动进行敏锐的观察，对偶发事件做出准确的判断，并及时采取妥当措施，合理地调控教学进程，顺利达成教学目标。笔者通过对中学优秀教师的课堂进行观察发现，他们在处理偶发事件、控制课堂纪律以及正确制定和灵活执行教学进度等方面具有许多共同的优秀品质。要真正做到因材施教，教师在教学过程中应该将每个学生作为个性化的个体对待，这样才能更有效地组织与实施个性化教学。

最后，教师的高认知水平不仅表现在专业成熟度、教学水平和教育机智上，还表现在为学生营造良好的学习氛围和广阔的发展空间的能力上。具有较高抽象水平的教师往往更为灵活应变（如在改进教材方面足智多谋），较少专制和惩罚。亨特（Hunt）和乔伊斯（Joyce）在研究具有不同抽象水平的教师（观念层次测验）时也发现，抽象水平高的教师往往更爱思考，他们更能利用学生的参照系，鼓励提问和假设。专家型教师的思维通常不是一步一步进行的而是跳跃的，其中包括对未知事物的推测。此外，高认知水平教师强调尊重学生，对学生应采取灵活和宽容的态度，理解学生之间的个别差异，着力促进学生学业和个人成长。可以说，教师的认知能力和水平关系到教师对教育目的、教学任务、教学策略等方面的理解和认识，影响教师对特殊学科领域和学习背景的教育可能性的洞察。

教师对课堂教学行为的感知、理解、判断和决策取决于教师个人内在的教学知识、理论和信念。而教师的个人理论和信念在很大程度上并不十分明确且难以言状。教育的感知力部分来自某种无言的知觉的知识，教师可以从个人经历或者通过见习某个更有经验的教师获得这种知识。许多依赖于知识和技能的人类活动都包含着默契或直觉的综合因素……教育感知力的技能存在于智慧和机智之中。而智慧和机智是我们通过教学实践——不仅仅是教学本身，所获得的。我们认为，教师认知方面的某些品质也许与教师自身的"潜质"有关，而教师认知能力的形成既需要教育教学的理论知识，更需要自己的教学实践经验。因此，如何把优秀教师隐性的、不明确的教学知识与信念系统地描述出来，不仅是优秀教师自身专业发展的关键，而且也为新手教师的成长提供认知参照框架和发展目标。

（二）职业道德

职业道德指同人们的职业活动紧密联系的符合职业特点所要求的道德准则、道德情操与道德品质的总和，它既是对本职人员在职业活动中行为的要求，又是职业对社会所担负的道德责任与义务。教师的职业道德是教师作为专业人员应具备的独特道德品质，包括教师的专业责任、个人道德品性、以自律为核心的专业精神等。教师职业道德是教师在社会和教育环境的影响下，在自己的教育教学实践过程中，通过自我体验、修炼和内化所形成的品质，是教师满足生存需要、成长需要和实现自我价值的必要条件之一。我们把教师职业道德简称为"师德"。师德是教师主体在自觉自律下对规范的尊重和对他律的超越，是社会认知与角色行为的统一。为了专业发展，教师必须遵从社会对教师角色的应然规定，不能超越特定社会为其规定的道德界线。教师按照社会赋予教师的基本角色和教师在整个社会分工中担负的主要职责确定其基本的道德规范。教师扮演着道德代言人和道德教育家的角色，以自己的道德行动感染学生。教师通过与学生的相互交流、交往互动，以人格影响人格，以心灵耕耘心灵，促进学生崇善抑恶，不断完善自己，成为有道德、具良知、富人性的人。这是教师的基本职责，也是教师的教育使命。因此，与其他职业道德相比，教师职业道德具有更强的利他性。教师职业的利他性是比其专业知识更重要、更基本的专业特征。教师的职业道德在意识上要求更高，在行为上要求示范性更强，在影响上要更广泛和深远。笔者曾对一位全国优秀教师进行访谈，谈到师德时，他说："教学 30 多年来，我的体会是一个教师要想在事业上取得成功首先要热爱自己的职业，爱学生，一定要正确对待学生的优点和缺点，特别对所谓的'差生'要有正确的看法。要爱所有学生，要尊重他们的人格，要关心他们的困难和疾苦，要做他们的知心朋友。我教过的学生比较多，许多学生日后谈到在他们的成长道路上我对他们的影响较大，甚至当时一些学生模仿我写字，甚至模仿我走路……有些学生现在也成了教师，他们的思想、工作作风以及教学风格在不同程度上受到了我的影响。"的确，一位师德高尚的教师会吸引学生自觉自愿的趋近和认同。学生从一位品德高尚、学识渊博的教师那里所获得的不仅仅是具体的知识和方法，更重要的是教师的言谈举止、行为方式——他或她的生活热情、严于律己、献身精神、人格力量、强烈的责任感等无不影响、导引着学生的行为，哺育着学生的心灵。在这里，教师的知识、道德、人格等已融为一体，表现在信念和行为中。这并非外部的规范使然，而是日积月累养成的习惯和修养。如果教师的职业道德和规范仅仅停留在应然状态的他律阶段，个人无论怎样尽职地遵守它，都难以实现从他律到自律的转化，那么它就没有获得完全的道德性，只是一种权威主义或外在化的道德。只有教师认识了职业道德规范及其所蕴涵的道德必然性并形成一定的职业道德信念后，履行这种职业道德行为才能成为教师个体的内在需要，成为自觉自愿的行为，才能使教师真正成为道德主体和完全了解道德意义。教师良好的职业道德品质和行为需要多年职业实践活动的修炼才能形成。

职业道德对教师专业成长影响重大。第一，职业道德是教师实现角色认同的基本前提。一位初任教师来到学校组织团体时，他要渐进地承担起教师角色。教师角色既代表教师个体在社会群体中的地位和身份，同时包含着社会所期望的教师个人表现的行为模式，它既包括社会、他人对教师的行为期待，也包括教师对自己应有行为的认识。教师的职业道德是实现这种角色认同的基础。索尔蒂斯（Soltis J. F.）从教师伦理的角度指出："一个人成为一个专业的成员，他或她就加入了一个历史悠久，带有一般目的，从事实践的社团，而仁或她必须努力达到这个目的才能算是这个专业的成员。在医疗事业里，这种一般的目的是促进健康，而在教育事业里是促进学习。在这两种情况下，病人或者学生必须信任医生或者教师正忠诚地努力达到这个目的。从事医疗和教育的人就这样把一种道德的责任赋予医疗和教学实践的形式本身中。违背这种责任是不合乎专业的行径。"在他看来，在任何情况下，关心学生及其学习是教师教学品德的一个具体体现。这种品德是教师达到内在于教学实践的善，而且确实可以达到教学本身的目的，也是教师之所以成为好教师的重要理由。如果教师缺乏这种教学的品德，他就不能成功地承担教师角色，也难以实现其专业社会化。

第二，职业道德是教师敬业乐教、发展成长的内在动力。笔者在对国家、省、市优秀教师和教学能手的访谈和开放性问卷调查中发现，优秀教师追求教学卓越与完美的动机来自对推动社会、国家和学生发展的责任感和使命感（占36.07%）、对教学工作和学生的热爱（占8.2%）等方面。这些道德品质能推动教师在教书育人的工作环境中不辞辛苦，取得卓越的教育教学成果，同时是教师职业不同于其他职业或专业的重要方面。教师及其行政人员不仅对他们的职业道德和个人的坚定信念负有责任，而且对委托人的期望和社会的普遍利益负有责任。这种双重的忠诚，是教师区别于其他专业人员的突出特点。的确，责任是教师身份生成、持续和消亡的基本点，是教师教学工作的源泉和动力，同时是一种能力、决心和力量，教师拥有它，在任何情况下都会尽职尽责地承担义务。苏霍姆林斯基曾把教师对学生的关心和爱护看作教师精湛教学艺术的关键。如果一个教师不热爱学生、不关心学生的学习，那么很难想象他能成为一个合格的教师。教师的事业心、职业责任感和工作积极性都源于对学生的爱。师爱是师德之魂。

第三，教师是在处理与他人、集体的利益关系中成长的，这些关系的处理需要道德的力量。职业道德是教师进行职业交往、解决利益冲突和矛盾的重要准则。科蒂斯（Cortis G. A.）在一项对教师最初20年教学生涯的纵向研究中发现，那些对职业最满意并在职业上进步最大的教师都能将学校利益放在个人利益之上，并且为了在学校内部建立一些使学生感到安全和自信的政策，他们会尽量减少与同事之间的分歧。与此相反，科蒂斯发现不成功的教师更倾向于自我取向，表现出更多的支配性、怀疑和攻击，这些品质决定了他们不能为大多数人的利益做出妥协和让步。就职业追求而言，教师通过教学实践活动可获得外在利益和内在利益。所谓外在利益是教师在一定社会条件下，通过教学实践活动所获得的奖励、权势、地位或金钱等；而内在利益是教师在教学实践活动中所取得的经验、体悟、愉悦感、成就感以及幸福感等。内在利益是教师在追求教学实践的卓越中获得的，也是在道德力量的激励下实现的。麦金太尔指出："德性是一种获得性人类品质，这种德性的拥有和践行，使我们能够获得实践的内在利益，缺乏这种德性就无从获得这些利益。"德性"将不仅维持实践，使我们获得实践的内在利益，而且也将使我们能够克服我们所遭遇的伤害、危险、诱惑和涣散，从而在对相对类型的善的追求中支撑我们，并且还将把不断增长的自我认识和对善的认识充实我们"。可见，教师德性不仅是专业发展的动力，而且有助于教师明晰教育生活的价值和意义。如果一个教师只是为了外在利益而从事教学实践活动，就难以履行教师的教育使命。因为外在利益根本不是教育或教学这类职业实践活动所能得到的。职业道德能激励教师获得教学实践的内在利益，因而成为教师追求教学卓越的精神支柱。优秀教师也正是在获得教学实践的内在利益中发展成长的。

（三）人际交往

教师是在与他人的交往中生活、学习和发展的。马克思指出，"一个人的发展取决于和他直接或间接进行交往的其他一切人的发展"。交往是个人取得本质规定的基本条件。人是社会的人，获得社会认可是人发展的前提，而且人本身也有渴求交往的需要。教师在教学生活中，必然涉及与学生、同事、管理人员、学生家长、社会人员等之间的关系。这些关系的处理对教师的工作、情绪具有不可忽视的影响。良好的人际交往使教师感受愉悦的情感体验和关怀，保持健康的心理、积极的心态，同时避免教师的职业倦怠。此外，良好的交往能力也是优秀教师成长的必备条件，只懂得"教什么"和"如何教"还不足以保证一名新手教师成长为一名优秀教师。教师的成败往往还有赖于他们能否在教育工作中与学校领导、教育同行、社会各界，特别是与学生和学生集体建立良好的人际关系。事实上，教师是人类关系的专家，成功的教师能与学生、家长、学校领导、同事和其他社会人员建立健康、积极的人际关系。在这些交往关系中，对教师发展成长影响较大的就是处理好教师与学生、教师与同事之间的关系。这些关系不仅是教师成功的前提条件，而且直接影响教师的专业成熟。

第一，教师与学生的交往。在教学活动中教师与学生的关系，是人与人之间的关系，是主体间的交往关系。这种人际交往的核心是把教师和学生看成真正意义的

"人"，即师生之间只有价值的平等，而没有高低、强弱之分。他们都是教育活动中的主体。威廉姆·多尔对教师的界定是"平等的首席"，是教育活动的组织者和指导者，而学生作为具有人格尊严的独立的主体，是教学活动的积极参与者、实践者、思考者和创造者。实现这种教师与学生合理的交往行为必须具备"理想的话语情境"。这个情境包括交往双方机会的平等性、交往双方话语权的平等性、交往双方语言的相互理解性；交往双方语言的规范性等。这样的情境体现了真诚、公平和公正，使师生双方能真实、真诚地进行对话，达成理性共识。在这种交往过程中，人不只具有主体性，还具有价值理性；他不是片面的分裂的人，而是具有完整人格的人。这就意味着教学不仅是从事知识传递、生产与认识活动，更是基于主体间相互理解的交往活动，而相互理解是实现双方成功交往的核心。理解的实质乃是通过对话超越自己的个体有限视界，使对话双方达到一种新的、更高层次的境界。教师和学生在交往中以平等而完整的人格相互交流和沟通，体验、内化着生活的要求，从而也在建构着"自我"，主体在交往中生成着"自我"。在这里，师生关系不是达到教学目的的手段或条件，而是教学生活的应有之义。也正是在教师与学生的交往互动中，师生双方实现知识和信念的传递，智慧和情感的交融，意志和人格的彼此感染，达到师生心灵融通，从而塑造完美的人性。学生不是这一交往活动的单方受益者，教师也能从学生的发展和成长中得到莫大的愉悦和幸福，更为重要的是学生提出的富有挑战性的问题也能促进教师自我反思和专业成长。此外，不仅教师与学生之间建立的真诚、友好的人际关系能够成为学生学习的动力，而且师生之间的情感交流、愉悦的情感体验也能成为师生共同成长的激励因素。教师与学生保持密切的交往能使教师在教学生活中获得无穷的乐趣。因此，和学生建立良好的人际关系和情感联系是教师工作的重要组成部分，而理性、意志、情感统一的人格也应是教师专业发展的重要内容。

　　第二，教师与同事的交往。交往是人际间借助言语或非言语的媒介而实现的相互沟通、相互认知与相互作用。人在交往中为自己的行为获取信息进行定向，以自己所做的同人们期待他做的进行核对，从而调节自己的需要、观念和行为，使自己在符合群体要求的情况下得到发展。教师要与同事和谐相处，首要的是尊重他人的差异性和独特性，学会"走向他人"，学会与不同价值取向的人进行交往，做到对他人的尊重、宽容、关怀、理解，通过对话、沟通，克服狭隘的价值偏见，从而能"各美其美，美人之美"。如亚里士多德所主张的，"实践智慧"所要求的思虑、选择和决断尽管是个人行为，但绝不是一种特立独行的内在反思，个人本质上是从属于某一"共同体"的社会存在，个人的判断力仍然具有共同性，它内在地依赖并要求对其他判断者的意见加以检验和甄别。在通过交往行为构建起来的共同体中，个人开放自我，包容他者，在互尊、互助、互补、互动的原则下实现共同发展。因此，友谊和团体意识在教师交往中具有特殊的意义。教师与同事建立的良好的人际对话关系，不是利用同事以达到某种目的的手段，而是把同事看作教学生活中的不可或缺的对话伙伴。教师在与同事的交往、对话中不仅获得了丰富的专业发展的资源，而且在彼此交往中所产生的友谊、合作、愉悦也是教师专业发展需要的重要组成部分。此外，良好的人际交往和友谊在学校系统内部传播新思想的方面发挥着重要作用。而那种充满个人主义，教师之间各自为政，缺乏交流与激励，缺乏信任与尊重，甚至相互攻击等不和谐的人际氛围，不仅影响教师顺利成长，而且将促使教师产生职业倦怠。值得注意的是，教师在与同事的交往中必须以诚相见，因为一个人如果想得到别人的信任，必须首先证明自己是可以信赖的。"以诚感人者，人亦诚而应"。只有相互真诚地对话，才能逐渐创造出一种坚实的相互信赖的基础。团结、合作、对话是对人生和生命活动的高扬，可以使人的潜力得到最大的激发，使人的精神生活无限丰富，使人永远保持一种开放和开拓进取的心态。教师的合作、团结，从独白式的内在反思走向对话式的交往活动，是教师自身发展的必然要求。

（四）职业发展动机

初任教师想要成为成就卓著的优秀教师，需要在漫长的职业生涯中不断地学习、求知、探索和进取，通过提高自己的工作水平和胜任能力，实现教学的卓越与完美，这在很大程度上有赖于教师强烈而持久的职业发展动机。

教师职业发展动机是教师在自我调节的作用下，使自身的内在要求与外在诱因相协调，从而激发、维持职业行为的心理状态和意愿。从动机来源上说，动机分为内部动机和外部动机。内部动机是指人们对某些活动感兴趣，从活动中得到了满足，活动本身成为人们从事该活动的推动力。哈佛大学心理学教授布鲁纳认为，内部动机由三种内驱力引起：一是好奇的内驱力，也就是求知欲；二是胜任的内驱力即好胜心，也是求成欲；三是互惠的内驱力，即人们和睦共处、协作活动的需要。教师对教学工作本身的兴趣与探索就是一种受好奇心所驱使的求知欲，教师为胜任教育工作、实现教学的卓越而不懈追求是一种好胜心所驱使的求成欲。这些教师的内在动机能够基于教学任务所提出的要求来应对挑战，把教学活动与自身内在的优秀标准进行比较，以期达成教育的卓越成就。外部动机是指人们参加某活动的动力不是基于对此活动本身的兴趣，而是由外在的奖励或压力所诱发的推动力。在实际教学工作中，有些教师迫于外在的压力而工作，或为了酬劳、外在的奖励而完成工作指标，而并非对教学工作本身感兴趣，也许教学工作对他们而言仅仅是一种谋生的手段。相比较而言，教师自身所有的内在动机远比"奖惩""压力""金钱"等引发的外在动机更为重要，因为内在动机对教师专业发展所产生的激励活力强度大、时效长、效果好。

职业发展的内部动机和外部动机都对教师专业发展产生了重要影响。内部动机能促使教师把更多的注意力放在教学活动中，而不去关注那些与教学活动无关的方面。教师以充沛的精力、丰富的智慧投入教学活动中，探究教学中的问题，以寻求教学的成功和卓越。正是教师拥有这种探究的兴趣和愉悦的体验，才能激励教师在专业上有所作为。理智上的好奇和学术上的造诣是教师职业生涯的立足之本。内部动机反映了教师对教学工作的主观需要和价值取向，对教师的教学行为有激发作用。一个教师对教育事业及教学工作的热爱程度越高，其职业发展的动机就越强烈，这种动机有益于教师创造性的发挥，有益于教师保持对教学工作的全身心投入。外部动机在教育教学工作中也可以起到激励和引导教师行为的作用。当一个教师认同教育教学工作的宏观目标，而实际努力方向又明确时，他采取的教学态度就是认真的、端正的，教学行为就是积极的、主动的。然而，人的注意力十分有限，一个受外界推动的人不会像受内部推动的人那样把全部的注意力放在工作最关键的地方，而且外部动机会减少探究、思索以及创造力的发挥。那么，是否能够把教师职业发展的外部动机转化为内部动机呢？有研究者认为，作为外部诱因的外部动机可以由于环境形成的社会性动机构以及通过个体的认知过程逐渐转化为该个体的内部驱力，成为内部动机。一名教师教学的外部动机向内部动机的转化是受自身认知过程中心理特征支配的，这种转化过程可以是一个主动的过程。只有教师认识到教师职业的价值和意义，能够将宏观目标落实为实际努力方向，将目标与自身需要建立起联系，并成为自己的内在追求时，这种转化才能得以实现。

在教师职业发展动机中，成就动机对教师的发展成长也起着不可低估的作用。教师成就动机是指教师认为自己从事的工作重要而有价值，愿意认真地去完成，并欲达到既定目标或某种理想境界的一种内在推动力。美国心理学家阿特金森的动机理论认为，有三个因素影响人趋向成功的动机：成就需要、成功的可能性和成功的诱因值。一个教师的成就动机若高于避免失败的动机，即使成功了，他也不会简单重复地做同样的事，而是提高其抱负水平，尝试去做更为困难的工作；若是失败了，就会降低其抱负水平，即使再容易的工作也不愿意去尝试。高成就动机的教师往往愿意接受那些具有一定难度的、富有挑战性的任务，并以旺盛的精力、丰富的智慧、新颖的方法创造性地完成任务，而不愿意墨守成规，采取简单的方法去完成任务。那些认为控制力源于外界的教师更容易产生职业倦怠，因为他们通常相信运气、命运，相信更有力的外力会对发生在他们身上的事情负责。美国人格心理学家奥尔波特认为，对多样化、新鲜的事物和挑战需要人们抛开例行公事而追求新的经验。所有这些活动都引起紧张，只有通过这种紧张创造的经验和冒险，人才能成长。优秀教师往往不满足于平庸的教学，不满足于完成基本的教学任务，以自己美好的希望和高远的理想积极地追求新的目标，他们的目的感、献身感和义务感指引着他们为教学卓越而不懈奋斗，永无止境。这些教师是幸福的，这些幸福可能是在其追求的抱负和目标的基础上成功整合的副产品。正是在这种不断的追求和探索中实现教师的专业成长。

从教师的职业生涯来看，教师的发展就是不断满足基本需要、追求更高层次需要的行为过程。人本主义心理学家马斯洛综合了有关动机的学说思想，提出动机源于对缺失性需要和成长性需要不同的满足状况。其中缺失性需要包括生理需要、安全需要、归属需要和自尊需要。成长性需要包括认知需要、审美需要和自我实现需要。当个体的缺失性需要不能满足时会驱使个体追求，严重缺失状态下会出现病态的追求，一旦满足则不再形成动机作用。个体的成长性需要正好相反，未得到满足则潜伏着，一旦得到满足了会更加强烈，促使人不断追求成长，直至自我实现。也就是说，人的生理需要或低级需要是有限的、容易满足的，而心理需要或高级需要，特别是自主性、创造性潜能的发挥则是无穷无尽的，这方面的追求才是人精神生活的决定性动力。教师专业发展也是如此，教师基本需要得到满足后，其精神生活的追求就是无止境的，并成为教师发展的巨大动力。例如，一位刚刚从事教职的新教师，可能考虑更多的是生存问题，如能否适应学校工作，有无能力承担基本的教学任务，是否得到他人的认可，并获得基本的报酬等；而一位从事多年教学工作的优秀教师，在缺失性需要满足之后其发展动机更多的是为了追求更加完美的教学，把实现自我价值作为孜孜追求的目标。按照马斯洛的理论，自我实现型教师的特征是对承担的教育工作有责任感，并为承担的任务付出自己最大的精力；不是为了金钱、名誉或权力而从事教育工作，而是真心热爱教学，甚至能够为工作热切献身；挑战性的教学任务激发教师的潜能，像休假、娱乐、休息以及嗜好等都能融入他们的任务、专业和工作之中。美国其他学者的研究也证明：驱动教师专业发展的动力主要不是来自外部的物质刺激、经济社会地位的提高，而是来自教师工作本身对教师个人自我实现的价值。笔者在对我国优秀教师和教学能手的开放性调查问卷中发现，23% 的优秀教师追求教学卓越与完美的动机来自实现自己的人生价值、理想、自我发展和完善；18% 的优秀教师是为了赢得领导、同行、学生和家长的认可、尊重和信任等。正如一位省优秀外语教师所说："作为一名教师，我深信教师的最高需求是教学专长得以施展，事业有所成就……"教师只有把自己的智慧和才华发挥出来，才会觉得在事业上有奔头。在对其他优秀教师的访谈中，也证实了他们的发展动机更多地来源于工作上的自我价值、胜任和尊重，他们的工作成绩得到学校和他人的肯定，尤其能够得到校长的赞赏。的确，教师都希望自己的工作能够得到他人的尊重，希望自己的能力、才华得到他人的认可、赞赏，并在同事和学校领导中确立较高的威望。当教师在工作中能够充分发挥自己的潜力，施展个人的聪明才智，取得教学成就时，教师就感到其高级需要得到满足，就会体验到成功的愉悦、教学的幸福。优秀教师正是在漫长的职业生涯中具有强烈的职业发展动机，才不求守成，不甘自满，才使他们能够不断发现新问题，思考新问题，进而解决新问题，使他们的事业不是小有成效便止步不前，而是不断突破自我、超越自我，达到理想的境界。

（五）自我评价

自我评价是评价主体以自身作为评价客体的评价活动。自我评价是在自我意识的基础上出现的，有了自我意识就会对自己的能力、发展状态等进行反思。人的自我评价绝不是"闭门思过"，而是需要与外在评价活动相互渗透，与他人以及社会对自己的评价相互对照。因为个体总是以他人作为自己的镜子，在认识他人中反观自己。马克思说："人同自身的关系只有通过他同他人的关系，才成为对他来说是对象性的、现实的关系。"教师是在社会中发展的，社会把教师个体塑造成为社会性个体。教师个体只有通过反思性——变成他自己的思考对象，才能自觉地调整自己，采取明智、理性的教育行动。对教师而言，自我评价是一种理性程度较高的意识活动，主要是教师自身进行反省活动，但必须以教师的职责、规范、价值准则或其他优秀教师的行为为参照，来认识、评价自己的思想、行为及其结果，从而达到自我教育、自我提高和自我发展的目的。自我评价是教师专业发展必不可少的条件之一。

就教师的发展成长而言，首先，自我评价有利于教师的角色内化。美国教育心理学家林格伦指出："一个教师在教室里所要了解的第一件事就是了解他自己。""教师需要了解自己的行为正如他们需要了解他们教的学生那么多。"了解自己是教师教学的基础，也是教师自我发展的前提。一位教师从初任教师到成长为合格或优秀的教师，需要不断地把教师的职业规范、职责、价值准则与个人的发展目标、理想、行为及其结果进行分析、认知和比较，进而形成判断，达到自我认识。这一过程就是教师自我分析、自我评价的过程。通过自我评价，教师可以明晰自己的职责范围、行为规范和发展进程，可以评判教育目标的达成程度、教学技能的改进程度、知识的增长程度和角色的扮演程度。这有助于教师把教学规范、职责、价值标准内化为自己的信念、知识和行为准则，并不断地调控自己的教育行为，逐步地逼近教育目标。通过自我评价达到自我认识、自我认可。事实证明，自我认识和自我认可程度高的教师比自我认识和自我认可程度低的教师更为成熟，更有信心，因而更有可能成为优秀教师。

其次，自我评价有利于激发教师发展的内在动机。自我评价通过自我教育机制，在个体的发展中不断为自我实现提供内在动力，这种自我激励的产生，在于自我评价得出的差距和由这种差距所产生的态势，由此而促使个体不断前进。研究表明，内部动机与外部压力对人都具有较大的激励作用，但教师作为受过较高层次教育的人主要是自我激励的，外部压力可以迫使他们达到最低标准，但很难使他们达到优良的水平。通过自我评价，教师的自觉性、积极性会不断提高，创新意识会大大增强。从这个意义上说，教师自我评价的过程就是教师自我激励、自我提高和自我实现的过程。

再次，教师的自我评价有助于增进教师的自我意识和自主发展。自我评价活动的本质就是主体对主体自身的评价活动。这一特点决定它在主体的自我意识中具有重要地位。自我意识不仅是"我是什么"的意识，而且是对"我是什么"予以理性理解而形成的意识。康德把自我意识看作人的认识的根本特征。黑格尔也把人"作为一个由自我意识的存在"看作"人能超出他的自然存在"，"区别于外部的自然界"的一个根本原因和根本标志。自我意识是人的自觉自为性的集中表现。人通过自己的自觉、自为的活动创造适合于自己需要的理想世界。教师的自我评价活动正是对"我是什么样的教师"的理解活动，是对"我的教学能力如何""我教得怎么样"等分析、判断的活动，因而能对自身发展状态与趋向有清晰的自我认识。教师通过自我评价来保持对自身的认识，使之处于不断思考、反省和创造的状态，通过自觉、自为的教育实践活动而不断地追求教学的完美，使教学日臻完善。有些优秀教师在多年的教学实践中逐步总结、积累了一些自我评价教学的方法。在笔者与一位拥有18年教龄的优秀教师交谈时，他说："在课堂上，我能从某些学生的表情，甚至是一些不易使人觉察的细微动作中，发现自己教学的情况，了解到学生的学习进展及其心理状态。"对那些不断追求持续发展的教师来说，这种自我评价能够极大地促进教师的自我反思，使教师不断改进、修正自己的教学行为，实现自主发展。不仅如此，自我评价对一个善于与学生和教师进行沟通的优秀教师来说也是至关重要的，因为教师在与学生、家长、同事、领导及其他人的正常交往中，自我关注能力举足轻重。能够善待自我、尊重自我的人同样能够善待他人、尊重他人。那些能够接纳和善待自己的教师往往能够更好地理解、接纳和善待学生。

最后，自我评价能够促进教师把握人生价值选择，进行自我塑造。主体对自身需要的理解离不开自我评价活动。主体可以把自身需要作为评价客体，在自我评价中对其做出肯定或否定的价值判断，赋予"合理"或"不合理""正当"或"不正当"等意义。离开了主体对自身需要的评价，主体根据自身需要所形成的实践目的往往缺乏合理性。人的价值，从根本上说，就是作为客体的人能够满足社会或他人的需要，也就是人对社会的贡献，是一个人所创造的物质成果、精神成果和提供的服务对他人和社会需要的满足情况，人生的价值在于他能否和多大程度上满足他人，满足包括自身在内的整个社会物质文化生活的需要。教师的价值主要体现在他是否促进了学生的健康发展，是否为学生未来的人生幸福负责，以及为社会培养了多少人才和培养了什么样的人才等方面。教师为社会做出了贡献，另一方面社会也为教师的生存和发展创造了条件。教师总是自觉或不自觉地从自身生存和发展的需要出发，对自己的人生价值进行评价。通过人生价值的自我评价，教师能从中把握自我选择，进行自我塑造，追求合理而正确的人生价值理想，使自己的工作和人生具有更大的价值和意义。

此外，自我评价有利于加强学校的民主气氛，增强教师的主人翁意识，也为教师创造了平等的对话及发表个人见解的机会，密切校方与教师的关系，从而促进教师心态和学校氛围的相互适应和融合，有利于教师专业发展和学校教学质量的逐步提高。

二、影响教师专业发展的环境因素

（一）教育政策

教育政策是国家和政府制定的调整教育领域的社会问题和利益关系的公共政策，是为实现一定历史时期的教育任务而制定的行动依据和准则。教育政策又分为作为目的、目标的教育政策，作为纲领性决议的教育政策，作为行为举止、行动和利益规范形式的教育政策。就我国教育政策而言，教育政策的表现形式主要包括方针、法律、行政法规、规范性文件及规章等，其中行政法规、规范性文件和规章是我国教育政策体系的主体内容，是直接指导教育工作的具体规范。教育政策可以渗透到社会和教育活动的各个领域，发挥着指导作用，并深刻地影响着教师的生活质量，指引着教师的发展方向。一个国家的教育政策是影响教师发展成长的宏观环境因素，它为教师发展成长提供了物质和制度保障，赋予了教师基本的权利和义务，体现了国家和社会对教师的基本要求。

1. 教育政策为教师的基本生活、工作和学习条件提供了保障，直接影响着教师的生存和发展

就全球教育来说，世界上许多国家和政府逐渐认识到教育在社会和经济发展中的地位和作用，并着力进行各种各样的教育改革，以提高教育教学质量。随着教育改革的推进和逐步深入，国家和政府也逐步发现决定教育改革的成败、教育质量高低的关键在于教师。为此，各个国家制定了一系列有关教师的政策，为教师专业发展创造了有利条件。然而，教育政策能否得到有效执行是教育政策目标达成的决定性环节。美国学者艾利森认为："在实现政策目标的过程中，（政策）方案确定的功能只占10%，而其余的90%则取决于有效的执行。"在教育政策执行过程中，最为突出的问题是教育经费的拨付。在西方发达国家，教育政策的推出都伴随着相应的经济拨款，教育政策的执行是以相当可观的经济拨款为诱因和保障的。我国为保障教师的待遇、工作和学习，制定了一系列的政策法规，如1993年10月31日颁布的《中华人民共和国教师法》规定，"教师的平均工资水平应当不低于或者高于国家公务员的平均工资水平，并逐步提高"，"中小学教师和职业学校教师享受教龄津贴和其他津贴"。然而，由于受到诸多因素的影响，这些政策在实际执行过程中，往往会出现执行过程及结果偏离政策目标的不良现象。在我国许多地方的中小学教师实际享受的福利待遇远远低于当地的公务员水平。在一些农村地区，教育经费紧张，办学条件得不到改善，教师工资、津贴不能按时足额发放，这不仅严重影响教师的家庭生活，而且极大地挫伤了教师从教的积极性，致使大量中青年优秀教师外流。

生活和工作条件不仅影响教师的积极性，而且直接关系到教师的发展成长。诚然，我们提倡教师的奉献精神，提倡教师高尚的职业道德，但是如果教师连基本的生活都无法维持的话，教师选择更能体现其自身价值的职业是无可厚非的。因为如果"把人对社会贡献的大小作为衡量人的价值大小的一个尺度的话，那么我们也可以把社会满足其成员需要的程度作为衡量一个社会的合理性的一个尺度"。国家和政府的教育政策应该提供维护教师体面而尊严的基本生活保障。工资水平是影响教师职业吸引力和教师队伍稳定的直接因素，国内是这样，国外也是如此。曼斯基对美国20世纪70年代大学生选择教师职业的研究资料表明，教师的工资水平对新进入教师队伍的毕业生数量有明显影响：工资越高，愿意当教师的人越多。如果一个国家的教育政策无法保障教师最基本的生活需要和工作条件，怎能吸引大批有才华的青年从事教师职业呢？何谈教师的发展与成长？国内外大量事实证明，如果工资级别保持在教师认为不合理的水平上或工作安全受到威胁时，就必然影响到教师职业的吸引力和教师队

伍的稳定，教师也难以对专业发展的机会做出反应。因此，教师工资水平、工作和学习条件是教师专业发展的先决条件。

2.教育政策对教师专业发展予以规范和引导

教育政策为教育事业的发展提供了某种标准与规范，并对教师的教育行为进行约束、限定和引导，规定着教师应该做什么或不应该做什么，应该怎么做或不应该怎么做。目前在许多国家的教育政策中，通过制定各种规章制度对教师予以规范。这些规章制度是建设高质量的教师队伍、有效实施教师管理、提高教学水平、实现教育目标的重要保障，同时，也成为指引和促进教师专业发展的有效手段。例如，教师资格证书制度是一项针对教师行业的职业准入制度，它对规范教师的任用标准，促进教师专业化，提高教育质量具有重要意义。我国教师资格证书主要是对申请人的学历、教育教学能力和职业道德等予以认定。有些国家为了规范教师的专业职责和专业水平，制定了一系列政策，并建立了相应的组织。例如，美国于1987年成立美国国家教学专业标准委员会（National Board for Professional Teaching Standards），该委员会提出教师专业标准的原则和教师专业知识、教学技能方面的要求，强调教师实践反思的能力，在经验中学习能力和集体协作精神的重要性，并指出教师不会因为获得了资格证而终止自己的发展历程，会继续面对新的专业发展挑战，因此专业发展阶段越高，对教师专业标准的要求就越严格。美国许多专家学者认为，教师资格鉴定中知识测验所测得的成绩并不一定和教师教学效能有关，判断教师教学效能最有效、最准确的方式，是教师在教室及在专业社群中的真实表现。1989年美国卡内基基金会组织编制的《教师专业标准大纲》是一份迄今为止最明确地界定了教师专业标准的规范性文件。这些政策在专业职责、专业品质、专业能力等方面对教师专业发展提出了明确要求，对教师发展具有很强的规范和指导意义。

教育政策对教师专业发展的目标、思想、观念和行为予以引导。教育政策对教师的引导分为直接引导和间接引导。直接引导就是政策对其调节对象的直接作用；间接引导就是政策对其非直接调节对象的影响。例如，提高教师地位和生活待遇的政策，会间接影响人们的就业选择，引导优秀青年报考师范院校，激励有才华的人进入教师队伍。教育政策对教师的引导具体表现在：第一，明确教师专业发展的目标。教育政策体现了国家的意志，代表着统治阶级的根本利益，具有明确的指向性，因此教育政策对教师专业发展的取向有着第一位的重要意义。第二，促进教师思想观念的认同，指导教师的教育行为。教育政策比思想教育工作更具有说服力和威慑力，能够潜移默化地引导教师的思想和行为，有利于澄清教师的认识，纠正教师的行为偏差，使教师向着教育政策所希望的方向发展。

3. 教育政策对教师专业发展的激励与促进

教育政策对教师专业发展的激励和促进作用主要是通过教师考核制度、教师奖惩制度、职务评审和聘任制度、教师教育制度等来完成的。教师的考核制度是对教师职业道德、专业水平、工作态度和工作业绩等方面进行全面的了解和评价，并对教师教育教学取得的业绩给予肯定，从而明确教师努力的方向。同时，考核的结果还可以作为教师提升、晋薪、奖励和进修的依据。由于考核结果与教师的切身利益密切联系，所以能够形成激励、竞争机制，调动教师工作的积极性。在全面考核教师的基础上，对教师的任职资格进行评审和聘任。

（二）学校管理

学校管理是管理者在国家教育政策的指导下，对学校自身的内部管理，是对学校系统人力物力等资源进行计划、组织、指导、协调、控制和决策的过程。学校组织或许是最复杂的社会产物了。一方面，如同其他正式组织一样，学校必须对一个复杂的人力物力资源的混合体做出诸如组织、管理、指挥等方面的处理。另一方面，它又与大多数其他正式组织不同，作为一个培养人才的机构，学校有独特的组织与管理问题。为了进行科学管理，学校制定了一系列规章制度、管理条例，设置了组织机构等，以保证学校工作的顺利进行。但是，学校的所有工作都是由人来完成的，"人的因素"是最重要的。如何发挥人的管理效能、调动教师的积极性是顺利实现学校工作目标的关键，而教师积极性的激发与学校管理的方式密切相关。国内的一项研究曾就以下8个因素在教师心目中的地位进行调查：①学校的教学设备；②学校生活条件；③领导人的作风好坏；④教师之间的关系；⑤学生的知识基础；⑥在学生中的威信；⑦一般人对教师职业的看法；⑧工资的高低。调查结果表明，在具体调查内容中"领导人的作风好坏"在接受调查的641位中小学教师心目中居于首位。这说明，校长作为学校的管理者，其工作作风和管理方式对教师的发展是何等重要。可以说，效力较高组织和效力较低组织的一个决定性变量是组织中的人的行为，其中领导行为对下属成员如何相处及相处结果产生重要影响。学校管理方式作为管理者引导和影响组织及其成员为实现预定组织目标所运用的方法和形式，隐含着管理者的人性假设和思维方式，体现了一种行业规范和解决问题的基本理念。从教师发展成长的角度来看，我们把对教师的思想和行为影响较大的管理方式大致分为以下两类。

1. 民主参与的管理方式

民主参与的管理方式的人性假设是人不是天生厌恶工作的，人也不是被动的，而是具有创造性和想象力的；人的行为受动机的支配，最有效的奖励是自我满足和自我实现；只要能够创造一定的条件，人就会努力工作，甚至会自觉履行职责，自行确定方向和自我调控，以取得工作成就、获得奖励。在这种人性假设的基础上，管理者以引导的方法，调动员工的主动性和积极性，使他们发挥自己的创造能力、知识和技术，从而既能达到组织的目标，又能实现个人的目的。由于这种管理方式认为，个人的极大满足感是在个人完成重要工作中获得的，因而管理者在工作安排上，将注意力集中于确定值得努力的目标；在人际关系上，着眼于营造相互信任、相互尊重的风气。托马斯·塞基欧万尼和伦西斯·利克特等人把这种假设在学校管理中进行实证研究后认为，教师能参与决策，通过参与和奖励激发动机；领导与教师之间有广泛的、友好的相互交往；信息横向、纵向沟通；高度信任和委托；对控制过程普遍负责：因此学校工作效率是较高的。笔者在一所省级规范化中学调查访谈时，也感受到这种民主的管理作风。在这样的学校里，校长能够尊重教师，信任教师，这种信任通过学校的规章制度、具体措施、领导作风、人际关系等各个方面体现出来，让教师对自己的工作担负更大的责任，享有自主权，从而极大地调动了教师的工作积极性。大量的事实证明，对于像从事教师这样复杂工作的人，只有让他们在感到自己的努力被尊重时才能最大限度地发挥其创造性，只有让他们在感到自己对组织的管理能发表自己的意见时才能工作得更好。民主参与的管理方式能够合理用人，知人善任，充分吸收教师参与学校的管理与决策，使每位教师的专长、才能和智慧得到充分的发挥，从而极大地促进教师的专业发展。让教师参与决策是增强教师工作满意度的关键，它对教师的实际影响超过决策本身，无疑是促进教师成长的一个有效举措。我们认为，适合教师专业发展的学校特征之一就是教师分享领导权力，并跨越决策范围，以信任的方式参与决策。正如赖斯等人所说："让教师参与决策是增强教师工作满意度的关键，它对教师的实际影响超过决策本身，是教师成长的核心，也是教师成长的一个条件，同时是识别和认识其他有利条件的一个手段。"当教师个体感到在教学中有更大的自由度与更多的自主权，感到他们的学校组织有一套对教师教学赏罚分明的激励机制，并确信他们能够参与学校决策时，教师的职业倦怠感就会降低许多。

2.权变的管理方式

权变理论的基本假设是，如果组织内在的特征能够最好地满足不确定性环境的要求，组织就具有最好的适应性。管理是由多因素组成的，是动态变化的，在学校中没有哪种组织和管理方法是最有效的，而有效性取决于管理方式对特定的情境适合程度。菲德勒指出，在一种情境里，一个领导者往往是有效的，而在另一种情境里则是无效的，有经验的管理者的行为在很大程度上是随着情境的特征而变化的。值得注意的是，有成效的组织是以成员的积极性为特征的，而效率低的组织则不然。有效的学校管理者往往把职位权力同团体认可的权力结合起来，以激发被管理者工作的积极性。教师与校长的关系是在追求共同目标过程中，建立起来的相互信任、相互理解、相互激发潜能的合作关系。学校管理权威不单纯取决于管理者的权力和地位，还取决于管理者的管理才能和人格魅力，取决于教师心悦诚服的依从，而不是被迫的屈从。

依据权变理论，学校管理者在管理过程中既要考虑到学校的需要，又要了解到教师个人的需要，并在此基础上，决定采用何种管理方式。事实上，学校管理者为更好地实现组织目标，在教师管理中要把学校的需要与教师个人的需要融合在一起。学校组织固然拥有许多监督和控制教师个人的手段，可以强迫性地将教师个人的需要纳入学校需求的轨道之内，如监督、待岗、减薪、纪律处分、辞退、晋升、加薪等。但是这些强制性手段要使教师个人的需求和学校的需求实现真正的融合是不可能的。因为，实现学校的需求和目标不仅要依靠组织的力量，还要依靠教师个人的努力和积极性，尤其要依靠全体教师的凝聚力与合作精神。所以，在实现学校需求和目标时，必须兼顾教师个人的需求。那么，教师的需求以及对学校领导的期望主要包括哪些方面？笔者通过对中小学教师的调查研究发现，教师理想中的"促进教师专业发展的学校领导"是（依据教师回答问题出现的频率排序）：①关心教师生活和专业成长；②教育决策民主；③精通业务；④具有责任感和使命感；⑤有远见卓识；⑥公正无私；⑦锐意改革和创新；⑧理解和尊重教师；⑨求真务实。如果学校管理者能够认识到教师的这些期待，就会在管理中尽力去关照教师的个人需要，以调动教师工作的积极性。按照美国行为科学家赫茨伯格的"双因素理论"，在工作中有两类因素影响人的行为动机。一类是维持因素，如工作条件、工资福利待遇、人际关系、管理的政策和方式等，另一类是激励因素，如工作的成就、认可、责任的大小、职位的提升、工作本身的挑战以及个人或职业的发展等。在工作中，当维持因素缺乏或处于否定状态时，职工会产生不满意感，而如果仅仅满足于维持因素也不能促使职工工作中更加努力。只有当激励因素存在，并且在工作情境中处于肯定状态时，职工才会产生满意感，并且促使自身行为更加努力。这种"双因素理论"在笔者的访谈中也得到证实并获得了充分的支持。例如，在对一所实验中学调查和访谈时，笔者发现该校校长管理作风专制，虽然学校工作条件较好，工资福利待遇较高，但教师对学校并不满意，不少教师说："校长很少对教师的工作成绩予以表扬、认可，常常是对教师批评多、管制多，所以教师的工作积极性不高，有时感到很压抑。"可以说该学校仅处于一种维持状态，难以激发起教师的工作热情和满足教师更高层次的需要。就工作动机而言，依据伯特·莱曼的需要层次理论，我们把教师的需要归为五个方面：安全的需要，包括工资、婚姻、资历、退休计划、任期、政策和法律保护等；交往的需要，包括属于正式或非正式的工作团体友谊、为组织以外的同仁所承认；自尊的需要，包括头衔、自尊感、他人尊重、地位象征、认可、晋升、奖赏、成为核心团体的一员；自主的需要，包括控制工作情形、在组织中的影响、参与重要的决策、利用组织资源的权利；自我实现的需要，包括发挥教师潜能、竭尽全力工作、体验到事业的成功、把达到目标看作具有重大意义的追求。这种理论对管理者如何进行有效的教师管理具有重要的参考和借鉴价值。我们认为，学校管理者应当首先了解每位教师占优势的需要层次，针对不同教师的专业发展阶段和成长需要而采取适当的管理方式，调动教师的积极性。一个教师只有在其胜任的最高岗位上，才能发挥最大的价值，促进其专业成长。

（三）学校氛围

学校作为社会大系统中的一个教育组织，创造并维持着一定的环境。在这种环境中，人们相互影响与作用，形成一定的氛围。学校氛围（school climate）是一所学校内部所形成的，对其成员的价值观念、态度、信念、道德规范和行为产生潜移默化式影响的心理环境。它蕴含着一定的价值取向、思想信念、道德风尚、工作和学习作风、集体舆论等精神因素，体现出一所学校的独特风格或个性，展现了一所学校与其他学校不同的精神风貌。学校氛围作为一种观念形态，是无形的、看不见的，但学校成员却能够深切地体验到，并将其表现在日常行为中。对教师来说，学校氛围（文化、生态、社会的精神气质）是影响教师发展成长的外在精神力量。

学校氛围作为一所学校内部成员所共同具有的思想作风、价值观念和行为态度，对每位教师的思想和行为产生重要影响。笔者调查研究表明，教师理想中的"更好地发挥教学潜能的学校氛围"是（依据教师回答问题出现的频率排序）：①学校人际关系和谐；②开明、民主、开放；③团结、协作、互助；④严而不死，活而不乱；⑤良好的竞争、激励氛围；⑥发展性的、充分尊重教师劳动的评估机制；⑦严谨、规范、催人奋进的教风和学风；⑧倡导并鼓励教育科研；⑨学习化的学校；等。的确，这样的学校氛围必然能够促进教师专业成长。不仅如此，良好的学校氛围对教师具有心理上和感情上的凝聚力量，促进教师的凝聚力和集体感的生成。一所学校拥有何种氛围，与学校管理者的行为作风密切相关。民主参与式的管理能够尊重所有学校成员的感情和人格，来营造一种学校中人与人之间联系密切、相互信任的心理环境，使大家具有一种以学校为中心的共同的价值取向、道德标准和整体信念，继而形成极大的集体合力、奋发向上的群体意识，极大地激发教师的主观能动性。在这种氛围里，教师会自觉自愿地把自己与学校融为一体，形成强烈的主人翁意识和使命感、责任感，处处维护学校的荣誉和声誉，努力为学校增光添彩。这种氛围为教师提供了令人振奋、催人向上的力量。美国学者哈尔平和克罗夫特运用调查问卷的方法，通过教师对教师人际团体和校长的共同看法来研究学校氛围。在开放性的学校氛围里，教师把校长的行为看作官方的角色和他或她个性特点一种自然而然的真正结合。开放性氛围（open climate）表现在：校长工作时精力充沛，以身作则，关心教师，处处为教师着想，给教师以合理的指导；并认为没有必要对教师严加管束，但能做到令行禁止；校长与教师、教师与教师之间相互合作，相互尊重；教师士气高昂，工作认真负责，主动克服困难并战胜挫折。笔者在一所省级重点高级中学调查、访谈时，也感受到这样的氛围，教师为自己是这个学校的一员而引以为荣，也未把繁忙的工作、规章制度和"行政琐事"当成一种负担。在笔者与一位教师交谈时，她说："学校鼓励教师的教学革新，并适时地给教师各方面支持，而且学校每年都组织一些教师到全国的名牌学校去参观、学习，以开阔教师视野。"事实证明，学校的氛围越开放，教师和学生对学校的疏离感就越淡薄，教师的参与性也就越强，学校也就会有更多忠诚而符合要求的教师。在这种开放性的氛围里，教师对自己和学校的效能更自信，并且能够在得到充分的肯定和鼓励中工作和学习，在学校的关心和支持下发展和成长。但是，如果学校氛围是封闭的，甚至是窒息的，教师就会对学校产生疏离感或无能为力感，对自己的未来发展不抱多少期望。封闭性氛围（closed climate）表现在：校长和教师对工作并不真正关心和投入，教师敷衍塞责，不能团结协作干好工作；校长待人冷淡，不近人情，只是一味督促教师拼命工作，而不关心教师的个人福利；校长严厉监督，主观武断决策，工作无主动性，缺乏独创精神，常常是逆来顺受地把学校发生的问题归咎于不能控制的外部力量。笔者在一所乡中心小学调查访谈时也感受到这样的氛围。一位教师很无奈地说："校长只是关心学生的分数和在县里的名次，强调教师必须全身心地投入教学，却不管教师的生活条件，像我们学校有很多教师缺少住房，校长也根本不管。很多教师认为在这里教学就是为了这份工作，为了生存。"在这样的学校氛围里，教师无成就感，也没有任何满足感；教师对学校心怀不满，工作上得过且过，情绪低落。研究表明，开放的学校氛围与封闭的氛围相比，其特征是有较高的忠诚度和信任度，既包括对校长的信任又包括对同事的信任。开放的学校氛围会创造出较高水平的业绩和教师参与决策的积极性，而封闭的学校氛围则会导致教师行为偏狭、责任心差和参与精神缺乏。

　　学校氛围影响和规范教师的思想和行为，使教师能够理解和接受学校固有的价值观和期望，从而引起教师气质的同一性。一所学校的氛围一旦形成，就会保持相对稳定，持续地对教师产生约束力，使教师按照某些方式言谈行事。例如，一位初任教师刚进入一所学校时，学校环境对他来说是比较陌生的，他的思想、价值观和某些信念及其行为与学校氛围可能有很大不同，但是随着时间的推移，在所处学校氛围的感染和熏陶下，他会逐步被学校的价值观念、思想和工作作风所同化，表现出与学校氛围一致的行为和精神风尚。这正如心理学家巴克从"生态心理学"的视角所指出的，环境对激发和形成人在环境中的行为方式有很大影响，其影响之大竟然可以克服组织成员之间的许多个体差异，以至于在具体组织中，人们往往表现出相互一致而又与一般人不同的行为方式，甚至人们一看便知他们的行为属于哪些特定的组织。学校氛围是学校员工共同营造的，具有一定的指向性和目的性，但从其存在形式以及对人产生影响的方式看乃是无意识的。无意识在人的心理认识过程中占据不可忽视的地位，它无论是对个体探求知识的选择性、对情感的需求和审美判断的价值标准，还是对个体意志控制和调节的能力都会产生巨大影响。它的存在作为心理事实的实在性表现为它的能动性，以及它实在地参与人的行为、行动、举动的调节作用。学校氛围使生活在其中的每一位教师不知不觉地受到熏陶和感染，进而陶冶其情操，规范其行为。一位初任教师进入教师职业团体后，会逐步认同组织人格，养成集体意识。这种组织人格的认同和集体意识的养成，使教师成员产生强烈的集体责任感和荣誉感，自觉地把个人的思想、感情和行动与团体联系起来，在自己的工作岗位上尽职尽责。因此，一所学校里，全体教师的精神状态和文化素养，经过长期的积累和相互感染，往往表现为这所学校教师所特有的共同气质和风度。

　　良好的学校氛围为教师提共富有挑战性的工作机会，能够激励教师不断发展、持续成长。人的行为必须从人与环境相互作用的角度来加以考察和理解。理解人的行为就需要我们考虑行为发生的整个环境。个人在组织背景中的行为不仅仅是由个人的个性特征所决定的，还要受到个人所处的整体情境的影响。美国心理学家默里认为，环境压力是内化的个性需要的外在情境的对应物。在他看来，驱力大致相当于导致适当行为的环境压力。驱力形成人的个性，而个性是内外需要之间能动的相互作用的结果。什么样的学校氛围能够激励教师发展和成长？氛围良好的学校是具有革新能力的学校，其特点主要表现在：学校成员对学校目标能够理解和接受，在现有条件下能够努力实现目标；学校整个系统内和环境中能够纵向、横向沟通；最佳的权力均等，上下级是合作的而不是压制的；鼓励教师参与政策制定，支持和信任教师工作；学校成员感到在工作中能够"自我实现"，能够发展和成长；组织成员具有凝聚力，每个成员被组织所吸引，喜爱组织并希望留在组织中；组织中成员士气高昂，表现出幸福感和满足感；组织能够制定新的目标，不断创新，持续发展；当外部环境发生变化时，组织具有自主适应能力，能够进行调整和适应，与外在要求保持协调一致。这样的学校通过探索教育革新为教师提供有意义的、挑战性的工作，激发教师的认知智力和社交——情感需要的潜在力量，充分发挥教师的主动性和创造性，使教师为自我实现而努力。

（四）教师文化

人及其组织作为社会文化的产物，都存在于某种特定的文化环境之中，并受到这种文化环境的影响。教师专业发展不仅受到社会、学校等环境因素的制约，而且受到教师文化的熏陶。教师文化是指学校教师群体共同享有的价值观、信念、规范、行为、态度的意义系统。教师文化反映了教师群体的共识，内化在教师的行为中，并传递给学校各成员。在具有凝聚力的教师群体中，如果个人特别看重群体成员的尊重和认可，那么他（她）为了获得群体的接纳和赞赏，就会遵从群体规范，并以不负群体期望的态度去行动。这对个体教师的观念、价值观、态度和行为的形成及发展产生了强有力的影响。

以教学为业往往被称为"孤独的职业"，教师职业的孤独性和封闭性使教师很难有机会获得新知识、新思想，常常囿于个人经验来解决问题。洛蒂曾指出，在日常工作中，作为个体的教师与其他教师以及其他成年人之间是多么隔绝，并形成了一种规范：个人必须依靠自身的资源和努力应对教学。因此，最常见的教师文化是个人的、目前取向的和保守的教学文化。哈格里夫斯指出："教师躲避长期的计划，拒绝和同事们合作，拒绝参与整个学校的决策，以便在时间和资源上获得边界的改善，使他们自己的个人课堂教学更容易些。"在课堂中，教师单枪匹马地与学生打交道，应对一些挑战和突发事件，并要迅速而准确地做出反应，这种孤立状态耗尽了教师的精力，且妨碍他们进行持久的反思。

实际上，课堂孤立本身是学校教学"蛋篓结构"（eggcrate structure）的一种产物。也就是说，学校被分割为孤立的和隔绝的课堂，把教师彼此分开，从而使教师之间的合作难以进行。这就意味着，教师是以孤立的方式进行工作的，尽管他们的教学工作是看得见的。一些研究者对教师工作调查的结果更令人失望："教学实际上是一种孤立的事业。在教学中，如此多的人在如此狭小的空间和紧凑的时间内完成如此一致的使命，但它却是在自我迫促和职业认同的孤立之中进行的，这可能是个最大的讽刺——同时是教学的最大悲剧。"笔者通过调查和部分访谈发现，20.9% 的教师难以做到"经常在一起研讨或交流教学中的问题"，24.5% 的教师所在的学校不能"经常举行教学观摩课"，63.2% 的教师所在的学校没有"有计划地组织教师参观、考察其他学校"。在孤立、封闭的教师文化中，教师虽然几乎天天见面、彼此交流，但很少运用交流的机会来讨论教学实践，或者分享问题。麦克弗森的研究也表明，大多数教师在学校避而不谈教学实践，谈论的话题大多涉及政治、牢骚、家庭生活、个别学生的个性和家庭背景，而不是课程、教学内容或教学方法。为什么会造成这种状况？笔者在调查访谈中发现，一些教师不好意思或不情愿向其他教师求教。也许学校文化不允许教师谈论教学失败，甚至在某种程度上某个教师提出问题就可能被他人看或是寻求帮助。教师请求帮助就意味着公开承认自己无能或教学水平低，甚至表明自己教学的失败。这种孤立的、个人主义的风气由于期望教师显示高超的课堂教学能力而得到加强。这无益于教学探索与开拓，尤其对那些处于建立专业自信的新手教师来说，他们担心请求帮助会被解释为"专业能力不足"，只好在封闭中自己摸索，或者试图保持现状，从而抑制了教师提出质疑或批判性反思的冲动。孤立的、个人主义的文化甚至会造成教师为争夺权力与资源而相互竞争。例如，有些学校由于受到诸多条件的限制（如设备短缺、楼房破旧、班组人数过多），教师为争夺有限的教学资源和教学时间，相互之间时常发生冲突。在追求升学率的大背景下，一些学校教师之间相互竞争，尤其为提高自己所教学科班级的成绩，同一学科的教师之间相互保守，教学材料和信息相互封闭。这不仅严重阻碍教师之间的交流、探讨，使教师难以体验到彼此激励之乐趣——为工作的圆满完成而得到同事的支持、赞赏等，而且教师之间缺乏彼此新思想、新观念的交流和启发，极大地影响了教师的进步和发展。

教师的教学工作尽管可以在孤立的状态中独自完成，但是，就专业发展而言，教师追求教学卓越需要不断学习和借鉴他人（如同事或校外专家）的教育经验和智慧，教师也并非孤立地改进其教学实践、形成教学风格，而是依赖于共同分享的教师文化。教师文化为教师的工作提供了意义支持和身份认同。教师成长的理想环境，是一种合作的教师文化，这种文化基于教师之间的开放、互信与支持而形成。在利特尔看来，合作文化中的开放性是教师专业发展和成长的先决条件。在合作的教师文化中，教师围绕着教育实践中的各种问题进行探讨和交流。这种交流是教师与教师之间的真实交流，是思想的激发和被激发，是把自己的知识奉献给他人并向他人学习，在改变自己观念的同时影响他人的观念，在思维的相互碰撞中探寻解决问题的最佳策略。合作文化及其实践打破了教师的孤立状态，促进了教师之间新思想的沟通，增强了他们的专业自信，提升了他们的专业水平。笔者调查发现，67.2% 的优秀教师认为自己的教学思想和方法来自其他优秀教师的经验、观摩课或同事间的研讨。实践证明，教师教学专长的形成和发展是在同事的支持下实现的，而且来自同事的支持较来自行政的支持更为重要。

教师文化的形成与学校的整体文化环境密切相关。在教师工作环境中，孤立、封闭的教师文化与缺乏一种有效的社会和学校的支持环境密不可分。约翰·古德莱德调查分析了教师在工作中处于极端孤立的状态，其原因在于大多数校长只待在自己的办公室里，很少给予教师教育学上或道义上的支持；同事们也是坚守各自的阵地——可能是害怕侵犯了教师的尊严。他认为，教师不但因为和学生一起被隔绝在课堂的斗室之中而陷于孤立，而且他们感到不能得到一些了解他们工作的人的支持，同情他们的工作，愿意帮助并确实给予帮助。合作的教师文化需要学校强有力的支持，需要学校围绕着灵活的工作日程为教师提供相互学习的机会，需要为教师提供经验和智慧分享的平台。值得注意的是，学校为教师提供的合作，是以教师的教学和发展的需要为基础的，而不是强迫的"合作"。"强迫的合作"被哈格里夫斯称为"硬造的合作"，即教师被要求围绕行政人员的意图与兴趣（这些意图与兴趣往往是在其他地方形成的）进行"合作"。硬造的合作文化，是倡导合作的人最应警惕的一种状况：来自教师群体之外的意图与兴趣，很容易打着"合作"的幌子销蚀了真正的合作。这种合作会影响教师的工作积极性和学校长远的发展利益。合作不应退化为一系列以规则为基础的毫无意义、内容空泛的常规工作，而应基于教师和学校所面临的挑战而产生的有机的合作模式。

良好的教师文化是教师教学专长发展的支持性环境。在这样的环境中，经验丰富的专家型教师乐意把自己的教学专长奉献出来，供其他教师分享。专长时常被看作是个人所持有的，但是，从某种意义上说，善于合作也是一种专长，它体现在彼此协同工作之中。教师群体环境不仅需要经验丰富的教师奉献自己的专长，而且要为其他教师表达和检验自己的思想提供空间和发展机会。合作的教师文化有助于形成良好的同事关系，使教师之间能够在知识和信息上充分交流、共同分享，在思想、信念、态度方面相互影响和促进，从而为个体发展和教学水平的提高创造有利条件。所以，教师发展成长的环境最主要的不是让教师学习某些学科知识或教育知识，也不是个别教师的孤立"反思"，而是根据共事、开放、信任的原则，构建一种合作的教师文化。

良好的环境可以为教师提供更多的发展空间，给教师带来情感的抚慰，使教师享受到教学的愉悦。而在压抑的环境中，教师难以有较大的发展空间。调查研究表明，不利的工作条件和发展环境已成为许多教师离职的重要因素之一。在专制的工作环境里，官僚式的管理体制让教师承担难以肩负的任务，以致教师身心近于崩溃；善良的教师往往接受无穷无尽的额外工作，以致他们疲惫不堪。然而，教师的离职却常常被误认为是教师个人教学才智的"燃烧殆尽"，而不是一个体制的失败。我们应该认识到，教师的发展成长不仅仅是个人的事，社会、学校、管理部门以及学校校长和教育理论工作者等，都有责任为教师提供多方面的支持与协助，营造一个教师顺利成长的优良环境。

第三节 从校本教研到校本研修

校本研修活动作为一个复杂系统，具有多结构、多层次、多序列的特点，要使之有效地运行，促进教师的综合素质提高和专业发展，就必须形成一个完整的支持体系，作为活动开展的保障。本研究针对小学在校本研修活动中存在的问题，结合校本研修相关理论，提出校本研修活动有效实施的几点策略和建议。

一、确定校本研修的科学目标，规划校本研修的正确方向

科学合理的校本研修目标的制定，不仅关系到学校未来的发展，并且深刻影响到教师的专业成长以及学生全面和谐的发展。在长期的校本研修活动中，我校依据自身的办学特色及发展愿景，根植于教师、学生素质综合提高的实际需求，切实制定了科学合理的校本研修目标，来引导师生的和谐发展，幸福成长。为此我校采取以下两点做法。

（一）明晰学校未来发展方向

学校发展目标已成为国际教育界的研究热点，成为校本研修领域普遍为人们所采用的一种管理工具。学校发展目标在国际学校管理改革的背景下，适应学校管理的现状和改革需要，开始走进我国中小学管理的新实践。学校发展目标规划的推广和应用，对提高办学水平和教师专业成长产生了积极的影响。

在长期的探索实践中，不断更新学校发展目标，正确定位，深度挖掘学校底蕴，最终确定"适性教育"作为学校的办学方向，通过加强适性教育的内涵建设，走教育

的品牌之路。学校积极以"建设适性校园环境，建构适性教育文化，加强适性教育管理，培养适性教师团队，创设适性教育课程，打造适性教育课堂"为抓手，以"共同经历、彼此滋养"为策略，主张尊重学生个体的成长规律和教育规律，研磨学生；通过激发师生内在的生命动力，张扬个性，形成实验小学独特的"尊重、激发、共生"的律动教育场，努力创造适性教育，让每一位师生能够和谐、幸福、灵动发展。

在长期的教育实践中，学校以优秀的传统文化和先进的现代化教育理念精粹为指导，以求适应新的形势和新的要求，努力培养教师的创新意识，教师锐意进取，启迪学生的心灵，发展自我，促使学生超越自我。

（二）聚焦教师专业成长方向

教师专业发展以教师内在发展需求为基础，通过自我反思、自我规划、自主实践，主动获取外界评价的信息，以提高和完善自身素质，实现专业水平的不断提高。因此，合理的校本研修目标的制定，必须以唤起教师内在的发展需求，充分调动教师寻求发展的积极性、主动性和创造性为前提。这样，引导教师制定恰当的自我发展规划就成为实施校本研修的重要载体。我校将教师发展规划从性质和时间两个维度思考，来确定教师发展的基础性目标与发展性目标。

基础性目标是指教师要达到的基本专业素质要求，即教师为完成其职责范围内的工作必须达到或具备的素质条件。例如，系统掌握所教学科的知识体系，正确理解任教学科的课程标准，这是教师专业知识结构中对学科知识的最基本要求之一。为完善基础性目标的达成，学校组织各类型培训，开设自主课程，利用课程菜单，为教师提供理论学习资源与实践载体；建立教师成长档案与发展规划，明晰教师职业发展的道路；构建教师发展规划的三个层次，为教师的职业发展增添动力。

发展性目标是为了使工作做得更好，扩大成效，针对自身的优势素质所确立的扬长型目标，一般是指教师在一定发展基础上就某一方面提出的更高、更新的目标。例如，一些优秀教师、骨干教师为了让自己能在某些方面更具有特色而制定的个性化的目标，形成某方面的教学特色或风格等。

为保障教师发展性目标的实施，满足教师的多方面需求，学校在广泛征求教师意见的基础上，以聘请专家、研讨、读书等方式，开设菜单式课程，供教师自主选择。专家课堂上，丰富的素材、生动的讲解，使每一位教师受益匪浅；专家案例与理论资源，定期呈现在网络上，供教师自行下载、学习；自主阅读，为教师提供选择的机遇，学校除定期组织教师集体阅读外，还应鼓励广大教师选择自己喜爱的书籍进行阅读，大家提供自主书单，由学校统一购买，既增强了教师学习的主动性，又尊重了每一位教师的权利；教师发展档案，囊括教师专业化成长的每一方面，从教育理想到个人三年规划、五年规划的设定，从教案设计、教学实录、说课设计、教学反思到教育论文、教育随笔……成长档案记录了教师专业化成长的每一步，提供了大家可相互参考的经验和借鉴。

学校还将教师发展目标划分为三个层次：新锐教师、风采教师、在线名师。将目标指向教师专业素质的发展，而且每一个目标明确具体、恰当可行。学校指导教师把所提出的目标进一步分解为一系列的"心理、行为特征"，并提出实现目标的标志性说明。

学生课堂学习的质量和学生课堂的生活状况的好坏决定于教师和教师对课的设计的优劣。校本研修的主题更多地从学生出发，从课堂教学出发，提升课堂教学质量，让学生真正成为课堂的主人。学校把做好新课程背景下的教学研究工作，切实提高课堂教学效益作为校本研修活动的重点。

二、转变开展校本研修的观念，提升教师对校本研修内涵的认识

在调查过程中，我们发现，部分教师对校本研修的科学内涵及开展校本研修活动的意义认识不到位，校本研修活动难以深入进行。为此，提升教师对校本研修的认识，加强对开展校本研修活动的意义理解，成为实施校本研修活动的重中之重，也只有这样，才能调动广大教师参与校本研修的积极性，从外及内，从形式到内涵发生改变。本研究认为可以从以下三方面着手。

（一）加强对广大教师的宣传和教育

学校应积极利用网络、报刊等媒介，通过校刊、网络学习平台、广播、讲座及论坛等方式，将校本研修的活动情况及时进行宣传，关注校本研修的最新动态，搜集国内外学校开展校本研修活动的最新信息，调动教师参与的热情；同时，借助相关政策法规，帮助教师形成校本研修、教育科研、学校发展相结合的理念，树立教师专业发展的职业观，通过媒介宣传和引导，强化教师自主发展的意识，明确教师专业发展的责任，有效地将校本研修与教师的个人专业成长有机结合。

（二）转变教师专业发展的观念和方式

校本研修让教师成为教学、研究和进修的真正主人，教师的教学方式、研究方式、学习方式和历练方式都要适应现代教育教学的需要，实时进行改进和改革。通过校本研修促进教师成长，是当前课程改革与发展的深情呼唤，也是教师生命价值提升的最佳途径。《国外中小学教师继续教育的特点及启示》一文中，作者介绍道："转变继续教育是一次性的在职培训的观念，树立继续教育是持续不断贯穿一生的观念。社

会需求的不断提高，知识的迅速更新，信息的层出不穷，都要求教师树立终身教育的理念，不断进行进修培训，做一个终身学习者。开展中小学教师校本研修，就是不断交替教师的学习和工作时间，促使其终身学习，不断提高自身的综合素质。"

因此，教师的专业发展，要实现从"教师培训"到"教师发展"的转变，它从教师的主体立场出发，力求通过持之以恒地自觉学习和研究，使教师具备和掌握学习的能力以及改造实践的能力，在知识交替愈演愈烈，新课程改革不断深化的今天，必须要变教师的专业成长从强制为自觉，变培训为发展。

（三）关注教师教育教学中遇到的实际问题

校本研修作为学校及教师的发展活动，应以实际操作中遇到的问题为解决对象，深植于学校的教育教学之中。一些问题的出现，给学校的改革和发展，带来不可逾越的障碍，需要通过研究来解决。例如，教师的主导地位与学生的主体地位之间的双重关系、教师和学生负担过重、教师如何才能实现专业发展等问题。在新课程改革过程中，教师自身也面临一系列亟待解决的问题，如教师合作交流学习方式流于表面、示范课及研究课的浅层化、教学三维目标与教学实践操作分离等，这些问题直接制约了新课程改革的有效实施，滞缓教师专业发展的步伐。

三、注重校本研修的实际内容，立足于教师发展的实际需求

校本研修的内容，应当根据学校自身发展目标和教师专业发展需求，结合学校（或区域）特点，科学构建，合理设计。针对调查发现，校本研修开展时，内容缺乏针对教师的需求调查，研修的内容与教师的专业发展、学校的实际相脱节，研修的内容单一，本研究结合本校一些经验做法，认为可以从以下三方面进行改进。

（一）校本研修的内容要针对教师教育教学的实际需求

1. 对教师的研修需求进行实际调研

教师在校本研修的过程中，是研修活动的参与者，但是在实际中，教师的主体性，常常有意或无意地被忽视了，研修工作忽视基层教师的主体性，没有考虑教师的需求，没有教师的主动选择和参与，这种研修只能是低效的。有效的、高效的研修，既要基于改进工作的目的，充分了解教师目前工作的难点和未来工作的需求点，又要从教师的发展出发，体现教师的个性化、专业化需要，进而来确定针对性强的课程内容。为此，教育培训机构及学校应采用开放式调查问卷分析、定期的交流、座谈等方式，了解教师需求信息，确定阶段性校本研修计划、目标，使校本研修活动满足学校和教师发展的双向需求。

2.对教师的研修需求进行评估

研修的目的是促进学校和教师的发展，促使教师将研修中的收获所得运用到实际教学中，因此，学校应该采用多种方式对教师的研修需求进行评估，保证研修内容安排的科学性、高效性；定期组织教师交流座谈会议、学生座谈会议，获得教师和学生对学校发展以及自身教学、学习过程中面临的困惑改革的方案；通过对教师的听课，如实记录教师的教学行为、学生的学习行为，针对评估的结果，确定教师研修的真实内容，划分研修内容的主次及优先序列，使校本研修真正满足学校、教师、学生发展的需要。

（二）校本研修的内容要关注教师的专业素质提升

校本研修融工作、学习、研究为一体，对校本研修内容的选择，也应立足于教师的专业素质提升，其内容应涵盖教师专业发展的三个维度，即专业情意、专业知识、专业能力，针对教师专业发展过程中的不同时期，应有不同的侧重。我校在校本研修活动中，注重加强对教师专业素养的综合提升，采取一系列行之有效的措施，保证每位教师在校本研修中，学习专业知识，拓展专业能力。

1.培养专业情意

教师的专业情意是指教师的专业态度，是他所具有的人格修养、专业理想、专业情感、专业兴趣、专业性向、专业伦理等非智力心理因素，只有具有一定的专业情意才能成为一名合格的教师，校本研修内容的选择，要关注教师的专业情意的培养。

2.研修专业知识

专业知识是指一定范围内相对稳定的系统化的知识，教师作为从事教育工作的专业人员，必须具备从事教育工作的基本专业知识，它包括本体性知识、条件性知识以及实践性知识、发展性知识。校本研修的内容要针对教师根据学科自身发展以及新课程改革的要求，对学科专业知识以及本体性知识进行研修，并以专业学科为载体，将教育学、心理学知识与学科知识进行融汇，帮助教师根据课堂教学改革的需求，进行跨学科知识的研修。

研修活动中，我校以课题研究为抓手，注重提升教师的专业知识。根据美国耶鲁大学教授斯滕伯格的"三元"智力思维模式，学校应建立符合校情、师情、学情的，具有学生思维特质的"校本习题库"，为每一位学生提供挑战性学习资源。挑战性学习资源，是教师根据学生的思维水平及差异，提供启发性、典型性、规律性，能够对学生的"最近发展区"提出挑战及跨越的学习资源。怎样甄别、选择、创造有效的挑战性学习资源？在操作中，本校老师们充分发挥了合作、互助的传统，广博收集、充分占有教学研究资料，深研考点，潜心参悟每一道习题，设计了"6:3:1"习题式资源，让不同思维类型和学习基础的学生得到多元发展。

为了保证每位教师作为教育家的成长，学校以微课题研究为切入点，打造教师风格特色，引导每一位教师走上研究之路。随着校本研修的不断深入，学校帮助教师们打造个人教学某一点、某一方面的特色，实现教师学科特色的"微创新"。每位教师经过深刻思考，确定了自主研究专题，每位教师塑造自己的学科专长。学校积极为教师们搭建交流、展示的平台，通过"微课题"推介的形式进行研究成果发布。

3.磨炼专业能力

教师作为教学活动的组织者，必须具备从事教育实践活动的技能和专业能力，校本研修也应加强对教师专业能力的研修，包括教学设计能力、教学实施能力、教学评价能力、课程开发与资源整合能力、其他基础能力以及自我发展能力、教研和科研能力。其中，教师的教研和科研能力是提升教师专业素质的重要内容。教师学科教学研究能力的研修、教育研究方法以及科研的思想方法和理念的研修，可以从问题的提出、科研的立项、搜集整理材料、撰写研究报告等不同层面来进行研修。

我校以"过三关"为依托，提升教师的专业能力。通过区域推行的"过三关"及案例分析型教研活动，促进教师底蕴的提升。在实施过程中，我校组织教师深入学习课程标准，开展学科知识讲座，组织典型课例听评课诊断，加强习题研做，进行学科知识检测，针对检测结果与教师进行个别交流、自我分析，开展学科基本功竞赛、岗位练兵活动等，提高了教师对教学内容的掌握及驾驭能力，促进了教师的专业发展。

四、完善校本研修制度，保证校本研修的有效落实

建立完善的校本研修制度，可以加强教师参与的主体地位，规范以解决问题为取向的研修活动，促进教师的合作和共同进步。随着新课程改革的推进，学校应该逐步形成"以校为本"、自主研究、上下联动、全员参与的保障机制，校本研修制度的完善，可以从以下两方面着手进行。

（一）校长当好校本研修的第一责任人

校本研修的目的在于促进学校、教师及学生的全面、和谐发展，校本研修的真正有效实施，在于校长的关键领导。校长对学校开展的校本研修活动，有着重要的指导和引领责任，校长应结合学校的实际情况，确定适合学校发展的校本课程及校本研修活动。

首先，要明确校长的校本研修责任人、引领者的身份。"校本研修文化建设是校本研修制度建设的关键"，在当今社会中，价值总是多元的，校长如何在多元的价值

世界里识别、筛选、整合、确立学校的主流价值取向十分的重要和关键。由于校长地位的特殊性，校长要及时更新自己的知识，对自己的教育管理理念、教学方法、自我的能力和观念进行反思，创设适合于校本研修发展的学校环境，营造师生共同学习的良好氛围。

其次，校长应该确保各项研修制度落到实处。中央教育科学研究所专门成立了《全国校本研修实施现状的调查分析及对策研究》课题组，对全国的校本教研状况进行了抽样调查，指出了问题，如"近一半的教师还不能在研讨中畅所欲言，说明学校在营造民主宽松教研氛围、形成合作开放的校园文化方面还须进一步努力；学校作为学习型组织还没有真正建立起来。此外，教师负担过重，直接影响教学研究的开展；经费和资料不足，也制约了教师的研究"。

由此可见，校长应该切实做好校本研修活动的组织，将制度严格落实，要在时间、空间、财力等方面予以校本研修最大的支持。

（二）校本研修制度需要进一步完善

学校的校本研修活动往往由各个学校来组织实施，在落实过程中，受现实压力和其他因素的影响，在实施过程中，容易出现随意性、滞后性等问题。此外，校本研修活动结束后，对于研修过程中，教师所学是否真正运用到教学实践中，学校应建立跟踪、评价制度，促进校本研修活动的真正落实。各校应结合本校实际情况，针对不同阶段的需求，制定校本研修的年度、阶段、中长期发展方案，调整各学期发展目标，有针对性地实施校本研修。

第一，在执行过程中，学校要严格落实常规工作制度、负责人制度。学校应制定和落实合作小组工作制度、合作小组交流制度，定期轮换小组岗位负责人；专家组要对各小组进行有效的指导，切实提出针对性改进意见，发挥专家组的引领和指导作用；积极发挥学校的优势，建立校外专家联系制度，拓展区域校际合作，邀请国内外优秀教育专家、学者参与本校的校本研修活动，丰富校本研修的内涵和层次。

第二，学校应建立校本研修跟踪、落实制度。校本研修活动是为了进一步提高教师的综合素质，反作用于教学实践，如果只是参与，不能实践，那么校本研修活动也必将流于表面，无法长久开展；学校应建立校本研修活动反馈执行制度，跟踪教师的课堂，开展学生反馈，建立教师研修业绩综合评价制度，教师专业发展水平评估方案以及学校教师校本研修工作质量评估方案。

第三，上级部门及学校应建立校本研修评价、激励制度。认知激励理论认为，激励应当符合人的动机激发的因素和从动机的产生到采取行动的心理过程。赫茨伯格认为，真正能激励人的因素是：①工作表现机会和工作带来的快乐；②工作上的成就感；③由于良好的工作成绩而得到的奖励；④对未来发展的期望；⑤职务上的责任感。

因此，校本研修评价与激励制度的建立，应关注化解教师在工作中遇到的问题，增加教师获得成功、自我表现的机会，奖励机会，将评价的导向激励、检查交流、监控反思功能有机结合起来。

第四，上级部门和学校可在研修过程中的各个环节实施必要的帮助和指导，建立教师的自评、学校评价制度，鼓励教师进行反思，找出不足和缺陷，及时进行改进。学校应搭建校本研修结果展示平台，不局限在教师的证书和课题之中，只要是教师的心得体会、随笔感悟都可以进行集中展示，让广大教师怀着热情，继续参与到研修活动中来，保持其参与的积极性。

第七章　教师的校本发展

第一节　学校教师文化建设

学校作为教师职业生涯的主要场所，应该是教师实现专业发展的主阵地。2001年9月，北京市第十六中的校门上挂起了"教师发展学校"的牌子。当初，作为一所办学条件、师资力量及生源都相对落后的学校，他们是希望通过教育科研尽快改变学校现状。可现在反思，这是一种何等超前的理念！学校是为了学生的发展，这已是人们的共识。学校应促进教师的发展，这是教师专业发展的必然要求。学校如何成为"教师发展学校"，是一个新的课题。我们认为，学校发展学校文化，开展有效的校本培训是"教师发展学校"两个非常重要的因素。

1871年，英国学者泰勒在其所著的《原始文化》中最早提出文化的定义。美国学者克卢伯和克拉洪在分析众多文化概念后，给文化做了一个较全面的定义，指出文化既指物质化、外显化的东西，又指精神化、意识化、内隐化的东西，兼具"物质"和"精神"，"动态"和"静态"，"有形"和"无形"，"恒定"和"变化"的多种属性。文化是人类在长期的社会实践中积累而成的，不是自然赋予人类的，不同的社会、民族和团体有其自身独特的文化。

学校文化概念的界定众说纷纭。有的人认为，学校文化是学校精神文化和物质文化的总和；有的人认为，学校文化是教育关系和教学关系的观念形态的总和；有的人认为，学校文化是学校在教育、教学、管理过程中逐渐形成的特定文化氛围和文化传统，等等。这几种观点概括起来，即学校文化是社会文化的有机组成部分，它以学校群体成员为主体，学校群体成员在教育教学和管理实践中共同创造并逐渐形成体现时代特征和社会进步的价值观念、思维方式、行为规范及其活动结果。学校文化以具有学校特色的精神形式、制度形式和物质形态为外部表现，影响和制约着学校群体成员的活动方式、精神面貌与文化素养。

学校教师文化是学校文化的一个侧面，是学校文化的一个有机组成部分，包含在学校物质文化、制度文化和精神文化中，其核心是促进教师的专业发展。我们认为，当前学校教师文化建设应注意如下几点：

一、确立科研兴校的办学思想

学校发展的成果体现在学生身上。学校发展的过程靠教师。教师聪明才智的发挥依赖教育科研，通过教育科研，教师的创新意识、创新能力将得到培养，专业化水平将不断提高。同时，学校通过教师将科研成果应用于教育教学实践，以促进学校的不断发展。

二、建立具有育师功能的校园物质环境

校园环境建设既要考虑陶冶学生情操，激励学生学习，又要注重对教师的教育功能，使教师热爱自己的学校，激励教师发展。优美的校园环境有着春风化雨、润物无声的作用。如诗如画的校园风光，整齐光洁的道路交通，美观科学的教室布置，文明健康的文化教育设施……无不给师生以巨大的精神力量。比如，上海市万航渡路小学，占地面积不大，是一所典型的精品学校。校门侧设计了三本很大的"书"雕塑，寓意为这是个"读书之地"；进门后一眼望去塑胶跑道的白色的跑道线一直延伸到另一端的围墙上，寓意为"路漫漫其修远兮，吾将上下而求索"；教学楼的顶端一只美丽的孔雀大胆抒怀，热情地欢迎每一位入校的老师、学生，细一看，原来这只孔雀是由 C、Y（参与）两个字母组成——这是该校坚持了十多年的"学会参与"的课题；教学楼的左侧有一座精致的小山，小山上有一个取名为"智慧"的喷泉；餐厅始终放着优雅的背景音乐；校园里的所有墙壁上挂着名人字画……师生在这样优美的校园环境中受到感染和熏陶，触景生情，因美而爱，从而激发师生热爱学校，进而热爱家乡、热爱祖国的高尚品德。同时，师生在如此幽静的环境中学习、工作，感到舒心怡神。所有这些都有利于师生正确的世界观、人生观、价值观的形成。

三、建立"以人为本"的管理制度

依据科学发展观，学校管理制度建设应落实"以人为本"的思想。管理制度过多、过细，不利于教师主动性的发挥，不利于和谐人际关系的建立。例如，青海省西宁市杨家庄小学，该校位于城东区，城东区是一个多民族地区，流动人口占有很大比例。该校在城东区是一所规模较大的学校，目前有 36 个教学班，学生 2 188 人，正

式在编教职工117人，教师中有研究生1人，本科86人，大专29人；高级教师4人，一级教师43人，二级教师55人。目前，该校荣获青海省骨干教师5人，青海省教学能手4名，西宁市学科带头人3人，西宁市教学能手5人，西宁市教学新秀2人，区教学能手8人。

多年来该校在不断的摸索与实践中逐渐形成了"教书与育人同抓，教学与改革共行，科研与改革共建，教师和学生共奋，教育与实践并行"的办学特色。学校先后被国家、省、市、区授予"青海省标准化学校""心理教育示范学校""现代教育技术实验学校""西宁市教学常规管理示范校""西宁市家长身边的好学校""城东区先进学校"等一系列荣誉称号，得到了社会的一致赞誉。

教学常规是学校教学工作的基本要求，落实教学常规是学校教学工作得以正常有序开展的根本保证。为了全面提升教育教学质量，该校在规范办学方面狠下功夫并做到了精细化管理。首先，出台了一系列行之有效的制度并根据学校实际情况不断加以完善，如《教导处制度汇编》《教学常规管理细则》等，对备课、上课、听课、评课、作业批改、辅导学生、质量监控、教科研活动开展等一系列常规活动都有明确的规定和要求。这些完善的制度切实保证了日常教学活动的正常开展，达到教学、教研、教改有章可循，按章行事。由于学校在教学工作上的精细化管理，加上全体老师的共同努力，该校在2014年还特别荣获了"西宁市教学常规管理示范校"的荣誉称号。

四、建立和谐的学校精神文化

学校精神文化是学校的核心文化，也是学校文化建设营造的最高目标。构建学校精神文化不仅体现在对内创设出一个积极健康，团结向上，影响校内成员价值取向、人格塑造、思维方式、精神风貌、道德情感等关系学校教学优劣的教育环境和组织氛围，还对外体现了学校的价值观念和目标追求，以及学校的精神风貌、个性特色和社会魅力。和谐宽松的文化精神环境可以通过潜移默化地把外在的要求内化为校园文化主体的自我要求，激发教师的求知欲望，逐步建立起正确的人生观、世界观，塑造优良的个性品格。牛津、剑桥、哈佛、北大、清华等中外名校之所以魅力经久不衰，就在于它们能始终坚持和弘扬自己优秀文化传统，经过历史的积淀、选择、凝聚，形成一种更高境界的精神文化，并由此透射其独特的感染力、凝聚力和震撼力，陶冶和启示着一代又一代的学子。例如，长沙市开福区紫凤小学是一所合并的小学，师资并不突出，学生来源不是特别好。在校本课程开发中，校长将学校文化建设定位于两种策略——"草根式效应"和"群体效应"。第一是"草根式效应"。草根式效应是这样假定的："如果，我们在适当的土壤中播下一粒改革的种子，这颗种子就会发芽、生长。如果我们再在其周围培养适当的土壤，这颗种子就会如生长的草根一样漫布原野。紫凤小学以校本课程开发为突破口，播种好这粒改革的种子，然后让它蔓延而产生'草根式效应'，从而实现学校全方位的改革。第二是'群体效应'。校本课程开发过程中，校长要求全体教师共同参与研讨、决策。这种着眼于全体的办法，就是'群体效应'。它将从根本上启动个体效应，使学校的每一位成员都围绕新课程实验而努力创造性地工作，使课改有取之不竭的动力。"由这两种效应产生了两种文化：草根文化和红杉文化。

红杉是生长在美国加州的一种树，它高大挺拔，达 90 米，但其根部却浅浅地扎根于浅土层。为什么能如此屹立不倒呢？研究发现，没有独立壮大的红杉树，只有彼此根部紧密相连的红杉林。

红杉启发了紫凤人，在紫凤，成功不能只靠一个人，学校与教师之间，教师与校外人士之间，必须努力形成一个整体，伸出学习的根系，吸收成长的养分，不断向上攀升。

现在，你走进紫凤，单看紫凤人个体，也许称不上优秀，甚至平凡得不能再平凡，但他们组合成的这个群体却孕育着一种精神，那就是红杉精神！

第二节　教师校本发展

校本培训是立足学校自身条件，挖掘学校资源，以学校为主阵地，依托校内校外力量，有效解决教师专业化发展的障碍，促进教师专业化发展的教师继续教育的培训方式。教师培训对教师专业素质发展具有不亚于职前培养的意义，它是教师养成专业素质更为现实、长久的途径。尽管我们历来特别是基础教育新课程改革以来十分重视教师培训工作，但客观地说，效果并不令人满意。反思过去教师培训过程，根据技艺一体论教师专业素质观要求，教师培训应注重在职、在岗培训，以教为本，重视教师的教学专业实践能力提高，这就是教师校本发展的教学取向。

一、根据专业要求确立培训目标

（一）强调教师的课程意识

在对在职教师的培训中，首先要增强教师的课程意识。改变课程即教材的课程观念，从根本上更新固有的教育观念，认识到课程不仅是一种过程、结果，更是一种意识，课程在本质上是要满足学生的需求与发展。其次，要积极促进教师课程意识与课程能力的转化。课程意识作为一种观念需要教师努力将其转化为实践。具体而言，教师要学会引导学生进行综合实践活动，比如从自然、社会生活等方面确立课题，围绕课题提供一些能选择的、操作性强的主题，鼓励学生创新，激发学生的学习欲望，引导学生将自己调查到的、体验到的、搜集到的东西尽自己最大努力表现出来，进一步培养学生处理信息的能力、动手操作的能力，并给学生创造交流的机会，在交流中满足学生固有的自我表现的欲望，使他们体会到成就感，并在交流中进一步扩大视野。同时，教师在教学中可根据教学内容，合理恰当地把当前的热点问题引入教学中，让学生及时了解和掌握科学技术和社会的最新发展动态，获取最新的信息；也可以根据教学需要，采用自己认为最合适的教学形式和教学方法，选择课程资源进行开发和利用。教师要成为学生利用课程资源的引导者，引导学生走出教科书，走出课堂和学校，充分利用校内外各种资源，在社会的大环境里学习和探究。

在现代教育中，教师是使课程发挥效能的能动因素，教师的课程意识是课程开发、课程实施、课程再造和课程评价的源泉、前提和保证。作为课程的建构者，教师本身就是一种重要的课程资源，与课本、学具、标本、挂图、音响和网络这些"冷冰冰"的课程载体相比，教师作为有思想、有情感的人，更易于和学生进行沟通和交流，使课堂和教学产生情境性和感召力，从而激发起学生学习的热情和信心。因此在教师培训中强化教师的课程意识尤为重要。

（二）教师专业技能的提高

师范生的专业能力培养与在培训中提高受训教师的专业能力有所不同。师范生处于学习并尝试进行教学活动阶段，在本科阶段形成的专业能力是自身专业发展的基础，对入职后教师的发展状况、教学水平、心理素质、研究意识等有直接影响。当前师范生的专业能力缺失主要表现在专业知识不牢固、教学技能薄弱、反思发展能力不强等方面。对于师范生专业知识的教学，不能停留于简单的知识的灌输，要让知识充满实践韵味，以具体的现实问题为中心开展教学，使得所学知识能对今后的教育教学活动起指导作用。对他们专业能力的培养侧重于知能的培养和技能的感受，让其明确"教什么"和"怎么教"是首要任务。学习整个学科的历史发展和前沿知识，学习必要的条件性知识，感受教师如何教更能取得令人满意的教学效果。在仅有的教育实践中，以激活学生教育理论知识储备为目标，培养他们以教育专业的姿态进入教育现场，分析教育问题。以知识的学习为主，以技能的感悟为辅，以自身的反思为途径来初步形成教师专业能力。

在职教师的培训则强调技能的提高与知能的进一步深化和完善。教师技能的提高主要表现在对于教育活动设计、教育活动实施、教育过程的组织与监控和教育评价等方面的把握。在教师培训中也要适当对在职教师的知能进行深化、完善、熟练化，以先进的操作性的理论为指导，加深受训教师对实际教学的理解。在教师培训过程中，可以从教学技巧和教学能力两个方面，促使教师深入掌握并熟练开展教育教学工作的基本技能和能力。在教学技巧方面，着重促使教师提高导入技巧，唤醒学生的注意力，刺激学生的学习兴趣；提高强化技巧，适时对学生正确的学习行为给予奖励；提高发问技巧，训练、改善受训教师的反应，增强学生的参与程度；提高沟通和表达的技巧，能够顺利地对学生进行个别辅导和作业指导等。在教学能力方面，着重促使教师提高教学设计能力，能够综合运用专业知识和教学技能，概括课程标准、设计教学、运用教材、制订教学计划、撰写教案等；提高教学实施的能力，能够有效地实施教学计划，并根据实际情况控制教学情境，因材施教，机智地处理课堂上的突发事件；提高学业评价检查能力，能够制定评价目标和评价标准，收集评价资料，选择和运用评价方法和评价工具，从而了解学生的学习情况，并根据反馈信息来补救或改进教学工作。真正将技术论与艺术论结合起来，让受训教师在理解教育的基础上，正视教育教学工作，理性地分析教育教学现象，运用熟练的教学技能解决教育问题，从中获得自我归属与成就感。

（三）教师专业情意的健全

专业情意是教师职前和在职必备的专业素养，在教师素质结构中占有重要地位。既贯穿于教师教学的始终，是教师专业发展的关键，也为教师发展提供动力保证。相关研究表明，教师的专业情意越高，专业发展的能力就越强，专业参与和表现就越好。

在教师培训中，以引导教师体会教师职业的成就感，进一步领会教师职业的基本准则和专业性要求，巩固和强化愿意投身于教育事业的志向为主。在专业理想方面的培养上，加深教师对教师职业价值的理解。在专业情操上，让教师明确教师作为"传道授业者"的责任与爱，注意引导教师对自身的教学经历做正面反思，感受其中的喜悦和成就，激发其来自于自身教育理论进步和教学能力提高的积极情感体验和责任感。还可以以优秀教师事例帮助教师强化教育情感。如以真实的教育事例来加深其对教师对学生的爱的理解和认同。例如，儿童教育家李吉林老师的从教经历就堪称一个良好的示范，30 年来她一直怀着一颗对儿童学习的执着和痴迷之心，积极开创情境教育的新天地。她打通学科界线，融文学、艺术于一体，带领孩子走出封闭的课堂，创设真正的情境，奔向广阔的大自然，开发孩子的创造力，培育学生的审美情趣，使孩子在如诗如画的教学情境中探索学习的奥秘，让他们思考这种独特的教学方式给学生与教师之间带来了什么。对教师来说，这样优秀的事例无疑会激发他们内心对教师这一职业的认同与追求。

二、多策略提高教师教育研究水平

（一）认知策略

学校教育的第一要素是教师，只有高素质、创新型的教师队伍，才能培养出具有社会责任感、系统基础理论知识、实践能力和创新精神的综合素质较高的人才。否则，高质量的教育就是一句空话。教育发展规律表明，科研在教育中具有十分重要的地位。培养创新型人才，关键在教学；搞好教学，关键在教师；教师水平的提高，关键在教师的研究和创新。要培养创新型人才，建设一支合格的教师队伍，必须把教育研究作为提高教师素质的关键环节。

目前很多教师对于科研的认识还存在一定的误区，认为教师的工作就是教学，首先要提高的是自己的教学水平与教学能力。由于教师的教学任务繁重，加上学校考核的标准主要是教师的教学成绩，导致学校教师对科研的兴趣不浓。毫无疑问，教学工作是教师的天职，但是科研对教师学术水平的提高有着积极的促进作用。尤其是处在教学一线的教师，每天面对鲜活的教育对象即学生，经常会遇到这样或者那样的问题。教师为了更好地进行教学就必须处理好这些问题。如果教师能够把这些教育现象收集起来，并结合一定的教育理论进行分析和提炼，这其实就是在做教育科研。所以，学校应该做的是给教师搭建这样的平台，营造科研的氛围，让教师认识到科研存在于每天的教学生活之中，并不需要特意另辟蹊径才能完成。从树立榜样和典型开始，引导教师走进科研的大门，鼓励教师逐步品尝科研的甜头，形成习惯，这样教师的主动性才能被激发出来。学校要让教师在明确教育科研的意义和作用的基础上，通过做示范、压担子、交课题、老带新等方式，少一些斥责，多一些帮助，放低要求，分层次给教师提供参与科研、参与锻炼的机会，使教师觉得有路可攀，逐步走上科研的道路。

（二）问题研究策略

问题是教育科研的切入口。与专业研究人员的研究所不同的是，中小学教师的教育科研是以解决教育实践中的问题，优化教育行为，提高教学效果，促进学生健康发展为直接目的。从这个意义上说，从问题到研究应该成为教师开展教育科研的基本思路。科学研究其实就是要在已有的基础上发现问题，明晰问题，进而解决问题。对于教师们在实践中遇到的问题，可以分为三种类型：一是现实性问题，就是学校明显存在、需要直接面对，又必须想办法加以解决的问题。二是探索性问题，就是将教育理论、教育观念、教育成果转化为具体的教学实践活动时所遇到的问题。三是反思性问题，这是具有"问题意识"的教师，为提高自己的专业能力水平，通过对自己教学行为的回顾和检讨所发现的问题。问题研究的方法有很多，就目前来说，校本研究和反思性研究是比较普遍也比较切合实际的研究途径。

（三）教研协作策略

发挥学校全体教师队伍的整体效应，实现教研协作是整体提高教师科研水平的重要措施。

1.重视发挥教师队伍的整体效应

教师个体素养只是学校教师整体素养的基础，教师的个体素养只有融入教师整体中，才会产生整体效应。任何一所学校都有高素质教师的个体，但要使学校形成合力，就必须有卓越的整体效应。教师集体能够发挥出远远超过个体之和的绩效，依赖于群体成员的向心力。群体内每一位成员都应该自觉地服从于同一活动目标，形成浓厚的团结协作气氛，也就是说要形成合力。

2.拓展教研协作途径

一是集合型组织管理。学校的教育科研应直接指向学校自身存在的问题。解决学校发展进程中出现的问题，这既是开展教育科研工作的出发点，又是落脚点。由于影响学校教育的因素多且复杂，因而学校所面临的问题往往带有较强的综合性，从单一的理论出发或从事某一侧面的研究，往往事倍功半，实效性较差。为此，可以建立集合型组织管理模式。二是共同体型研究。学校的教育科研活动，解决的是学校所面临的难题，不是靠单个人的力量就可以完全做得到的。因此，学校可以构建两个层面的研究"共同体"。第一层面是几个课题组从不同角度指向一个整体目标开展研究。这种模式可以用在规模较大的学校；第二个层面是以教研组（或年级组）为单位的模式，以教研组长为领导核心，以组内骨干教师学科带头人或有新课题构想的教师为中坚力量，使课题研究成为组内研究的载体。"共同体型"研究最大的优点是有助于形成科研工作的合力，促进学校形成对话机制，教师之间有了进行信息交流、经验分享和专题讨论的平台。用研究参与者之间的有效合作解决学校和组内难题，有利于难点问题重点突破。同时，也可以通过研究打造一个重团队精神、善于协作互动的研究集体和科研骨干队伍。

（四）信息网络策略

随着教育信息化技术的推广，校园网络相继建立，许多学校都开辟了自己的学校网站。教师利用网络进行备课、下载教学资料非常便捷，也使得教师之间利用网络进行学习、交流、研讨成为可能。现在许多学校在搭建学校教师网络平台，提升教师教研整体水平上已有不少成功的尝试。

（五）机制保障策略

1.督促机制

学校教师的教学工作是比较繁重的。犹如教师自己要经常检查学生的作业才不至于学生不好好完成作业一样，教师本人作为学校的一名职员，他们的工作也同样需要学校的检查和督促，尤其是教科研工作。所以，学校在提口号、布任务的时候，也要规定相应的时限和要达到的要求。要有专人定时检查，并与教师的常规工作一样计入到衡量教师工作的标准之内。

2.激励机制

教师同样需要激励，同样希望他人尤其是学校能肯定其教育教研的成绩。学校要为教研群体提供参加各种学术会议和教改实验机会，并给予必要的经费资助。

3.评价机制

对教师的教育科研水平评价，应强调教师对自己教学行为的分析与反思，教师评价不再是简单地判定谁是优秀教师，谁是合格或达标，而是和教师一起分析自己工作中的成就、不足，提出改进计划，促进教师的成长和发展。

开展教师教研评价主要从以下几个方面着手：一是要从教师的研究范围、研究方法、资料搜集整理、分析能力以及在科研过程中的合作等方面进行评估；二是看科研成果，这是一项研究活动取得的结果最显性的表现。成果的形式是多样的，包括特色性的课堂教学、科研报告、科研论文等。科研成果要有科学性、创造性、实用忙，注重对理论的发展和对教师自身教育教学实践的指导价值。三是考察教师的科研能力，主要是指教师的科研意识、科研态度、科研组织能力和科研理论水平，以及理论联系实践的能力，其中核心指标就是对教师自身的教育教学工作的指导和优化效果。

学校可以成立教研工作评价小组，在平时有意识地考察学校教师教研的情况，定期召开教研工作总结大会，由个人或团体用实例来汇报教研进展情况和心得。对取得成效的教师要进行表彰，对有进步的教师尤其是团体的教研成绩更应该给予肯定。这样，学校教师教研才能扎扎实实，才能多些合作，才能真正促进学校教师整体教研水平的提高。

第八章 基于校本教研教师专业发展的对策与建议

第一节 教师的自我反思与提升

当前，随着我国新一轮课程改革的稳步推进和深入发展，教师专业化发展问题日渐成为广大教育工作者最为关切的热点话题。从世界各国的课程改革情况来看，提高教师职业的专业化水准，已成为世界各国基础教育课程改革的焦点和共识。

我国的新课程改革从课程理念、课程设置、课程构建到教材内容、教材编写、教材选用，从课程设计、课程要求、课程评价到教学理念、教学方法、教学手段等都有前所未有的创新和变化。它要求以教师作为研究主体，以促进每个学生的发展为宗旨，以新课程实施过程中教师所面对的各种具体问题为对象，着力研究和解决教育教学中的实际问题，总结和提升教育教学经验，不断地更新教师的教育教学理念，促进教师的教育教学行为的改进和转变，努力把自己塑造成适应新课程改革发展要求的、学习型与研究型相结合的专业化教师。因此，新课程改革必然要提出与之相适应的教师专业化发展的客观要求。所谓教师专业化发展，是指教师既作为一种职业，又作为一种专业，不仅需要从事教师职业的人员具备基本的专业素养、专业技能和专业资格，还应随着教育改革和发展的实际需要，及时地更新教育理念，改进教学策略，转变教学行为，以提高自身的专业素质、专业能力和专业水准。它有两个主要标准：第一，教师要有研究意识和能力，教师要成为研究者；第二，教师能专业自主，教师在特定的教育情境中可以自主选择特定的教育行为。这就意味着新课程改革对教师的知识结构、人文素养、教育理念、角色意识、教学技能等都有全新的期待。与此同时，新课程改革要求教师作为认识主体，应具有在自身行为之后，立足于自我以外批判地考察自己的行为及其情境的能力，即自我反思的能力。教师的自我反思是指教师在教育教学实践中，以自身的活动为思考对象，对自己的行为、决策以及由此所产生的结果进行审视和分析，通过提高作为参与者的自我决策水平来促进能力发展，进而不断提高自身专业素养和教育教学效能的过程。它隐含着三个基本信念：教师是发展中的个体，教师是专业人员，教师是研究者。美国心理学家波斯纳提出了教师成长的公式：成长＝经验＋反思。我国著名心理学家林崇德也提出"优秀教师＝教学过程＋反思"的成长公式。全国特级教师袁蓉从自己的教学实践和成功经验中总结出：教学成功＝教学过程＋反思。可见，在推进新课程改革并实现教师专业化发展的进程中，教师的自我反思被广泛地看作是教师职业发展的决定性因素，被认为是教师专业发展和自我成长的核心因素。因此，教师的自我反思对教师专业化发展具有极其重要的作用，教师专业化发展离不开教师的自我反思，教师的自我反思是实现教师专业化发展的基本途径。事实上，课程改革只有转化为教师个人的自我意识和自觉自愿的行为以及发自内心的需要，课程改革才能得到真正的落实和实施，教师专业化发展才有可能成为现实。可见，教师准确地理解并有效地进行自我反思，对促进教师专业化发展具有重要意义。

第一，从反思时序看，自我反思分为教学前、教学中和教学后三个阶段的反思。教学前的反思主要在备课阶段进行。从目前教师备课的现状来看，主要存在两和不良倾向：一是照搬现成的教参或他人的教案设计，甚至出现离开教参便不能备课的情况。这是以"他思"取代"我思"，不考虑学生和自身的实际。二是一些稍有经验的老师在备课时，过分依赖过去积累的经验，甚至照搬以往的教案，无视教材、学生以及时代的鲜活性。新课程改革要求教师备课时注重教学设计，不仅要备教材、教法，更主要的是备学生和学法。例如，课堂教学如何巧妙导入？课堂教学活动如何实现师生互动？教学节奏如何调控？板书如何设计？等等。实践证明，教师提高课前反思能力进而优化课堂教学设计，对激活学生的主体意识、引导学生自主学习、激发学生的创新学习思维、培养学生主动获取知识的能力，以实现课堂教学效益的最大化，都具有重要的作用。教师在教学中的反思，主要指教师面对课堂上的突发问题，思考如何应对复杂多变的教学情境并使事先设计的课程能如期完成。由于课堂上的突发问题具有事先没有也不可能预计的特点，因此，在某种意义上可以说，教学中的反思最能反映出教师的课堂教学机智水平。而教师教学后的反思主要表现为教师在课后对整个课堂行为过程进行的思考性总结，包括对自己的教学理念、教学方法、教学手段、教学行为、教学设计以及学生的课堂主体性表现等进行理性的反思。这种理性的反思具有深刻的批判性，它能使教师的教学经验理论化，有助于提升教师的实践总结能力和专业化水平。

第二，从反思主体看，自我反思的主体存在新手型教师、适应型教师、成熟型教师三个不同群体，其各自的反思特点不同。新手型教师的知识结构大多是职前教育中所获得的，以书本知识为主，而教学实践所需要的实际教学技能却非常欠缺。例如，如何创设情境？如何巧妙提问？如何关注边缘化学生？等等。这些问题对新手型教师而言，都是实实在在的具体难题。因此，新手型教师的反思应以对自身教学技能的反思为切入点，在实践中可采用微格教学技术。首先，学习有关微格教学的理论。其次，观看优秀教师的典型课案，分析其教学技能的特点和效果。再次，选择不同的课型，自主地进行教案设计，并请求优秀教师给予必要的指导和帮助，提高自身在不同情景中灵活运用各种教学技能的水平。适应型教师的知识结构中程序性知识已比较丰富，已掌握基本的教学技能，但仍不能自如地运用，其教学设计无法超越教参或教材，对学生的个别差异关注不够，缺乏应有的个性和创意。因此，适应型教师的自我反思可运用案例开展反思活动。首先，教师反思自身教学基本技能是否达到教学技巧的水平。其次，通过内省典型案例，深入剖析各种教学策略的基本要求。最后，通过对自身教学行为的记录与反思，找出自身教学行为与优秀教师相比还存在的问题与差距，以提高对教学策略把握的自觉性。成熟型教师已形成适合自身个性特征的教学方式，并在实践中积累了丰富的教学经验，对教材的处理有独到的见解，能关注学生的个别差异，具有一定的教学风格和特色，有较好的教学效能感。与此同时，出现了教师专业成长过程中的"高原期"。其大量的个体特殊的教学经验没有上升为一般的理性认识，个体感悟不能上升为先进的教育理念。因此，此类教师的自我反思可以采用教学病理的方法，直指自身的教育理念。首先，通过自我反省，收集自身在教学过程中存在的各种学与教的病历。其次，以聚类分析的方法找出各种病历的不同病理。再次，对各种病理进行归因分析，重点讨论影响教学有效性的各种观念。最后，提出解决各种病理的教学对策。

第三，从反思的内容看，自我反思涉及教育理念、教材内容、教学常规、教学习惯等诸多方面。教育理念处于反思内容的核心地位，具有灵魂的作用，因为思想指导人的行为，有什么样的教育理念，就会有什么样的教育行为。新课程改革要求教师树立"课程是活动""课程是实践""课程是探究""课程是发现"等全新的教育理念。教师反思就要反思自身的教育教学行为是否体现了新课改的这些理念和要求，不断更新教育思想，从而改进自身的教育教学行为。对教材内容进行反思是新课改的必然要求。教材内容以及由此所体现出来的教育理念、教学思想，对教学活动起着制约和导向作用。但是，教材绝对不是"圣经"。对教学常规的反思主要是针对各教学环节，看各教学环节是否都体现了新课改的精神实质和具体要求。一方面，要反思传统的常规教学中存在的与新课改相抵触的地方，如当前教师在教学活动中，明显存在模仿多、创造少，抄写多、思考少，考虑教法多、研究学法少等问题。对此，教师要对常规教学着力开发和重建。另一方面，反思传统的常规教学中积淀下来的教育精华，如因材施教、发挥个性、和谐发展等，对其进行开发性的挖掘和提炼。因此，反思教学常规，就要把精力放在教学研究上，放在培养学生的学习能力和学习习惯上，努力形成自己的教学特色和风格。对教学习惯的反思是一种很特殊的自我反思。因为每个人在教学过程中都会不知不觉地形成一些自身的教学习惯。事实上，在这些无意识形成的教学习惯中，有相当一部分的合理性是有限的。经常地对个人教学习惯进行反思，可以防止对课堂教学产生不利的影响。

　　第四，从反思的方法看，自我反思的方法较多，典型的主要有以下几种：（1）对话反思法。即通过与其他教师的研讨交流来反思自己教育教学行为的不足，使自己清楚地意识到隐藏在自身教育教学行为背后需要改进和提升的教育教学理念，进而提高教育教学能力的一种方法。其操作程序为：首先，执教者围绕研讨专题授课，其余教师带着问题帮助诊断。其次，执教者阐述自己的教学设计内容以及这样设计的理论依据。再次，执教者与其他教师展开对话，产生思维碰撞。最后，执教者根据讨论结果重新完善教学设计方案，并写出反思性总结，从而提升自己的专业化水平。（2）观摩反思法。"他山之石，可以攻玉。"每个教师都应抓住教研活动的学习良机，或自己创造机会多观摩优秀教师特别是名师名家的课，最好是能与他们直接进行交流，尤其是要学习他们先进的教学思想，弄清并借鉴他们进行教学设计背后所蕴藏的先进的教育理念，并通过评述观察到的教学实景，反思自己需要改进的地方。这也是教师提升自己理论水平和实践能力，实现自身专业化发展的重要途径。（3）理论反思法。即对照教育理论反思自己的教育教学行为。首先，要提高对学习教育理论的认识，要认识到学习教育理论是教师专业化发展的生长点，是提升我们教育教学行为的重要策略。其次，要善于学习，将理论与自己的教学行为同化，使之成为促进教学发展的不竭动力。教育理论与教学行为同化的方法有两种：一是用理论寻找我们存在的不良教学行为并探求解决的途径；二是借助教育理论来评价和发展我们的教学行为，促使教学行为的转变和创新。（4）课题反思法。正如苏霍姆林斯基所指出的那样：就其本来的基础来说，教师的劳动就是一种真正的创造性劳动，是很接近科学研究的。有的教育情境所产生的教育效果有很大的隐蔽性和延时性，凭一般经验和较低层次的理论水平及研究方法很难揭示其本质属性，要作为专门课题研究才能解决。因此，反思的另一途径就是和教育科研人员、骨干教师共同建立课题，进行高层次、全方位的行动研究，才能达到反思的目的。准确地讲，课题反思是最高层次的反思，也是促进教师专业化发展的最好反思。

但需要明确的是，反思并不完全等同于找缺点、提不足。其实，除此之外，反思的很大一部分，应当着眼于成功而不是失败。假如教师能在教育教学成功的基础上，进一步反思教育教学得以成功的原因，那么今后教育教学成功的机会就更大了。这是一种由积极向更加积极的递进。当然，再好的教育教学实践也有不足，所以教育教学中时常有不尽如人意的地方，这是正常的现象。遇到这样的情况，教师最好进行建设性的反思。什么是建设性反思？记得有人说过这么一句话："不要告诉我你犯了什么错误，告诉我你从今天的经验中学到了什么。"我们认为这就是建设性反思的主旨——不要一味地回头看自己踩歪了的脚印，而要向前看怎样才能把下一步走得更稳。这是教师职责使然，也是教师专业化发展使然。

总之，新课程改革要求教师不断进行自我反思，以不断更新教育观念，使自身素质不断得到提升。同时，教师的自我反思会促进自身的专业化发展，成长为富有创新精神和创造能力的反思型教师，帮助我们以饱满的激情、与时俱进的观念走进新课程。

第二节　学校教研模式的实践与创新

一、"四教一体"教研模式驱动教师专业发展的逻辑

教研活动的主体是教师个体或由教师和企业实践专家结成的实践共同体。"四教一体"教研模式通过聚合政府、教研机构、职业院校、教师和企业智力模式，以其特有的逻辑作用于教师专业发展。

（一）教改立项：在研究中学习、反思与成长

职业教育教改立项是生成职业教育专业教学理论和改善职业教育教学实践的重要途径，也是教师知识结构整合的助推器。其意义表现在三个方面：一是成为发展教师个体和群体结构恈能力的纽带。教改项目的开展一般需要构建跨界的研究团队，通常至少包括学校专任教师和企业实践专家，一方面，实践专家可通过直接或间接的方式作用于职业教育教学；另一方面，在合作过程中学校教师的专业能力获得成长。二是为教师的教学专业化发展和成为研究型教师提供平台。教育教学研究作为一项规范

的学术研究活动，通常属于大学和专门性研究机构的职责，但基于教师专业发展的要求，以诠释实践现象和改善实践为目标的教育教学研究日益成为普通中小学教师的应然要求。中小学教师熟练和规范地开展教育教学研究是一个长期的过程，这个过程以大学师范教育的教育研究方法课程为起点，以职后工作过程中参与、设计、申请、实施、反思教育教学项目研究活动为助推手段，以产生有价值的教育教学理论、模式、方法和改革实效为终点。通过"申报—立项—行动—结题"螺旋式开展职业教育教学项目研究，教师发展了研究能力，也获得了丰富的成果。在此过程中，教师教育教学知识和专业知识日益丰富，在知识的组织整合上，联结成更有效的构造，专业能力在此过程中得到显著提升。三是提高了教师的学习力。研究活动同时是一项学习活动，在教研项目研究过程中，研究人员既需要学习和补充各类知识，也需要整合自己的新旧知识。研究促成的广泛交往会产生对教育现象、教育事件新的认知和意义理解。因此，教改项目研究是一个意义收获的过程，是一个团队和个体学习与研究能力提升的过程。

（二）教研指导：工欲善其事，必先利其器

实施好教改项目研究需要研究者具备严谨的科学精神和一定的研究能力。职业教育教师来源多样，有些教师接受过初级训练，但研究能力还是十分薄弱，还有相当多的教师既没有学习教育教学的理论知识，也没有接受过教育研究训练，其对教研的认识非常模糊。总之，受制于自身的专业训练以及教学任务的压力，教师在教改研究过程中面临着很大的挑战。因此，要提高教改项目研究质量，必须提升教师的教研能力。政府教研机构集合了专业性、经验丰富的教研力量，为广大职业教育教师提供研究指导，既具有一定优势，也是其主要功能之一。教研指导立足于有效教研目标，通过集中指导、个别指导、书面指导、信息化指导等多种指导方式，为职业教育教师提供简洁的、有针对性的研究指导，帮助教师形成职业教育科学研究精神，洞悉教研项目的研究逻辑，掌握研究进程与研究的规范性，不断提高其研究能力和研究水平，促使教师成为自觉的、高效的教育研究者，取得有效的研究成果。

（三）教师培训：为教师专业发展插上腾飞的翅膀

教师培训是促进教师专业发展的重要手段，具有灵活性、针对性、实践导向性等特征。从培训内容看，职业教育教师培训主要集中在专业课程与教学法、教研能力、现代教育技术、德育与班主任、职业教育理论、院校管理、实践能力等方面。在功能上，具有扩展性功能、提升性功能和补偿性功能。总体来说，教师培训对"双师型"教师队伍建设的意义主要表现在以下三个方面：一是丰富教师的知识与技能，例如，教育教学知识、教育研究知识、信息化教学知识与技能。这有助于提高其教育教学能力、教育研究和改革能力。二是促成教师新旧知识的整合与组织，生成更有效的、结构良好的知识网络，有助于教师快速、有效地调动知识，解决问题。三是提高了教师的学习力。培训活动是教师最重要的在职学习活动，对于来源结构多样、教学专业发展薄弱且复杂的职业教育教师而言，其意义尤为重要。培训为教师学习新知识搭建了平台，使教师们结成了跨校、跨地区的团队，提升了教师的学习动机。总之，教师培训提高了教师的学习力和发展力，为教师成为自觉和独立的专业化发展者提供了动力。

（四）教学竞赛：激励、学习与反馈

教学竞赛是一个展现广大教师职业教育教学思想与理论素养、职业教育教学法、现代教育技术、专业理论与教学处理能力等的一个紧张过程。教学竞赛是"双师型"教师队伍建设的一项重要机制，其教师专业发展意义表现在三个方面：一是促进教师的学习能力建设。教学竞赛绝不是参赛的那一短暂时刻，它是一个理解教学竞赛意图、学习与反思的长期过程，也是团队支持过程中的组织和个体学习与实践反思的过程，因此教学竞赛首先发挥的是学习功能。二是促进学校和教师加强对教育教学的研究。一些学校在教学竞赛中一贯取得良好成绩，有其深层次的文化根基，即有着对教育教学的持续性关注和研究，这一点通常表现在职业院校确立校本教研制度，鼓励教师进行教改课题研究，鼓励教师参加培训活动，组织校本教学研究和教学竞赛活动。教学竞赛结果是校本教研活动的一项反馈，具有激励与鞭策的作用。三是提升教师教育教学实践能力。教学比赛对于参赛教师和支持团队来说是一个提升实践能力的契机。因为，在教学竞赛活动中，教师不是阐释思想和理论，而是要在真实或模拟的环境中展现课堂教学设计、教学理念和基本能力。通过教学竞赛的磨砺，相关教师的教学能力会获得巨大飞跃。教学竞赛所形成的学习和反思氛围，也会感染、激发其他教师反思自己的教育教学活动。

二、"四教一体"教研模式助推"双师型"教师队伍建设的实践反思

"四教一体"教研模式以四教协同推进"双师型"教师队伍内涵建设，在理论上具有鲜明特色，在实践中也取得显著成效。但一种工作模式在问题解决过程中，不管是理论模型层面还是实际行动层面都难以做到十全十美，存在一些问题和缺憾在所难免。因此，从理论和实践层面检视和优化"四教一体"教研模式就显得十分必要。

（一）教改立项：不足与突破

虽然教改研究塑造了积极的教学研究与改革氛围，促进了教师专业发展，取得

了比较丰硕的教研成果，在一定程度上提高了教育教学质量。但不容否认，教改立项作为一种发展推手仍然存在着一定的不足。这些不足从某种意义上降低了教研实际应该发挥的作用和投入的实际效益。不足之处主要表现在：一是课题研究质量还普遍偏低；二是教改立项的范围界定有失本意；三是教研成果实际应用效果还有待提升。要做好教育教学研究，研究者应具有一定的理论积淀以对理论与实践相结合的反思能力，也要具备一定的专业背景。职业院校教师一般都具有比较扎实丰富的专业背景。其教育研究的学术背景的获得既可能来自曾经受过的教育理论学习和教育研究的学术训练，也可以通过自主学习来获取。事实上，很多从中小学成长起来成为知名教育专家的教师，在很大程度上正是得益于自主学习。因为职业教育教师来源具有差异性和多样性，许多教师没有这样的背景，或者是重视专业学习忽视教育类知识的学习，或者专业课教学任务重，总的说来，职业教育教师在教育知识的学术积淀上还存在较大不足。以申报书或开题报告为例，典型问题表现在对题目缺乏理解和聚焦、研究目标和内容不清楚、文献解读弱、研究方法不够合理等，理论和方法上的薄弱必然会影响到课题的实践层面。实践层面缺乏理论指导和诠释，既不能保障实践层面的质量，也无法提升研究的理论层次。

教学改革研究是一种行动导向的研究，其主旨在于思考和解决教育教学实践领域的理论问题和实际问题。实践领域的理论问题重点回答教育事件或现象发展的逻辑是什么，发展目标是什么，如何确定目标以及研究的思路、方法、路径等问题。实践领域的实际问题着重回答怎样改善、怎样解决、怎样实施等实践行动问题。实践领域的理论性问题和实际性问题的性质不同，所面对的问题和需要的条件也存在很大差异。一般来讲，教研机构更应该从事理论性问题研究，职业院校教师更应侧重于实际问题研究。

此外，教改立项课题具有"多"和"散"特点，一方面体现为教师的多样实际需要，另一方面体现为研究力量的分散化、成果的虚无化等问题。虽然教材可以作为教研课题的一项成果，但需要警醒的是不少教材质量堪弱，表现为理念仍然滞后、对新思想新理论浅尝辄止以及存在语言文字表达不够规范和常识性错误。教学成果理论性思考是必要的，其关键成效还是看为实际教育教学工作带来的改变，但通常忽视了对改变客观化的考察。

教改立项在对教师专业化发展带来巨大推动力的同时，也存在一定不足。这些不足不仅制约着教改课题的研究水平和实际成效，也制约着教师专业发展的质量。推动课题研究聚焦、规范化并形成积淀是教师专业化的一个过程。

（二）教研指导：如何更有效、更充足和更具引领性

在职业教育内涵发展时代背景下，面对当前职业教育教学研究与改革的蓬勃发展，教研指导工作面临着巨大挑战。这些挑战表现在如何更有效、如何更充足、如何引领等问题。

1.促使教研指导更有效

严格意义上讲，有效性是投入、产出、目标等系列变量的一个对比性结论。比如，一次集中性的教研指导活动，投入主要体现在一个时间段的付出；产出就是实际培训的效果；目标是培训之前预计达到的效果。当然，在大多数情况下我们很少关注一次培训活动的实际培训效果和预计培训效果，且对其准确衡量是比较模糊和困难的。所以，在这种情况下，如何来提高教研指导的有效性仍然要回归一个基本的问题：指导者、指导组织方式、指导内容设计。这类似于教师的课堂教学，要根据特定教研指导主题的性质来选择指导者、组织方式和具体内容，在这个过程中要适应"受众"的特殊需求。

2.促使教研指导更多样

教研能力的发展是一个不断成熟的过程。在这个过程中，研究者既会面临共性问题，也会面临个性化问题。个性化问题最好通过个别指导来解决，而共性问题需要集体共同处理。集中式教研方法类培训是集体指导形式的典型方式。同时，通过网络和新媒体，集体和个别指导功能均可以实现。例如，在网络或新媒体上，通过在线课程、微课、短视频及言简意赅的文本材料等进行教研指导。将个别指导的内容以网络和新媒体方式再次呈现，对其他研究者也是一种富有个性化的启发，具有积极的教研指导效果。教研指导方式上的创新和实践，更根本的问题在于教研体制机制和利益格局的创新。

3.促使教研指导对职业教育内涵发展更具引领性

教研指导者并不是具体的教研实施者，其对教研的实际效果一般仅具有间接的作用。但这种间接的作用却是不容忽视的。教研指导者会通过教研指导活动渗透其对职业教育教学的理解，在具体教研思路和方法上提供可供参考的建议，这些工作都具有引领职业教育内涵发展的意义。首先，作为教研活动的指导者，应该是一个热衷于学习、思考的人，是一个实践反思者和理论产出者。在一定意义上，教研指导活动是指导者学习、参与教研的一种形式，利用教研指导机会，指导者增强了对职业教育教学实践和理论的理解，这些如果以理论品性表现出来，会在更广泛的范围内发挥引领作用。其次，在某些教研活动中，教研指导者如果能够和教研实施者结成更紧密的理论

与实践关系，如开展协作性教研活动，可显著提升教研指导对实践的积极影响。

（三）"教师培训"：永恒的有效性追求

从教研角度看，教师培训是一个系统性工程，它至少包括专业技术层面、教育理论与实践层面和逻辑方法层面三个重要部分。它不是某一个部分，尤其不要将其简单理解为教育理论与实践层面。只有结合三个层面，聚焦职业背景下的教育与学习，方能体现职业教育教研的本质。因此，教师培训工作也应该在这种整体性、综合性的认知框架下运行。从目前来看，培训是分裂式的，因为目前没有一个机构可以驾驭这三个层面的内容。企业是职业活动的载体，是职业教育教师专业实践能力生成的关键场所，它专注于技术、资本、利润、人力资源等经济指标。职业教育教师进企业学习培训主要是与时俱进地跟进技术与职业规范的发展，不脱离技术、工艺、职业规范等的发展和企业的实际运作。高校内的教师培养培训机构往往擅长比较纯粹的教育理论研究，其教师培训由于脱离职业实践，往往集中于教育理论与教学知识。所以，在专业知识和教学知识的实际教学转化上仍主要依靠教师的领悟力。如果从整体有效性看，应整体设计教师职业发展生涯，系统设计培训框架，将专业技术层面、教育理论与实践层面和逻辑方法层面三个方面的知识结合起来。如果从某一机构看教师培训有效性，如教研机构的类似教师培训，一个重要方面应该是重视培训者团队的建设，即提升培训者跨学科性的能力，比如德国高校的职业教育研究者往往具有职业培训的经历。实际上，我国教育部在师范专业认证中已有所涉及，规定："教师队伍中有一定数量的双师型教师，承担专业课程的教师至少有半年行业、企业工作经历；承担教师教育课程的教师熟悉中等职业教育，至少有1年中等职业学校工作经历。"

除此之外，影响教师培训效果、效益的因素还有很多，教师培训机构应该做好培训的总体设计、结果反馈与反思，不断循环改进，提升培训质量、满意度、效果和效益。

（四）教学竞赛：如何更大程度上促进团队学习与教育教学实践改变

教学竞赛的目的绝不单纯是一项教师教育教学技能的比拼，它的作用在于以赛促教、以赛促改、以赛促训，终极目的是提高职业院校、专业学部、教学团队和教师个体的学习变革能力，从而提升职业院校教育教学质量。如何使"教学竞赛"对教育教学实践层面产生更大程度的改变？各个层面的主体都需要进行机制、方式和方法上的创新。

教学竞赛促进教育教学实践改变的关键在于中观层面的职业院校的领导力、学习力与发展力。职业院校不仅能提供学习与分享的平台，还可以在机制上促进微观层面的学习与变革。领导力的核心是"重视"，只有在思想意识中认可教师教学能力对教育教学质量的重要性，重视教师教学能力的开发，才能构建教师专业能力发展机制，从学校整体学习层面，勾勒出一个能力发展框架。专业学部和教学团队的执行力与组织力在微观层面决定着学习的开展及成效，其要忠实地执行学校战略层面的学习与发展意图，强化学习型团队建设，创新举措，履行学习和发展职责。

教学竞赛促进教育教学实践改变，必须基于竞赛前、竞赛中和竞赛后的全过程。竞赛前要常规性、一贯性地重视教师教学能力的提升；竞赛中要强调团队协作，在为参赛者提供支持的同时共同提高；竞赛后要分享经验，回顾反思，进一步改进提高。

第三节　教研机构的建设与引领

教研机构是世界教育史上独一无二、中国特有的组织机构。1956 年，它是在我国基础教育底子薄、教师人数少、专业化程度不高且教学任务重的情况下应时而生的产物。几十年来，教研机构致力于组织学习、培训、研究、指导、管理等方面的工作，在不同时期为尽快扩大基础教育规模、提升教师教育教学能力和水平、促进教育教学质量的全面提高起到了不可估量的作用。特别是改革开放后，中国教育实现了大变革、大发展、大跨越，教研机构也在不断发展、完善并充分发挥其促进作用。

《基础教育课程改革纲要（试行）》（以下简称《纲要》）明确指出，在教育行政部门的领导下，教研机构要把基础教育课程改革作为中心工作，充分发挥教学研究、指导、服务等作用。显而易见，《纲要》作为法定文件，对中小学教研机构在课程改革中的作用、工作内容及方式都作出了回答，凸显了教研人员的作用和教研工作的特点——研究、指导和服务。在基础教育课程改革不断深化发展的今天，作为省级教研机构的工作基本思路应该有哪些与时俱进的转变呢？笔者认为，应该拥有这样三个视角。

一、立足"三个服务"

（一）为教育行政决策服务

理想中的教研服务要能面向教育行政部门，甚至有必要将教研机构进一步从教育行政机构中剥离出来，发展成真正意义的中介服务组织，它以教研成果为载体，向教育行政部门提供专业性的咨询和智力支持。充分发挥教研机构事前调研、事中建议、事后落实的作用，主动当好参谋，增强为教育行政决策服务的能力。建议每年组织专家学者在进行客观实地调研、充分科学论证的基础上，编辑出版《省级基础教育年度发展报告》，在对全省基础教育发展轨迹进行勾勒的基础上，就深化全省基础教育协调发展战略规划提出建设性意见，为省级教育行政部门提供重要的决策依据；省级教研机构还可利用自己的资源优势，编印《教育决策参考》类的短小精悍、信息量丰富的内部资料，将它办成本地教育行政部门了解教育改革动态、规划教育发展走向的重要信息来源。同时，通过对基层进行区域调研与指导，形成调研报告，为当地教育行政部门决策提供依据。

（二）为学校教育改革服务

教研机构的职能转换，客观上要求其彻底变革传统的自上而下的统一运作，实现从"计划—指令"式的运作到"指导—服务"式的转变，尤其是面向基层学校教学的实际需要，集中力量拿出高质量的教研成果，提供关于学科教学有价值的建议、方案、产品等。此时，教研机构的基本运作方式是"菜单式"服务。它要求特别关注学校实际需要什么，教师到底缺少什么，如何更好地服务于学校和教师。为此，可以将教研人员能够提供的服务项目或方式，列成表格供学校及教师选择，并空出栏目，让学校填写教研员并未想到的但却是学校急需的服务项目或方式，为学校和教师提供更多自主选择的空间。教研员可以根据学校的需要，登门提供帮助，或者通过电子邮件提供咨询，还可以整合一定区域范围内在某些方面做得较好的学校，为他们牵线搭桥，促进校际的合作与交流，从而帮助学校解决实质性的问题。要定期对教研员进行服务质量与满意度的调查，获取反馈信息，改进服务水平。上述"菜单式"服务方式的转变必然要求教研员以及整个教研机构不断增强自己的教研资质和能力，反思并改进自身与学校教师的关系，与学校教师共同成长。

（三）为教师专业成长服务

"以教师发展为本"，提高教师素质，是教研事业可持续发展的永恒主题。在欧美，有教师专业发展学校，学生念完了四年本科，有志于当教师的学生要再念三年的教师资格专业，然后才能考取教师资格证。在日本，要当一个合格的、教育家型的校长，还要在三年之内脱产学习一定的时间，学习专业的课程。和这些发达国家相比，我们国家的教师资格培训工作从广度和深度上做得还很不够，教师资格证还停留在一个比较原始的阶段，这是一个有待开发的空间，做好了将意义深远。2001 年 5 月，首都师范大学教科院在北京市丰台教育发展服务区建立了首批教师发展学校，首都师范大学选派大学教师走进中小学课堂参加例行的教研、科研活动，这是对中小学教师实施专业引领、促进专业发展的一次有益的尝试。作为省级教研部门，应充分发挥研培一体的优势，承担起这个责任，为教师的继续教育、教师的专业化成长提供更切实的服务、帮助与更高层次的引领。

二、增强"三种意识"

（一）增强超前意识

省级教研部门只有走在教育发展的前沿，才能真正担当起专业引领的任务。正如我国著名老教育家吕型伟先生所说："你要创新，需要站在巨人的肩膀上，这就需要知道巨人是谁，肩膀在哪里？"因此，教研人员必须增强超前意识，一方面要及时了解省内乃至国内外教科研动态，传递最新信息，推介最新经验，关注新课改，在传承与创新之间寻求最佳结合点，保证课改稳妥健康实施；另一方要面全面准确地把握全省的教育发展趋势，研究新情况，解决新问题，充分发挥好将先进教育理论转化为教育教学行为的桥梁作用，把握好教研工作发展的方向。

（二）增强创新意识

新课程改革后，各种理论成果如雨后春笋般涌现出来，然而各省都有自己的实际情况，教育发展过程中也会遇到许多新问题，因此教研人员不能简单地照搬照抄，必须增强站在巨人肩膀上改造的意识、创新的意识，不断增强新理念、新经验在教育发展中的适应性。从某种意义上说，改造本身就是一种创新。要树立大教研的理念，开发、整合、利用全省基础教育优质资源，在教研、培训、科研、教育资源开发等各个方面开展全方位合作。教研部门要努力多创造条件，让教研人员"走出去"，开阔眼界，开展思路，不断创新教研活动的方式、方法和内容，坚持内涵发展，不断提高教研工作的质量和水平。

（三）增强研究意识

国家把教研机构的职能明确定位为研究、指导和服务，其中教学研究是教研机构的核心职能。然而，长期以来，教研人员整日为纷繁复杂的事务性工作所困，把组织评比、组织竞赛、命题考试、编写习题和评估检查作为教研机构的中心工作来做，偏离了研究的轨道。

教研人员只有进行深入的研究，才能解决新课程背景下教师知识更新、教学模式构建及教师的教育教学水平提高等问题，才能把先进的教育理论和研究成果转化为教育教学行为，才能为教师提供切实有效的技术支持。高质量的教学研究成果是教研存在的根基。向教学研究要质量，靠教学研究上水平，凭教学研究出特色，已成为现代教育发展的必然趋势。

这种教学研究，不是某些课程专家思想理论的简单应用，也不是课程方案的机械执行，而是创造性的转化与生成，是对转化过程的探究与创造；不是以课题为中心的专门研究，而是要求逐渐进入日常层面，指向教师的日常教育教学生活；不是纯理论的研究，而是在先进教育理论指导下开展的应用性研究；不只是某一两次耀眼的点缀性质的教研活动，而需要坚持不懈地进行，产生持久的不断变化的累积效应；不是低水平的重复和形式主义的作秀，而是要面对真实的课堂、真实的问题，开展真实的、常态的研究；不是个别教师的个别行为，而是在教研部门的宏观调控下全员参与的一种教学研讨。

为此，一是教学研究人员必须增强研究意识，学习科研理论和方法，提高学科教学研究的科学化水平，通过研究使教研员和教师获得共同的提升；二是要从调查研究入手，组织教研员开展面向全省基础教育的调研工作，形成一批有分量、有价值的调研报告。通过调研报告掌握基本情况，发现存在的问题，要用数据和事实说话，然后进行客观、真实、全面的分析，提出意见和建议，为省级教育行政部门和教研部门提供科学决策的依据；三是将教研工作和培训工作有机地结合起来，逐步形成"研培问题化、问题课题化、课题课程化"的有效研培机制。在调查研究的基础上，及时发现研培工作中有哪些问题需要解决和研究，解决"研什么"的问题。将这些问题分门别类地梳理出来，作为课题认真加以研究，解决"培什么"的问题。然后用研究的成果作为培训课程的内容开展更有针对性的培训，使培训工作切实收到实效。在培训过程中再发现问题，再进行研究，再进行培训。如此循环往复，不断提高研培质量和水平，真正实现有效研培。

三、做好"三篇文章"

（一）加强队伍建设

省级教研机构要完成自己的职能任务，关键在于有一支好的队伍。一方面，要加强中层领导班子队伍建设。一个国家也好，一个民族也好，一个政党也好，一个单位也好，领军人物很重要，其作用、号召力、影响力、动员力、执行力，直接影响着单位的风气和发展。领导班子队伍做到有思想、有魄力、有权威，提升执政能力和领导水平。尤其在学习实践科学发展观的过程中，切实把科学发展观转化为谋划发展的正确思路、促进发展的政策措施、领导发展的实际能力。

另一方面，要加强教研员队伍建设。新课程改革对教研员原有的指导地位、专业优势和评价地位都提出了挑战，对教研员提出了更高的要求，教研员不仅要成为本学科的知识权威，还要具有研究、指导和服务基层的能力，更要能够站在理论和实践的结合点上，当好理论者和教师间的桥梁。教研部门是"师范的师范"，教研员是"教师的教师"。要实现这样一个定位，省级教研机构要从目标、内容、形式、办法、体制、路径上加以很好的设计，帮助教研员实现专业成长。一要建立人才培养机制，鼓励教研员自学、进修，积极为教研人员创造学习、实践、发展的机会和条件；坚持人尽其才、注重能力的原则，采取给任务、压担子的办法培养好、使用好现有人才。二要形成人才引进与交流机制。要积极创造条件，引进高层次人才；采取兼职的形式吸引有一定学术水准的专家、学者参与到教学研究工作中来；采取访问学者、在职研修的方式把有培养前途的中青年教研人员送出去进行学习、研究；以合作的方式与其他教研机构进行课题、项目研究。三是实施名师工程，通过优秀教研员、学术带头人的评选，充分发挥名师的引领作用。

（二）创新教研方式

基础教育课程改革的大力推进，迫切需要改进和加强教研活动。然而，教研活动的实效性又常常受到多方面的责问。制约教学研究活动实效性的因素，除了经费、制度等外，活动的组织形式同样影响着活动的质量，因此要不断创新教研工作的新方式。在积极推进校本教研、联片教研、主题教研等比较成熟的教研模式的同时，探索新的教研思路。一是积极探索创新"项目推进"的工作机制，注重贴近课堂实际，贴近课改实际，贴近一线教师，贴近疑难问题，采用多样化的有效教研模式和专业引领方式，有针对性地解决当前课改在深化过程中的困惑和急需，不断提高省级教研部门对全省课改实践的引领度与贡献率。二是积极降低教研工作重心，倾斜农村教育的教研指导，在组织教研员和教师开展学科整建制学习、调研、培训、指导活动的基础上，总结经验，深入基层县市，送教下乡，为广大农村教师实施新课程改革、破解教学难题提供智力支持。三是要积极倡导网络教研，组织教师利用互联网媒介开展研究，实现更大范围内的交流沟通，发挥优质资源的作用，搭建基层教师与名师直接对话的平台，创造基层教师走近专家、与专家名师零距离接触的条件与机会，把教师的研究提高到一个新的层面，使教师的研究走出学校的围墙，走出课堂的狭小范围，走向更为广阔的天地。四是构建上下联动的教研运行机制。在原有教研机制的基础上，要进一步致力于加强全省各市、县（区）的联系，将县区级教研、连片教研与校本研训整合起来，充分发挥县区级教研部门的枢纽作用、连片教研的桥梁作用、校本研训的主体作用，使教研机构与学校共同发展，教研人员与教师共同提高，促进各级教研工作再上新台阶。

（三）深化课程改革

课程改革以来，有目共睹的是课堂教学发生了巨大的变化，但也不可回避的是，作为一种探索，我们遇到了很多现在还难以解决的难题。省级教研机构作为引领实施国家课程、地方课程与学校课程的专业部门，要做好以下几项重点工作：一是为义务教育阶段全面实施新课程后的教学质量提供专业支撑，为进一步深化课程改革保驾护航；二是通过理论和实践的同步研究，开辟一条具有前瞻性、科学性和可操作性的学校、教师和学生发展性评价新途径；三是努力探索新课程背景下有效教学的实践策略。要在新课程理念的指导下，确立各学科教学改革的主导思想、具体目标和基本思路。要选择教学过程中的一些要素或环节，作为研究和革新的重点，争取有突破、有创新，逐步形成新课程理念与学校实际相融合的教学特色和风格。

参考文献

[1]（美）彼得·圣吉.第五项修炼——学习型组织的艺术与实践 [J]. 张成林，译. 紫光阁，2010(4)：63—64.

[2] 刁永宏，王樊科，杨保林. 如何进行教学反思 [J]. 石油教育，2000(6)：19—20.

[3] 方凌雁，张丰. 教研工作的价值与使命 [N]. 中国教育报，2013-07-10 (9).

[4] 傅建明. 教师专业发展——途径与方法 [M]. 上海：华东师范大学出版社，2007.

[5] 高尚刚，徐万山. 中小学教师课题研究指导 [M]. 北京：中国轻工业出版社，2008.

[6] 高长梅，苟萍. 教育科研专题研究与指导 [M]. 北京：华龄出版社，2006.

[7] 高长梅，苟萍. 校本教研与教育科研论文的写作 [M]. 北京：华龄出版社，2006.

[8] 刘永舜，董志斌、赵卫胜. 做最好的教师——实现自我发展的 55 个途径 [M]. 成都：四川教育出版社，2007.

[9] 刘元. 中体哲理故事精编 [M]. 北京：海潮出版社，2007.

[10] 柳海民. 当代教育理论专题 [M]. 长春：东北师范大学出版社，2003.

[11] 卢真金. 反思性教学及其历史发展 [J]. 全球教育展望，2001(2)：57—62.

[12] 欧阳明. 教师的学习与发展 [M]. 北京：群言出版社，2006.

[13] 涂三广，何美. 基于标准的中职教师专业素质调查：问题与建议 [J]. 职教论坛，2016(30)：27—29.

[14] 王建军. 课程变革与教师专业发展 [M]. 成都：四川教育出版社，2006.

[15] 王屹，黄艳芳，郑小军，等. 中职师资定制化培训的研究与实践 [J]. 中国职业技术教育，2015(20)11—15.

[16] 吴卫国. 教师的反思能力结构及其培养研究 [J]. 教育研究，2001(1)：34—36.

[17] 熊川武. 试析反思性教学 [J]. 教育研究，2000(2)：59—63，76.

[18] 徐世贵，刘恒贺. 校本教研模式探寻 [M]. 长春：时代文艺出版社，2005.

[19] 严先元. 教师怎样做校本研究 [M]. 北京：中国轻工业出版社，2007.

[20] 张丰. 校本研修的活动策划与制度建设 [M]. 上海：华东师范大学出版社，2007.

[21] 张康桥. 为什么做教师 [M]. 重庆：重庆大学出版社，2008.

[22] 张立昌. 试论教师的反思及其策略 [J]. 教育研究，2001(12)：17—21.

[23] 张民生，金宝成.现代教师：走近教育科研 [M].北京：教育科学出版社 ,2005.

[24] 赵雪，李蕾蕾，赵宝柱.中等职业学校教师专业知识与专业能力现状调查分析 [J].职业技术教育，2013(10):55—59.

[25] 钟启泉.新课程教师培训精要 [M].北京大学出版社，2003.

[26] 周广强.教师专业能力培养与训练 [M].北京：首都师范大学出版社 ,2007.

[27] 罗树华.教师发展论 [M].山东：山东教育出版社，2002.

[28] 缪剑峰.教师专业成长的自我反思与规划 [J].中小学教师培训，2004(10)：21—23.

[29] 段晓明.简介英国教师的"个人专业发展计划" [J].外国中小学教育，2004(10)：16—18.